LE VILLAGE

sous

L'ANCIEN RÉGIME

AMS PRESS
NEW YORK

LE
VILLAGE

SOUS

L'ANCIEN RÉGIME

PAR

ALBERT BABEAU

TROISIÈME ÉDITION REVUE ET AUGMENTÉE

PARIS

LIBRAIRIE ACADÉMIQUE

DIDIER ET Cie, LIBRAIRES-ÉDITEURS

35, QUAI DES AUGUSTINS, 35

—

1882

Library of Congress Cataloging in Publication Data

Babeau, Albert Arsène, 1835-1913.
    Le village sous l'ancien régime.

    Includes bibliographical references.
    1. Villages--France--History. 2. Local government
--France--History. I. Title.
JS4821.B2 1972   301.35'0944   70-161721
ISBN 0-404-07509-6

Reprinted from the edition of 1882, Paris
First AMS edition published in 1972
Manufactured in the United States of America

International Standard Book Number: 0-404-07509-6

AMS PRESS INC.
NEW YORK, N. Y.   10003

Dans la séance annuelle du 4 août 1881, M. le Secrétaire perpétuel de l'Académie française, en annonçant que l'ouvrage intitulé *la Ville sous l'ancien régime* avait été jugé digne par l'Académie d'être placé « en tête des récompenses » d'un de ses concours les plus importants, disait en même temps :

« Déjà en 1879, l'Académie avait distingué un premier ouvrage de M. Albert Babeau, *le Village sous l'ancien régime*, livre technique, plein de renseignements utiles et de recherches savantes, dont l'auteur, libéral et moderne autant que respectueux du passé, avait su rester impartial en traitant un sujet délicat. »

INTRODUCTION

Faire connaître l'administration des campagnes sous l'ancienne monarchie ; étudier la gestion des affaires communales par les habitants des villages ; montrer la part qu'y prenaient le prêtre, le seigneur et le prince ; indiquer le concours que tous apportèrent à l'instruction, à l'assistance publique, à l'agriculture ; tel est le but et le programme de ce livre.

Les institutions rurales différaient autrefois de celles des villes ; l'administration des intérêts communs par les assemblées générales des habitants du village était un de leurs caractères particuliers. Ce système primitif, comme celui des municipalités urbaines et rurales, est encore en vigueur de nos jours dans plusieurs contrées. On le trouve en Angleterre, aux États-Unis, en Prusse, en Suède, en Suisse, comme en Russie [1]. Dans les agglomérations où la popu-

---

[1] Maurice Block, *Les Communes et la liberté*, 1876.

lation est restreinte, il semble le mode naturel
de la gestion des intérêts communs [1].

L'espace présente les mêmes spectacles que
le temps. On signale en Océanie les usages de
l'âge de la pierre ; la féodalité existait naguère
au Japon ; les municipalités rurales de l'Amérique du Nord offrent de singulières ressemblan-
ces avec nos anciennes communautés. Alexis de
Tocqueville en a été frappé aux États-Unis. Assemblées générales des habitants pour voter les
dépenses et nommer les agents communaux,
collecteurs, asséeurs, commissaires de paroisses
analogues aux marguilliers, *selectmen* ayant
quelques-unes des attributions de nos syndics ;
parfois les noms sont semblables ; presque toujours les droits et les charges identiques [2]. D'autres traits caractéristiques, notamment dans
l'organisation des paroisses, se sont conservés
au Canada, qui s'est longtemps appelé la Nou-
velle-France. La Coutume de Paris y servait
naguère de loi ; quelques droits féodaux y étaient
perçus récemment ; mais les anciens abus ont
disparu par le seul progrès des mœurs et des
institutions, et le paysan canadien qui ne veut

[1] Voir Leber, *Histoire critique du Pouvoir municipal*, p. 332.
[2] *De la Démocratie en Amérique*, 8e édition, t. I, p. 98. —
L'Ancien régime et la Révolution, 4e éd., p. 96. — Voir aussi sur
la commune rurale ou le *township* des États-Unis, *Les États-Unis
contemporains*, par Claudio Janet, 3e éd., ch. XVI.

être désigné que sous le nom d'habitant[1], jadis porté par les membres de nos anciennes communautés, a gardé, en les conciliant avec les libertés modernes, quelques-unes des traditions et des franchises de la vieille France.

Ces assemblées générales des habitants, qui frappaient M. de Tocqueville en Amérique, n'attiraient point l'attention de nos pères. Pour les uns, elles avaient toujours existé et semblaient naturelles ; pour les autres, elles étaient sans importance. On s'occupait peu à la cour des habitants des campagnes. On les considérait comme des personnes de basse et vile condition. Il n'y avait plus de serfs ; il y avait toujours des vilains. A peine les regardait-on, sinon pour s'en étonner. « On voit certains animaux farouches, disait La Bruyère, des mâles et des femelles, répandus par les campagnes, noirs, livides et tout brûlés du soleil, attachés à la terre qu'ils fouillent et qu'ils remuent avec une opiniâtreté invincible; ils ont comme une voix articulée, et quand ils se lèvent sur leurs pieds, ils montrent une face humaine, et en effet ils sont des hommes. Ils se retirent la nuit dans des tanières, où ils vivent de pain noir, d'eau et de racines; ils épargnent aux autres hommes la peine de

[1] De Lamothe, *Excursion au Canada*, 1873. *Tour du monde*, t. XXX, p. 113.

semer, de labourer et de recueillir pour vivre, et méritent ainsi de ne pas manquer de ce pain qu'ils ont semé [1]. » Le grand moraliste, qui traçait ce saisissant tableau, dit ailleurs : « On s'élève à la ville dans une indifférence grossière des choses rurales et champêtres [2]. » Il parlait des choses de la nature ; il aurait pu parler dans les mêmes termes des institutions et des usages. S'il avait retrouvé le dimanche, dans leur village, les « animaux farouches répandus par les campagnes », et voués, comme le seront les cultivateurs dans tous les temps, à la dure loi du travail, il aurait vu des hommes, vêtus de leurs habits de fête, se réunir à la porte de leur église pour délibérer sur leurs propres affaires et nommer leurs agents ; il les aurait montrés, dans ce jour de repos, se délassant des travaux de la semaine, reprenant leur dignité, remplissant leurs devoirs de chrétiens et de citoyens, exerçant même comme citoyens des droits dont les habitants des villes avaient été privés. Si La Bruyère s'était occupé de ce côté de la vie rurale, quel tableau plus riant en eût-il pu tracer, auprès de la sombre peinture qu'il nous a présentée.

L'administration des villages par les assem-

---

[1] *Œuvres de La Bruyère*, édition G. Servois, II, 61.
[2] *Ibid.* I, 295.

blées d'habitants a existé presque partout en France depuis le moyen âge jusqu'en 1789. Pendant les siècles où la monarchie a été l'arbitre des destinées du pays, les habitants des campagnes, protégés par le pouvoir central contre le joug seigneurial, garantis par leur propre faiblesse contre l'action extrême de ce pouvoir, ont formé, au milieu du triple cercle de l'autorité monarchique, du patronage seigneurial et de l'influence ecclésiastique, quarante mille associations naturelles, délibérant sur leurs propres intérêts et choisissant leurs agents.

Il y avait sans doute des exceptions; mais elles se rencontraient surtout dans les provinces récemment conquises par la France, telles que le Roussillon et la Flandre. Il y avait aussi des différences; l'uniformité n'existait pas dans l'ancien régime; les règlements, comme les coutumes, variaient selon les provinces. Cependant, si les différences étaient parfois sérieuses entre les pays d'élections et les pays d'états, entre le nord et le midi, il y avait des principes généralement admis. Tel était celui qui faisait dériver les charges municipales de l'élection, et les offices judiciaires de la nomination du souverain. Si ce principe, en ce qui concernait les charges municipales, fut méconnu dans les villes à partir de la fin du règne de Louis XIV, il resta en vigueur dans les campagnes, sauf pendant une courte période où l'on essaya vainement d'y porter atteinte. Le régime des assemblées y dura jusqu'à la Révolution. Il subsista, au milieu des influences diverses qui l'avaient combattu et secondé, et qui formaient les éléments essentiels de l'état social et politique de cette époque. Le pouvoir seigneurial, le clergé et la monarchie exerçaient un rôle dans la constitution du village, et pour la faire comprendre dans son ensemble, il nous a semblé nécessaire d'étudier successivement l'action de chacun d'eux, après avoir parlé de l'administration que les habitants exerçaient eux-mêmes.

En réunissant sur les communautés rurales tout ce que nous avons pu trouver dans les écrits des anciens jurisconsultes et dans les documents imprimés qui traitent de la question, nous avons étudié plus particulièrement dans un de nos meilleurs dépôts de province[1] la vie communale et administrative des villages sous l'ancien régime, telle qu'elle existait dans les provinces de Champagne et de Bourgogne[2], et nous croyons

---

[1] Je ne puis parler des Archives de l'Aube sans rendre hommage à l'obligeance et à l'érudition de leur ancien archiviste, M d'Arbois de Jubainville, correspondant de l'Institut, qui a publié dans l'Introduction de l'Inventaire des Archives civiles de l'Aube une excellente étude sur l'administration des intendants en Champagne.

[2] Le comté de Bar-sur-Seine, situé dans les limites actuelles du

que, sauf sur certains points de détail, le tableau que nous avons essayé d'en tracer peut s'appliquer d'une manière assez précise à la partie de la France située au nord et au nord-est de la Loire.

On trouvera peut-être quelques-uns des faits que nous citons contradictoires et de nature à rendre difficile un jugement d'ensemble sur l'époque et les institutions que nous étudions. C'est le sort de tous ceux qui se préoccupent avant tout de la vérité historique de ne pouvoir tirer des conclusions absolues de témoignages parfois opposés, résultant d'observations multiples. Notre but n'a pas été de soutenir une thèse ; il a été de décrire et d'exposer des faits. Ces faits appartiennent à un ordre de choses et d'idées, qu'il est d'ordinaire plus facile de juger sans approfondir que de comprendre. Nous les avons étudiés, dans la période qui s'étend de la guerre de Cent-Ans à la Révolution : période qui ne fut ni sans grandeurs, ni sans vertus, si elle n'a pas été sans défauts, et qui est comprise entre deux époques dont on ne saurait méconnaî-

département de l'Aube, appartenait à la Bourgogne. Les élections de Troyes et de Bar-sur-Aube dépendaient de la généralité de Champagne, l'élection de Nogent-sur-Seine, de la généralité de Paris. On trouve donc, dans les Archives de l'Aube, des documents relatifs à l'administration de trois intendances des plus importantes, dont l'une faisait partie des pays d'états et les deux autres des pays d'élections.

tre l'importance historique : la Renaissance, qui a vu surgir l'Amérique, disparaître le servage, naître l'imprimerie, revivre les arts ; l'époque contemporaine, où les applications sans précédents de la vapeur et de l'électricité concourent avec les progrès de la démocratie à porter les nations chrétiennes vers des horizons inconnus, dont la postérité seule appréciera l'étendue.

Parmi les problèmes qui se posent à notre époque, l'un des plus importants est celui de la conciliation de la liberté communale avec les droits du pouvoir central. Peut-être ce livre apportera-t-il quelques documents à l'étude de ce problème? Sans doute on ne peut revenir entièrement au passé ; le système patriarcal des assemblées générales ne saurait être établi une fois qu'on a pratiqué sans difficulté le système représentatif ; certaines institutions, sans danger dans une monarchie fortement constituée, peuvent être périlleuses dans une démocratie sans contrepoids ; mais si le passé ne doit pas toujours être présenté pour modèle, il a des enseignements dont il faut tenir compte ; il a ses traditions que l'on doit connaître, et l'étude de ses libertés, souvent modestes, mais pratiques, peut ne pas être sans intérêt, ni sans profit.

LE VILLAGE

SOUS L'ANCIEN RÉGIME

LIVRE I

LA COMMUNAUTÉ

LIVRE I

LA COMMUNAUTÉ

CHAPITRE Iᵉʳ

LES COMMUNAUTÉS RURALES

Différences entre la communauté et la commune jurée. — Premières
apparitions des communautés. — Le commun. — La ville bateice,
— Dépenses communes. — Les procureurs. — Les procès. — L'é-
glise. — Les réparations. — La levée des impôts. — La résistance
à l'oppression. — L'association. — Affranchissement des serfs. —
La guerre de Cent Ans. — Affaiblissement du pouvoir des seigneurs.
— Les communautés envoient leurs cahiers aux Etats-Généraux.
— Louis XIV prend les communautés sous sa protection. — Bienfaits et abus de la tutelle administrative. — Les intendants organisent d'une manière plus complète la communauté. — Création
des conseils de notables et des municipalités rurales.

Le village est la forme première de la société. Les
hommes se sont groupés sur certains points pour cultiver la terre ; des besoins communs les avaient réunis ;
leur réunion a créé pour eux des intérêts communs.
Aussi, en France, les biens dont ils recueillaient col-
lectivement les fruits portaient-ils le nom de communaux, et la masse des habitants de chaque bourg et de
chaque village fut-elle désignée jusqu'à la fin du siècle
dernier sous le nom de communauté.

Il ne faut pas confondre la communauté d'habitants avec la commune jurée du moyen âge. La commune est une exception, un privilège ; elle résulte d'une charte ou d'un contrat ; elle a pu disparaître après avoir été consentie ; elle a pu être supprimée après avoir été octroyée. La communauté est pour ainsi dire de droit naturel ; aucune loi écrite ne la détermine ; elle s'est développée par la force des choses ; elle a fini par se faire accepter, et son existence fut regardée comme tellement nécessaire que, sous l'ancienne monarchie, elle n'avait pas besoin de titres pour être reconnue [1].

L'un des caractères les plus saillants de la commune du moyen âge, c'est le droit de rendre la justice dans certains cas ; le maire est un magistrat ; il juge au nom du peuple, au lieu de juger au nom du seigneur. Rien de semblable dans la communauté : elle n'a point de magistrats, elle n'a que des agents ; mais elle nomme ses agents, et ses agents la servent et la défendent. Elle n'a point, comme la commune, sa part de souveraineté dans le système féodal ; mais elle a sa portion d'indépendance sous l'autorité du seigneur et du suzerain.

De nombreuses chartes de communes furent concédées au moyen âge à des villages ou à des groupes de villages [2]. Les unes, imitées de celles de Laon,

---

[1] Denisart, *Collection de décisions nouvelles*, éd. 1786. IV, 727.
[2] Voir : Aug. Thierry, *Monuments inédits de l'histoire du Tiers-État*, IV, 575-790. — *Ordonnances des rois de France*, t. XI. — Garnier, *Chartes de communes en Bourgogne*, t. II. — Quantin, *Bulletin de la Société des Sciences de l'Yonne*, 1851, etc.

étaient à la fois politiques et civiles ; les autres, inspirées de la coutume de Lorris, conféraient uniquement des droits civils. Mais la plupart cessèrent souvent d'exister, soit par usurpation, soit par convention
ou désuétude. On pourrait citer peu de communes,
comme celle de Bruyères, qui, calquée sur celle de
Laon en 1130, persista jusqu'en 1789, formant une
sorte de république au milieu du royaume [1]. Les
communes de ce genre, sorties de l'organisation féodale, disparurent presque toutes avec cette organisation ; les communautés, plus faibles dans leur origine, mais s'assimilant sans bruit les droits essentiels
des communes, possédaient en elles un germe fécond
qui devait leur permettre de grandir lentement, mais
sûrement, pendant des siècles.

La communauté rurale paraît avoir été d'abord
une association sans caractère public [2]. Aux époques les plus anciennes, on peut se la représenter
comme une tribu composée de parents et de clients,
qui s'est attachée au sol après l'avoir défriché [3]; plus
tard, elle fut aussi une réunion de colons ou de servi-

[1] Hidé, *L'Administration et la juridiction municipale de
Bruyères*, 1861. — Les communautés briançonnaises, entre autres,
étaient dans le même cas. (Fauché-Prunelle, *Essai sur les anciennes institutions autonomes et populaires des Alpes briançonnaises*,
II, 12 et suiv.)

[2] Il en était surtout ainsi en Allemagne. — « A flood of light
has been thrown on the whole subject by the discovery of Profes-
sor Sohm, that in the old Teutonic community the village community was a private not a public body, that its officers were private
officers, not public officers. (*Local Government and taxation*, 1875,
Germany by Morier, p. 426.)

[3] Sir Henry Sumner Maine, *Études sur l'histoire des institutions
primitives*, 1880, ch. III.

teurs chargés d'exploiter le sol pour le compte d'un
maître ou d'un vainqueur. Ce fut dans tous les cas une
agglomération de travailleurs, qui unirent leurs intérêts juxtaposés pour mieux les défendre. Les intendants [1] et les maires des deux premières races
n'étaient point des agents municipaux ; c'étaient des
agents du maître, soit pour surveiller le travail et en
recueillir les produits, soit pour exercer la police. La
communauté se constitua virtuellement, lorsqu'elle
nomma ses procureurs pour la représenter devant la
justice ; lorsqu'elle choisit ses gardes et ses pâtres
pour surveiller ses biens et ses troupeaux. Ses membres n'avaient point de juridiction ; ils n'avaient pas
de droits écrits ; mais on traita avec eux, parce qu'ils
étaient nombreux et qu'ils étaient unis. De là vient
qu'on connaît à peine les commencements des communautés. Les uns disaient qu'elles avaient existé
« de tous les temps du monde [2]. » Les jurisconsultes du dernier siècle n'en discernaient point nettement l'origine [3]. En effet, elles n'étaient pas sor-

---

[1] Nous traduisons, comme M. Augustin Thierry, le mot *villicus*
par intendant.

[2] De Lagrèze, *La Féodalité dans les Pyrénées*, p. 72. Extrait
du Recueil des *Travaux et séances de l'Académie des Sciences
morales et politiques*, t. LXV à LXVIII.

[3] Denisart, IV, 728. — Voir sur cette origine, une importante
*Notice sur l'origine et la formation des villages du nord de la
France*, par M. Tailliar, Douai, 1862, un passage éloquent et plein
de sagacité de M. Augustin Thierry, (*Histoire du Tiers-Etat*, 3ᵉ
édition, I, 18) et le mémoire de M. Serrigny, *sur le régime municipal en France dans les communautés villageoises depuis les Romains jusqu'à nos jours*, appendice de son *Droit public et administratif romain*, Paris, 1862, t. II, p. 453-493.

ties toutes constituées de la volonté d'un législateur ;
elles ont donné leurs premiers signes de vie, soit
avec l'aide des pouvoirs publics, soit malgré eux, et
elles sont déjà formées en fait, sinon en droit, lorsqu'au moyen âge on commence à les signaler.

Dès le xi⁰ siècle, on voit des paysans armés, conduits par leurs prêtres, s'unir pour faire respecter la
Trève de Dieu et résister à d'injustes oppressions [1].
Au siècle suivant, à côté de la commune, que désigne
le mot latin *communia*, on voit apparaître la communauté, *communitas* [2], représentant la réunion
des habitants d'une même localité. Au siège du Pui-
set, en 1111, figurent les communautés des paroisses
de la contrée [3]. Nous trouvons au commencement
du xiii⁰ siècle, en Champagne, plusieurs villages,
dont les habitants ne sont plus désignés uniquement
sous le d'*homines*, mais interviennent avec le titre de
communauté dans des actes publics. Le cartulaire de
Clairvaux nous en indique plusieurs [4]. En Norman-

[1] Andreas de Floriaco, *Miraculorum sancti Benedicti...* liber
quintus, p. 193 (an. 1838). — Orderic Vital, édition Delisle, III,
415. — Illuc presbyteri cum parochianis suis vexilla tulerunt et
abbates cum hominibus suis coacti convenerunt (1094). (Idem, IV,
365)

[2] Ducange, *Glossarium*, édition Didot, 1840, I, 489. Communitas universitas incolarum urbis vel oppidi.

[3] Communitates patriæ parochiarum adessent... Suger, *De vita
Ludovici grossi regis. Historiæ Francorum scriptores*, éd. Du-
chesne, IV, 301.

[4] Homines de Arcovilla... major ipsius ville... et reliq. communitas ville. Fravilla, xxxij (1224). — Communitas hominum de
Monceons. Campiniacum xLv (1226). — Comunitate hominum de
Vitriaco et Bleniaco. Fontarcia Lxviij (1236). — Major Vitriaci et
communitas. Ibid. Lxxx (1250). — Cartulaire de Clairvaux, manus-

dic, à la même époque, on signale de nombreux procès soutenus par les habitants contre leurs seigneurs; l'ensemble des habitants, agissant en corporation, est appelé d'ordinaire le *commun* [1], quoique les paroissés normandes ne fussent point organisées en communes et que souvent on donnât simplement à leurs membres le nom d'habitants [2].

A la fin du XIIIᵉ siècle, le jurisconsulte Beaumanoir constate qu'il existe deux sortes de « compagnies qui se font par raison de communauté. » L'une résulte « de commune octroiée de seigneur et par charte ; » l'autre est celle « des habitants des villes où il n'y a pas de communes, qu'on appelle *villes bateices* [3]. »

crit de la bibliothèque de Troyes, nº 703. Indications de M. Léon Pigeotte.

[1] Au XVIIIᵉ siècle, un subdélégué de Normandie ordonne encore aux habitants d'un village de s'assembler en état de commun pour élire un syndic. (*Inventaire des Archives de la Seine-Inférieure*, C. 10.)

[2] Léopold Delisle, *Etude sur la condition de la classe agricole et l'état de l'agriculture en Normandie au moyen âge*, p. 137 et suiv.

[3] Beaumanoir, *Les Coutumes du Beauvoisis*, édition Beugnot, I, 317. Le mot de bateice proviendrait de *baticium*, qui, en latin du moyen âge, signifie juridiction, peut-être d'après le bâton ou la verge qui en aurait été l'insigne. (Ducange, *Glossarium*, I, 622.) En Provence, au seizième siècle, le bailli présidait au conseil de ville, « ayant en main le baston de justice ». (Dʳ Henri Grégoire, *Histoire de la commune de Puget-Ville*, ch. VI.) — M. Bouthors, dans ses *Coutumes locales*, oppose en outre aux communes proprement dites les *villes de loi*, qui, par privilège, nomment des échevins chargés de faire exécuter les règlements de police, et les *échevinages*, villages ayant, sans privilèges, une administration propre, des échevins qui sont les hommes du seigneur, nommés tantôt par les officiers de celui-ci, tantôt par les habitants eux-mêmes. (Albert Desjardins, *La nomination des maires dans l'ancienne France. Le Correspondant*, t. LXXXII, p. 587.)

Le mot ville, dans le langage de l'époque, s'appliquait surtout aux villages. Les cités, les châteaux et
les bourgs [1] étaient alors distingués des villes, dont
l'étymologie se trouve dans la *villa* romaine et qui
donna son nom au vilain. La ville bateice, cependant,
pouvait être aussi bien une agglomération urbaine
qu'un village dépourvu de commune [2]. Il en est
ainsi en Angleterre où des centres de population de
plus de vingt mille âmes ne portent pas le titre de
bourg et ont encore une administration municipale
semblable à celles des localités rurales [3].

La communauté dans la ville bateice, comme dans
la commune, était de telle nature qu'on ne pouvait
en sortir sans quitter la localité [4]. La volonté de la
majorité obligeait la minorité à s'y soumettre. L'association avait pour but l'entretien des choses qui
étaient communes à tous et dont la perte aurait été
au détriment de tous ; réparer l'église, les chemins,
les puits et les gués, soutenir des procès pour maintenir les droits et garder les coutumes, telles étaient
les décisions que devait prendre, selon l'expression de
Beaumanoir, « l'accord du commun. » Chacun devait
y contribuer suivant ses moyens ; nul ne pouvait se

---

[1] Roman de Gaherin le Lorain. — Un registre de la Chambre
des comptes porte : En chacune villa bateice, hors citez, chas-
tiaus et bours... (Documents cités par Ducange, *Glossarium*.)

[2] Beaumanoir distingue ailleurs (I, 350) les « bones viles » des
villes campestres, » lorsqu'il dit qu'il y a des usages dans les unes
qui ne sont pas dans les autres.

[3] Maurice Block, *Les Communes et la liberté*, p. 16 et 110.

[4] Le droit de quitter la localité implique que les habitants de
la ville bateice n'étaient pas serfs.

soustraire aux dépenses qu'elles entraînaient, pas
même le noble et le clerc [1].

Les droits de la ville bateice sont particulièrement
spécifiés dans les coutumes de Beauvoisis [2], mais
la communauté, avec ou sans désignation légale, se
faisait jour partout. Trois causes principales avaient
contribué à sa formation : la défense des intérêts,
l'entretien de l'église, la levée des impôts royaux. A
ce triple point de vue, elle se fit accepter successivement par le pouvoir seigneurial, par le clergé et par
la monarchie.

Le jour où le vilain put appeler du jugement du
seigneur à une juridiction supérieure, il eut sa part
des droits civils. Le jour où les habitants contribuèrent
aux dépenses d'intérêt commun, ils eurent leur part
des droits municipaux. Dans la ville bateice, le seigneur leur permit de surveiller l'emploi des impositions locales et de diriger les travaux auxquels elles
subvenaient. Il ne put les empêcher de constituer un
ou plusieurs procureurs pour les représenter en justice ; les pouvoirs de ces procureurs, que quelques-
uns appelaient *establis*, duraient aussi longtemps que
les affaires pour lesquelles un mandat spécial leur était
confié, ou jusqu'au moment où ils étaient remplacés
par le suffrage de ceux qui les avaient choisis [3].

C'est surtout par les justices supérieures que les

---

[1] Beaumanoir, I, 365.

[2] Charles IV défendit cependant en 1325 d'exiger la taille dans
les villes bateices. Voir *Ord. des rois de France*, I, 788 ; Raynouard, *Histoire du Droit municipal*, II, 294.

[3] Beaumanoir, I, 88.

communautés firent consacrer leurs droits. Les procès, déjà nombreux au xiiie siècle, se multiplièrent
dans les siècles suivants, surtout pour les questions
d'usage et de guet. En Normandie, les *communs* ne
plaident pas seulement ; ils font des donations aux
églises et aux couvents, et afferment les droits que le
roi ou le seigneur exerce sur eux [1].

Le clergé reconnut aussi l'existence légale et fi-
nancière de la communauté, en mettant à sa charge
l'entretien d'une partie de l'église et en laissant les
paroissiens en administrer les biens. L'église s'élevait
au milieu de leurs demeures. Son clocher était pour
ainsi dire le beffroi de la communauté ; sa cloche tin-
tait dans toutes les circonstances de la vie religieuse,
publique et privée. Les habitants se réunissaient tous
les dimanches à l'église ; en sortant des offices, ils se
groupaient et s'entretenaient des affaires qui les touchaient. Les édits, les arrêtés, les ventes, les avis de
tous genres, leur étaient annoncés, soit au prône, soit
à l'issue de la messe. Le prêtre seul présidait à tous
les actes de la vie civile qu'il revêtait d'un caractère
sacramentel, la naissance, le mariage, la mort. Aussi
les habitants, dès le xiiie siècle [2], contribuaient-ils
souvent à l'entretien d'une partie de leur église, et
levaient-ils des tailles pour la réparer [3]. Ils nommaient les marguilliers ; ils approuvaient leurs comp-

---

[1] Léopold Delisle, p. 139, 142 et suiv. — Robiou, *Les populations rurales en France. Revue des questions historiques*, octobre 1875.

[2] Léopold Delisle, p. 150.

[3] Voir Pièces justificatives, § 1.

tes. La fabrique devint presque une institution communale, et dans certains cas, les marguilliers remplirent les fonctions d'agents municipaux. Le village fut à certaines époques désigné sous le nom de paroisse, et l'assemblée paroissiale se confondit souvent avec l'assemblée de la communauté.

La communauté, qui était reconnue par la justice et par l'église, le fut également par la monarchie, lorsque celle-ci leva directement sur elle des impôts. La monarchie ne pouvait s'adresser aux seigneurs, qui auraient perçu avec un mauvais vouloir certains des droits pécuniaires de nature à diminuer les leurs; elle ne pouvait se confier à des subalternes, souvent étrangers à la localité et par conséquent incapables de répartir l'impôt entre les contribuables ; elle fit appel à ces derniers. Elle donna aux communautés le droit de s'assembler pour procéder à la répartition et à la levée de certains subsides [1]. Charles V fit élire les asséeurs et les collecteurs des aides par « les habitants mêmes des villes et paroisses, ou par la plus saine et greigneure partie, tels et tant comme bon leur semblera, en leurs périlz... [2]. » L'unité communale était reconnue officiellement du jour où la répartition des tailles et des gabelles se fit par paroisse, et où l'on rendit chacun des habitants solidaire du paiement de la contribution imposée sur tous.

[1] Liceat... communitatibus se congregare... pro tractando, tailliando, portando et congregando dictas pecunie summas... Ord. de 1358. (Isambert, *Anciennes lois françaises*, V, 32.)

[2] Ord. du 21 novembre 1379. *Anciennes lois françaises*, V, 516.

Au moyen âge, l'association est de droit commun ; elle se retrouve dans la formation des corporations industrielles comme dans celle des communautés. La résistance à l'oppression est permise dans certains cas par la loi. La monarchie, en autorisant les « bonnes-gens des plas paiz » ou des campagnes à résister aux excès du droit de prise, leur permettait de se réunir pour « appeler aide de leurs voisins et des villes prouchaines, lesquelles se » pouvaient « assembler par cry, par son de cloches ou autrement [1]. » La cloche de l'église joue dans ce cas un rôle presque politique, et les bonnes-gens sont investis du droit de se faire justice eux-mêmes par la force. Plus tard, à l'époque des guerres de religion, ces ordonnances furent remises en vigueur [2]. Si elles n'attestent pas explicitement l'existence de communautés régulièrement organisées, elles indiquent cependant pour les campagnes la faculté de s'associer dans des circonstances déterminées.

L'association se fit par la force des besoins et des intérêts. Des hameaux se détachèrent des paroisses pour former des communautés ; d'autres s'incorporaient aux villages voisins ou s'attachaient aux villes [3]. Au moyen âge, des chartes collectives fu-

---

[1] Ord. de 1355, 1356, 1367. *Anc. lois françaises*, IV, 826, V, 286.

[2] Arrêt du Parlement de 1562 ; ord. de 1597 ; cités par Bonnemère, *Histoire des Paysans*, I, 515, 530.

[3] Il paraît en avoir été ainsi dans le système gallo-romain, où les villages auraient dépendu des cités. M. Paul Lecesne semble avoir établi que les *vici* étaient sous la dépendance directe de la *civitas*, dont les décurions nommaient les *magistri vicorum*. (*Les*

rent accordées à des villes et à tous les villages qui
en formaient la châtellenie. On en a conclu qu'ils ne
formaient qu'une seule commune ou communauté [1].
Plusieurs cités exercèrent un droit de patronage sur
les populations rurales environnantes, et des centres
importants conservèrent jusqu'à la Révolution, sur
les villages qui en formaient la banlieue, des droits et
une juridiction, qui s'exerçaient principalement pour
la voirie et les approvisionnements [2].

Le servage lui-même avait contribué à resserrer
les liens de l'association par la main-morte et le
formariage, qui établirent une sorte de solidarité
entre les habitants [3]. Tels furent aussi les droits
d'habitantage [4], de paroichage et de voisinage, qui
faisaient dépendre de formalités déterminées le droit
d'entrer dans la communauté et d'en sortir. La communauté n'était pas incompatible avec le servage ; les

*administrations municipales des campagnes dans les derniers
temps de l'empire romain. Mémoires de l'Académie d'Arras*, 1874.)

[1] A. Beugnot, *De l'origine et du développpement des municipalités rurales en France. Revue française*, octobre 1838. Ce travail
intéressant n'a pas été terminé. — La ville de Pontarlier était unie
en un même corps politique à vingt villages qui l'entouraient.
(Aug. Thierry, *Hist. du Tiers-Etat*, 3e éd., II, 98.)

[2] Turgot prescrivait à ses subdélégués de réprimer la tendance
usurpatrice et envahissante qui caractérisait la conduite des villes
à l'égard des campagnes et des villages de leur arrondissement.
(Tocqueville, *Anc. Régime*, p. 165.)

[3] Augustin Thierry, *Histoire du Tiers-Etat*, 3e éd., I, 22.

[4] Ce droit existait encore au XVIIIe siècle. A cette époque, aucun
étranger ne peut fixer son domicile dans une certaine communauté
de Bourgogne sans payer 200 liv. de droit d'habitantage. (*Inv.
Arch. Saône-et-Loire*, C. 240.) — Un droit analogue existe encore
dans un grand nombre de villes et de villages suisses. (Hepworth
Dixon, *La Suisse contemporaine*, 1872, p. 61-63.)

serfs avaient pu s'associer pour soutenir leurs droits
devant la justice; ils avaient pu se réunir dans leur
église et concourir à son entretien; ils avaient nommé
les asséeurs des impôts; mais leurs droits étaient
toujours précaires, et leur affranchissement favorisa
d'une manière singulière le développement des communautés.

Lorsque la monarchie, dans un langage admirable,
eut proclamé que selon le droit de nature chacun
doit *naistre franc* [1], lorsque la guerre de Cent Ans
eut épuisé la noblesse, l'intérêt et la force de l'opinion
se réunirent pour multiplier les affranchissements. La
plupart des chartes d'affranchissements, qui furent
données à des villages à la fin du moyen âge, leur
reconnaissaient des droits dont peut-être ils jouissaient déjà, tels que la nomination de procureurs, de
messiers, de sergents, de prudhommes chargés de
répartir la taille, mais elles les laissaient sous la
tutelle du juge seigneurial [2]. Le seigneur n'en sanctionnait pas moins des prérogatives qui pouvaient, à
l'occasion, être tournées contre lui; en accordant aux
habitants des droits civils qu'ils n'avaient pas, il
donnait plus d'importance aux droits qu'ils tiraient
de l'association. Les habitants, de leur côté, mirent à
défendre leurs droits communs d'autant plus d'ardeur, qu'ils en connaissaient le prix, depuis qu'au
sentiment d'une liberté plus grande s'était joint

---

[1] Ord. du 2 juillet 1315. *Anc. lois françaises*, III, 105.
[2] Max Quantin, *Recherches sur le Tiers-Etat au moyen âge.
Bulletin de la Soc. des Sciences de l'Yonne*, 1851, p. 253, 257.

celui de la propriété personnelle et héréditaire.

Souvent les affranchissements étaient accompagnés de privilèges municipaux. Ils constituaient des avantages qui portaient les habitants à déserter les villages sans privilèges pour aller s'établir dans ceux qui en étaient pourvus. On peut même citer, à une époque antérieure, une communauté tout entière se déplaçant, du consentement du suzerain, pour se soustraire à des redevances onéreuses [1]. Pour retenir et attirer les bras dans le domaine dont ils faisaient la richesse, il était nécessaire d'assurer aux hommes certaines garanties, et, la plupart des villages furent régis par des coutumes analogues aux stipulations des chartes qui permettaient aux habitants de tenir des assemblées et d'élire leurs agents.

La guerre de Cent Ans ébranla profondément l'état social de la France. Non moins que les seigneurs, les paysans en subirent l'atteinte. On en cite un grand nombre qui, ruinés par l'ennemi, étaient forcés de vendre leurs terres aux grands propriétaires [2]. On nomme quatre villages « si réduits à povreté » qu'il leur fut impossible de payer au duc de Bourgogne leurs chartes d'affranchissement, et qu'ils se virent obligés de lui offrir de s'acquitter en faisant célébrer des messes basses pour lui et ses successeurs [3].

---

[1] Lalore, *Notes sur Braux-Saint-Père. Revue de Champagne*, I, 480.

[2] M. Cherest cite 84 acquisitions de ce genre dans les titres de la seigneurie de Chevillon. (*Le Gâtinais. Bulletin de la Société des Sciences de l'Yonne*, 1872, p. 158.)

[3] Girard. Même bulletin, 1859, p. 393.

Ailleurs, ce sont les seigneurs dont les châteaux ont été détruits et qui souffrent de la misère de leurs tenanciers. Il en résulta une sorte de crise, d'où la noblesse sortit amoindrie, et dont les vilains ne tardèrent pas à se relever, parce que le travail répara bientôt leurs pertes. Avec la prospérité, qui signala le xvi⁰ siècle, les communautés rurales accrurent leur force et leur importance. Des droits nouveaux leur sont reconnus ; dans certaines provinces, elles sont représentées dans les assemblées où se rédigent les coutumes [1], et pour la première fois, on les vit appelées à choisir des délégués chargés d'élire des députés aux États généraux [2].

Désormais les voilà admises à la vie politique, d'une manière, il est vrai, intermittente et restreinte. Dans chaque bailliage, le grand bailli ordonnait aux juges des châtellenies, des terres et des seigneuries « de convoquer et d'assembler devant eux, au lieu principal de leur ressort tous ceux des trois états d'icelluy pour conférer ensemble sur le contenu des remontrances qu'ils voudront faire…. et choisir d'entre eux certains bons personnages, et pour le moins ung de chacun ordre [3]. » Ces bons personnages se réunis-

---

[1] *Les Coustumes générales et particulières de France.*

[2] Augustin Thierry dit que les paysans concoururent aux élections de 1484. M. Viollet a exprimé à cet égard des doutes dans la *Bibliothèque de l'Ecole des Chartes*, année 1866, p. 49 et 56. M. Boutiot cite des faits qui corroborent l'opinion d'Aug. Thierry. (*Hist. de la ville de Troyes*, III, 169.)

[3] Lettre du bailli de Troyes à tous les juges de son ressort, à la suite des *Lettres patentes du* 31 *août* 1560. Placard gothique. Archives municipales de Troyes.

saient au chef-lieu de la châtellenie pour formuler
leurs remontrances et pour désigner les députés
chargés de les porter à l'assemblée générale du bailliage.

Les communautés, admises à faire entendre leurs
vœux et à participer par leurs délégués au vote des
impôts, acquirent pendant le xvie siècle une situation
légale mieux définie, sinon une indépendance réelle
plus grande. La puissance des seigneurs s'exerça moins
à leur égard, soit pour les opprimer, soit pour les
défendre. L'autorité royale, au milieu des troubles
causés par les guerres de religion, était à la fois
vexatoire et faible. Les officiers des Élections[1] intervenaient dans les comptes communaux et cherchaient
à en enlever l'approbation aux juges locaux. Les
communautés ne pouvaient lever sur elles-mêmes
aucune contribution, sans des lettres d'assiette, pour
la délivrance desquelles le fisc leur faisait payer des
droits exorbitants. En revanche, elles aliènent, elles
achètent, elles empruntent ; elles le font avec si peu
de mesure que le jour où Louis XIV s'empara des

[1] On sait que les élections formaient des circonscriptions finan-
cières, qui étaient des subdivisions des généralités. A partir
de Louis XIII, il y eut un intendant permanent dans chaque généralité, et plus tard cet intendant eut d'ordinaire un subdélégué
dans chaque élection. Les officiers des élections qu'on appelait élus,
bien que depuis 1372, ils fussent des fonctionnaires royaux, avaient
une juridiction qui connaissait particulièrement des tailles et des
aides ; ils participaient, comme on le verra plus loin, à la répartition
de la taille. C'est du nom de cette juridiction que certaines provinces
prenaient le nom de pays d'élections, par opposition aux pays
d'états, tels que le Languedoc, la Bourgogne et la Bretagne, où il
existait des états composés des trois ordres qui faisaient procéder à
la répartition des impôts par leurs délégués.

rênes du gouvernement, il trouva une grande partie des communautés obérées, appauvries, ruinées. Il employa la moitié de son règne à établir d'une main ferme l'ordre qui avait cessé d'exister chez elles ; après les avoir déclarées *mineures* [1], il en prit résolûment la tutelle, leur défendant d'aliéner leurs biens et d'emprunter sans sa permission, les autorisant à rentrer dans leurs propriétés vendues depuis un certain temps et même à ne pas payer une partie de leurs dettes. La communauté entrait dans une phase nouvelle; l'autorité royale, par l'intermédiaire des intendants, la protège et la dirige ; elle la soustrait de plus en plus à l'autorité du seigneur ; elle lui apporte à la fois les bienfaits et les vices de la centralisation ; elle enlève aux juges et aux élus un contrôle onéreux pour la communauté ; elle lui donne les avantages d'une administration bien moins coûteuse; mais en remplaçant peu à peu la puissance seigneuriale dans la plupart de ses prérogatives, elle impose de nouvelles charges aux populations rurales envers lesquelles elle a contracté de nouveaux devoirs. Elle leur demande, par l'institution des milices, le service militaire obligatoire; elle exige d'elles une partie de leur travail manuel, en établissant partout les corvées ; elle augmente leurs impôts, tout en cherchant par d'autres mesures à accroître leur prospérité, et cependant elle élève la communauté, parce que, tout en la rendant

---

[1] Déclaration du 7 juin 1659. *Anc. lois françaises*, XVII, 372.

moins libre, elle lui donne un caractère légal qu'elle
n'avait point eu jusqu'alors.

La communauté rurale conserva la plus grande
partie de ses prérogatives, tandis que les municipalités
urbaines perdaient les leurs. Elle garda ses assemblées ; elle garda le droit d'élire ses syndics et ses
principaux agents. On avait supprimé les assemblées
de la plupart des villes, sous le prétexte qu'elles
étaient souvent tumultueuses ; on avait remplacé les
magistratures municipales électives par des offices
vénaux, afin de se procurer des ressources pécuniaires. On essaya bien, en 1702, de créer des syndics
perpétuels dans chaque paroisse [1] ; mais les paysans
n'étaient pas riches et ne se présentèrent pas partout
pour acheter les offices de syndics que l'État voulait
vendre. L'élection des syndics, conservée dans beaucoup de localités, fut bientôt rétablie, mais avec un
caractère plus général et plus officiel. Au xviie
siècle, tous les villages ne renferment pas de syndics ; ceux-ci ne sont pas toujours permanents ; au
milieu du xviiie siècle, dans l'Ile-de-France et en
Champagne, on en trouve partout. Les municipalités
rurales s'organisent lentement, par les ordonnances
des intendants plutôt que par les édits royaux. Ces
ordonnances ont échappé souvent à l'histoire, parce
qu'elles ont été inconnues en dehors de la province où
elles ont été promulguées ; mais elles fixèrent les attri-

---

[1] Edit de mars 1702. *Mémorial alphabétique des choses concernant la justice, la police et les finances de France*, 2ᵉ éd., 1704,
p. 645.

butions des assemblées communales et de leurs agents
d'une manière plus précise que par le passé : elles
devancèrent même dans certaines provinces l'édit de
juin 1787, qui substitua pour l'administration des villages le régime représentatif des municipalités au régime quasi-démocratique des assemblées générales.
La loi de 1789 ne fit que consacrer une réforme déjà
accomplie, et qui contenait les éléments essentiels du
système municipal moderne.

Elle établissait en même temps l'uniformité entre
les villes et les campagnes, et remettait entre les
mains d'un maire assisté d'un conseil électif tous les
pouvoirs municipaux. Mais, au milieu du relâche-
chement de tous les ressorts administratifs que produisit la Révolution, les inconvénients du nouveau
système furent si vivement ressentis dans les campagnes que l'on tenta, en 1795, de créer des communes factices en formant des municipalités de
canton. Le Consulat revint aux anciennes circonscriptions, mais en supprimant les anciennes franchises.
Le maire et les membres des conseils municipaux
furent désignés par l'administration, jusqu'à ce que
la loi du 21 mars 1831 eût rendu aux habitants le
droit de participer au contrôle de leurs intérêts, en
nommant leurs conseillers municipaux.

La communauté d'habitants avait disparu. Depuis
le moyen âge, elle avait peu à peu élargi les liens
qui l'enserraient ; avec l'aide de l'Église, elle avait
résisté aux seigneurs ; avec l'aide de l'État, elle s'en
était presque entièrement affranchie. Pendant ces

longs siècles de patients efforts, la nécessité avait
soutenu son énergie, et elle n'avait paru abdiquer
qu'au moment où la protection administrative avait
rendu son action moins utile. A mesure que les institutions générales se fortifiaient, le caractère des
individus s'était affaibli. Sous une centralisation
toujours grandissante, dont les ramifications s'éten-
dirent à toutes les extrémités du pays, la communauté
perdit une partie de sa vie propre ; son administration
fut moins patriarcale et moins directe ; et lorsqu'à
partir de 1789, des droits politiques furent conférés
aux habitants des campagnes, ces droits ne rempla-
cèrent pas toujours pour eux les droits plus pratiques
et plus à leur portée, que longtemps ils avaient directement exercés.

CHAPITRE II

LES ASSEMBLÉES

Voici ce qu'on pouvait voir, avant 1789, dans les villages de France, à certains dimanches de l'année.

La messe ou les vêpres venaient de se terminer ; les fidèles sortaient en foule de l'église. Tandis que les femmes regagnaient lentement leurs demeures, les hommes, vêtus de leurs habits de fête, s'arrêtaient et conversaient entre eux. Les cloches sonnaient, appelant les habitants à l'assemblée de la communauté. Elle se tenait d'ordinaire devant la

porte de l'église, à l'ombre des vieux arbres ou du
clocher ; et là, soit debout, soit assis sur les murs du
cimetière ou sur le gazon, les hommes se groupaient
autour du juge local, du syndic ou du praticien, qui
leur exposait la question sur laquelle ils devaient
exprimer un avis ; ils délibéraient ensuite, souvent
d'une manière simple et sommaire, quelquefois avec
force, et lorsque leur délibération était terminée, ils
votaient à haute voix, soit pour la décision à prendre,
soit pour l'élection des agents et des employés de la
communauté [1].

Ces assemblées, qui étaient l'essence même de l'administration du village, existaient aux époques les
plus obscures du moyen âge [2] ; elles s'étaient créées
naturellement ; selon un mémoire du xviiie siècle,
elles étaient d'accord avec le génie populaire de
nos anciens [3]. Lorsque le nombre de ceux qui savaient lire était restreint, il fallait réunir les habitants pour porter à leur connaissance les lois et
les avis qui les intéressaient ; on le faisait soit dans
l'église, au prône, soit à l'issue de la messe, devant
la porte de l'église [4]. Les habitants, convoqués par

[1] Voir Restif de la Bretonne, *La Vie de mon Père*, 1779, t. II,
p. 54. L'administration patriarcale d'un village de la Basse-Bourgo-
gne au xviiie siècle y est décrite *de visu*.
[2] Voir sur les assemblées primitives de village et autres des
races ariennes : George Laurence Gomme, *Primitive folk-moots
or open air assemblies in Britain*, 1880.
[3] A. de Tocqueville, *L'Ancien Régime et la Révolution*, 4e éd.,
p. 91.
[4] Comme reste de cette coutume, jusqu'à ces dernières années,
on assemblait les habitants de certains villages par le tintement

le juge, écoutaient ; après avoir écouté, ils faisaient leurs réflexions d'autant plus développées que le sujet les touchait de plus près. Ils dénonçaient les abus, ils signalaient les améliorations à faire. Dans certains cas, s'il s'agissait de biens communaux, par exemple, les réflexions devenaient des délibérations. On décidait s'il fallait plaider contre des prétentions qui paraissaient exorbitantes, et c'est ainsi que l'on voit aux temps mêmes de la féodalité, des paysans entamer et soutenir des procès contre leurs seigneurs. Les sages, les anciens avaient d'ordinaire voix prépondérante dans ces décisions ; ils exerçaient dans le village une autorité qui, pour être tacitement consentie, n'en était pas moins réelle [1].

Dans le Bigorre, les habitants jouissant des droits municipaux s'appelaient les *voisins ;* leur réunion formait la communauté, *la Vesiau* [2]. Le nom de voisins n'indique-t-il pas de quelle manière naturelle elle s'était constituée ?

Un tel état de choses s'accommodait avec le servage ; nous en voyons la preuve en portant les yeux sur un peuple où les paysans n'ont été affranchis que de nos jours. Il existe encore dans les villages de la Russie des assemblées communales, dont aucune loi écrite ne règle les attributions, et qui fonctionnent

de la cloche après la messe pour la lecture des lois et arrêtés préfectoraux. (Portagnier, *Etude hist. sur le Rethelois*, 1874, p. 249.)

[1] Beugnot, Introd. aux *Assises de Jérusalem*, t. II, p. IV. C'est d'après les actes publics, les chartes et les formules de l'époque féodale que M. Arthur Beugnot émet cette opinion.

[2] De Lagrèze, *La Féodalité dans les Pyrénées*, 1864, p. 77.

depuis l'affranchissement comme elles fonctionnaient auparavant. « L'assemblée est convoquée par l'ancien, le *starosta*, dit un publiciste anglais, très fréquemment lorsque le peuple sort de l'église, et elle a toujours lieu en plein air au milieu de la rue du village... Aucune formalité ; les votes sont recueillis sommairement. Nominalement, tout chef de famille a droit à un vote, mais les paysans ne refusent jamais à un vieillard d'expérience le droit de parler sur une affaire spéciale ; et la question de savoir qui peut délibérer et voter est entièrement abandonnée à la volonté de l'assemblée [1]. » C'est bien là le fonctionnement primitif et naturel de la communauté rurale, que ne définit aucune loi.

Il en fut de même pour nos assemblées de villages. Il est difficile à certaines époques de discerner qui en était ou n'en était pas membre. Les expressions officielles diffèrent, et ne permettent pas de porter sur cette question une appréciation uniforme. Une transaction de 1331 énumère tous les habitants d'une localité de Bourgogne qui y ont pris part. Étaient présents tous ceux qui l'avaient voulu, qui le devaient et le pouvaient [2]. Des femmes, des veuves, des filles figuraient même dans l'acte auquel donnait lieu cette transaction ; leur consentement augmentait la

---

[1] *Local government and taxation*, 1875. *Russia* by Ashton Wentworth Dilke, p. 316, 317.

[2] « Présens touz ces qui hont vouluy, dehu et pehu estre devant l'église de la ville d'Ahuit, le diemange après la saint Nicholas d'iver, à l'ore de la messe parroichaule... » Transaction de 1331. Garnier, *Chartes de communes en Bourgogne*, t. II, p. 200.

validité du contrat, qui n'obligeait pas ceux qui n'y étaient pas mentionnés. A Cauterets, dans les Pyrénées, en 1316, les *voisins et voisines* sont assemblés sous le porche de l'église pour savoir s'ils veulent accepter de l'abbé un autre emplacement pour leur bourg et les bains. Tous acceptent, sauf une femme dont le nom est porté dans l'acte [1]. Plus tard, dans une assemblée communale, réunie pour les élections aux États-Généraux de 1576, les veuves de la localité figurent au même titre que les hommes [2]. Elles figurent même au XVIIIe siècle, dans des assemblées d'assises, où tous les justiciables sont convoqués[3]. Elles sont en effet chefs de famille [4]; elles sont inscrites sur les rôles de la taille et des affouages, et à ces divers titres elles sont appelées aux assemblées d'habitants convoquées par les agents des élections, des gabelles et des forêts.

---

[1] De Lagrèze, p. 82. — Voir aussi : A. Déy, *Etude sur la condition des personnes, des biens et des communes au comté de Bourgogne pendant le moyen âge*, p. 234.

[2] Procès-verbal d'assemblée de Garchy. Sur 193 habitants présents, figurent 32 veuves. Archives municipales de Troyes, BB. 15, 3. — Le droit électoral des femmes, en faveur duquel s'était déclaré l'un des publicistes les plus éminents de l'Angleterre, Stuart Mill, existe dans les communes d'Australie. (*Local government and taxation*, p. 243.)

[3] Tous les habitants de Vauchassis, de Laines-au-Bois et de Prugny, se rendent en 1733 aux assises tenues par le bailli de Vauchassis. Vers 1770, on en tient encore chaque année à Luyères. (Arch. judiciaires de l'Aube, n°s 1267 et 1576).

[4] Le droit électoral fut reconnu à ce titre, en 1789, aux femmes possédant divisément, veuves et filles de la noblesse ; mais il devait être exercé par procureur. (*Règlement du 24 janvier 1789*, art. XX.)

D'ordinaire, les hommes étaient seuls admis dans
les assemblées qu'on pourrait appeler plus spécialement
communales. Une charte de 1415 permet aux hommes du
village de Couchey de s'assembler pour délibérer sur
leurs négoces et « sur celz de l'église, « en présence des
officiers du seigneur et non autrement. Elle ajoutait
que ces assemblées auraient lieu « suivant la forme
et manière ancienne et accoutumée [1]. » On reconnaissait ainsi qu'antérieurement à cette charte de 1415
les habitants étaient en possession du droit de réunion. Dans un autre procès-verbal, à la suite des noms
de tous les assistants, figure cette formule qui se
retrouve dans des milliers d'actes de communauté :
« *Tous habitans faisans et représentans la plus
grande et seine partye des habitans dudit lieu* [2]. »
En outre, ils se font fort et prennent en main pour
tous les autres habitants « présens et advenir. »
Répondre ainsi pour les absents, c'était indiquer le
droit qu'ils avaient à intervenir dans les affaires de la
communauté, s'ils en avaient eu la possibilité [3].

Le suffrage universel n'était pas inconnu au moyen
âge ; il se conserva parfois jusqu'au dix-huitième
siècle [4]. Lors des États-Généraux de 1314, le suf-

---

[1] Garnier, *Chartes de communes en Bourgogne*, II, 296.

[2] La même formule se trouve en latin : Majorem et saniorem
partem hominum et totius communitatis villæ seu parochiæ de
Sparnaco facientes... (Vente par les habitants d'Epernay d'un bois
à l'abbaye de Saint-Martin en 1325. A. Nicaise, *Epernay*, II,
175.)

[3] Transaction entre les seigneurs de Marigny le Cahouet et les
habitants. *Chartes de communes en Bourgogne*, II, 154.

[4] Fauché-Prunelle, *Institutions autonomes des Alpes Briançonnaises*, II, 13.

frage universel ou du moins le suffrage émanant d'un grand nombre de personnes paraît avoir été le mode d'élection en usage pour les envoyés du Tiers-État [1]. En 1354, à Toulon, tout homme âgé de plus de quatorze ans était tenu, sous peine d'une amende de douze deniers, d'aller voter, en présence du bailli, pour la nomination des conseillers de ville [2]. Aux assemblées de la Saint-Barnabé, à Troyes, où les officiers municipaux étaient nommés et les comptes de la voirie rendus, on admettait tous ceux qui voulaient s'y rendre [3]. A Dijon, à l'époque de la Fronde, on vit des candidats aller chercher des mendiants à l'hôpital, et leur payer des journées pour les faire voter [4]. S'il en était ainsi dans les villes, à plus forte raison le suffrage devait-il être universel dans les campagnes où il eût été difficile de le limiter. Au xvie siècle, tous les individus demeurant sur la paroisse, tous ceux qui avaient assisté au prône, étaient convoqués aux assemblées appelées à formuler leurs doléances et à nommer des délégués pour les élections aux Etat-Généraux [5]. Plus tard, il est vrai, lorsque l'administration intervint dans les affaires de la communauté, elle professa que ceux qui étaient inscrits sur les rôles de la taille pouvaient seuls avoir voix

---

[1] Boutaric, *La France sous Philippe le Bel*, p. 41.

[2] *Mémoires de la Société Académique du Var*, 1862.

[3] Boutiot, *Hist. de la ville de Troyes*, III, p. 357.

[4] Alexandre Thomas, *Une province sous Louis XIV*, p. 274.

[5] G. Picot, *Les Elections aux Etats-Généraux dans les provinces de 1302 à 1614. Séances et travaux de l'Académie des Sciences morales*, t. CII, p. 24.

délibérante dans les assemblées [1] ; les manouvriers comme les laboureurs figuraient sur ces rôles. Les mendiants et les serviteurs à gages en étaient exclus. Turgot aurait voulu qu'on ne pût accorder « la voix dans les assemblées » qu'à ceux qui possédaient des biens fonds [2]. C'était la refuser aux chefs de famille qui n'étaient pas propriétaires.

La commune d'aujourd'hui est une réunion d'individus à qui l'âge et le sexe confèrent la capacité civique; la communauté d'autrefois était surtout une agglomération de familles représentées par leurs chefs. Le système patriarcal primitif s'était conservé dans les villages plus que dans les villes; le père, aidé par ses fils dans ses travaux ruraux, les tenait dans une sorte de dépendance jusqu'à ce qu'ils aient eux-mêmes constitué une famille nouvelle par le mariage. En Lorraine, les chefs de famille portaient le nom de *chefs de feux* [3]. Le foyer était le centre et l'emblème de la famille. En Savoie, on reconnaît aussi les droits communaux à tous les *communiers faisant feu* [4]. Dans beaucoup de contrées, les chefs de famille font partie de droit des assemblées ; en Provence, leur réunion communale portait parfois le nom sonore de parle-

---

[1] Cahier de Chelles. *Archives parlementaires*, IV, 1. — Ordonnance de 1773 du subdélégué de Bar-sur-Seine prescrivant à tous les habitants inscrits sur les rôles de la taille d'assister aux assemblées. Arch. de l'Aube, C. 222.

[2] *Œuvres posthumes*, Lausanne, 1787, p. 26.

[3] D. Mathieu, *L'Ancien Régime en Lorraine*, 1879, p. 253.

[4] A. de Jussieu, *Histoire de l'instruction primaire en Savoie*, p. 22.

ment général [1]. Dans les petites communautés de la généralité de Paris cependant, on admettait aux délibérations les célibataires inscrits sur les rôles de la taille. Dans les plus grandes, on croyait que leurs suffrages ne devaient pas être comptés. « Les garçons, disait un subdélégué, ne sont point encore dans le cas de pouvoir juger du véritable intérêt de la communauté et ne peuvent répondre pour un syndic qui serait insolvable. [2] » L'expression de *bien-tenans* figure souvent sur les actes, mais elle est suivie d'ordinaire de celles de *manans et habitans*. Une législation uniforme n'existe pas ; la règle diffère de province à province, d'élection à élection. Mais ce qui peut frapper dans les cahiers de 1789, c'est qu'on n'y réclame pas l'extension du droit de suffrage pour les habitants des villages ; au contraire, dans une commune du bailliage de Douai, à Waziers, on en demande la restriction, dans des termes qui prouvent combien il était étendu. « Qu'à l'avenir, dit le cahier de Waziers, nul ne puisse être appelé à délibérer dans les assemblées paroissiales, à moins qu'il ne soit né Français ou naturalisé, âgé de vingt-cinq ans, domicilié dans la paroisse, et compris dans les rôles d'impositions sans être aucunement assisté par la table des pauvres[3]. » Il n'y avait donc dans certains villages aucune condi-

---

[1] Charles de Ribbe, *La Famille et la Société en France*, p. 87. — *Revue des Sociétés savantes*, 6e série, III, 122.

[2] Voir Pièces justificatives, § II.

[3] *Archives parlementaires*, III, 240. Le cahier de Waziers, comme celui de Chelles, t. IV, p. 422, demande que le droit de suffrage soit proportionné au chiffre de l'imposition.

tion d'âge, de cens ou même de durée de domicile
pour les votants.

Un domicile d'un an était cependant nécessaire,
d'après beaucoup de coutumes, pour participer aux
charges et aux privilèges communs, et par conséquent
pour jouir de tous les droits que possédaient les habitants [1]. En Bigorre, un séjour d'un an avait longtemps donné le droit de voisinage, qui équivalait au
droit de bourgeoisie ; mais, dans les villes et dans
certaines localités, il fallut plus tard payer une certaine
somme pour l'acquérir, à moins qu'il ne fût la récom-
pense d'un service rendu [2].

Le droit de convoquer les assemblées appartint
longtemps au seigneur. Dans les villes, les assemblées
générales étaient convoquées et présidées au XVIe
siècle par les officiers de justice [3]. « C'est un droit
commun dans toute la France, écrivait le jurisconsulte
Loyseau, que ce n'est pas le maire qui les préside,
mais en l'absence du gouverneur, le lieutenant-
général ou tout autre premier officier de la couronne [4]. »
Dans les villages, le juge qui représentait le seigneur
était investi des mêmes prérogatives. A la fin du
moyen âge, il tenait à certains jours des assises ou
des plaids généraux, auxquels tous les habitants devaient assister. Ces assises étaient tombées en désué-

---

[1] Loysel, cité par Freminville, *Pratique des Terriers*, III, 305.
[2] De Lagrèze, p. 76.
[3] Ord. de 1559, *Anc. lois françaises*, XIII, p. 542.
[4] *Du droit des Offices*, p. 751. — Divers arrêts leur confirmèrent
ces droits de 1724 à 1759. *Mémoire pour les officiers de la prévôté
d'Eclaron*, in-4 de 16 pages.

tude dans certaines provinces, comme les *franches vérités* de la Picardie et de l'Artois ; quelques-unes persistèrent dans l'Ile-de-France et en Champagne au xviiie siècle [1] ; mais les plaids généraux se tenaient encore régulièrement tous les ans dans certaines parties de la Bourgogne, en Lorraine et en Alsace, où le juge présidait à la nomination des échevins, des syndics, des messiers ou d'autres agents communaux [2].

Cependant, depuis longtemps, certaines coutumes, à défaut de chartes, avaient donné le droit de convocation aux maires ou aux échevins et même aux habitants [3]. Lorsque les juges seigneuriaux durent être choisis parmi les gradués, ils résidèrent plus rarement dans les villages ; leur juridiction s'étendant sur plusieurs localités, ils ne pouvaient être présents à toutes les réunions, et ils laissèrent parfois aux syndics le soin de les convoquer et de les présider. D'un autre côté, les officiers de l'élection prescrivaient aux habitants de se réunir « au premier dimanche » pour

---

[1] Guyot, *Répertoire*, VII, 650 et I, 691-692. — Arch. jud. de l'Aube, nᵒ 1267. — Voir sur les plaids généraux en Bretagne : A. Dupuy, *Bulletin de la Soc. académique de Brest*, 2ᵉ série, VI, 287.

[2] Voir plus loin la note 2 de la page 48.

[3] Freminville, après avoir dit qu'il est de droit public que les habitants ne peuvent s'assembler sans la permission de leur seigneur, cite les coutumes d'Auvergne et de la Marche, où les communautés peuvent s'assembler, malgré le refus du seigneur, pourvu que dans cette assemblée, elles ne traitent que de choses justes et honnêtes (p. 186), Raynouard cite les coutumes du pays de Labourd et de la vicomté de Sole qui donnent aux habitants les mêmes droits. (*Hist. du Droit municipal en France*, II, 332.) La coutume de Saint-Sever dit aussi : « Se peuvent lesdits jurats et habitans... assembler entre eux pour communiquer des affaires communs, faire sindicats pour la poursuite des procès, et pourvoir à autres affaires communs sans congé du seigneur justicier. »

nommer des asséeurs et des collecteurs [1]. Les édits
de 1692 et de 1702, qui créaient des maires et des
syndics perpétuels, leur accordaient le droit de convoquer des assemblées générales et particulières [2]. Ce
droit fut, au xviiie siècle, entièrement enlevé au seigneur, dans certaines provinces, par l'administration
devenue prépondérante. Un subdélégué de Champagne
le dit formellement en 1769 : « C'est mal à propos,
écrit-il à l'intendant, que le procureur fiscal prétend
que des syndics doivent demander la permission au
seigneur et aux officiers de justice pour faire tenir
des assemblées, puisqu'il n'y a aucuns règlements ni
ordonnances qui les y assujettissent ; puisqu'au contraire il est défendu aux officiers de justice de s'arroger le droit de convoquer les assemblées et d'y
assister autrement que comme habitants, ainsi qu'il
vient d'être décidé par arrêt du conseil du 11 mars
1763 [3]. » Un arrêt du conseil du 31 juillet 1776,
confirma cette jurisprudence, en lui donnant un caractère plus général. Le syndic eut seul la mission de
convoquer les assemblées ; mais il ne pouvait se dis-
penser de le faire, lorsqu'il en était requis par le *général des habitants*. En cas de refus du syndic, le subdélégué statuait [4].

[1] Lettres de l'élection de Troyes, 1677. Archives de l'Aube,
C. 643.
[2] *Anc. lois françaises*, XX, 160. — *Mémorial alphabétique des
choses concernant la justice, la police et les finances de France*,
1704, p. 646.
[3] Archives de l'Aube, C. 765.
[4] Ordonnance du subdélégué de Troyes, du 30 décembre 1778.
D'Arbois de Jubainville, l'*Administration des intendants*, p. 134.

L'instruction administrative qui proclamait ces principes interdisait aux habitants de s'assembler « sans la participation et hors de la présence des syndics. » On peut en conclure que plus d'une fois ils s'étaient réunis par leur seule volonté.

Les convocations, dans les circonstances importantes où la présence de tous les habitants était requise, étaient faites, au moins la veille du jour fixé, par le sergent de justice ou le messier. Il allait de maison en maison, de porte en porte, ou, comme le disent les termes des actes, d'huis en huis [1], ou de pot en pot [2]. Cette dernière expression est la plus usitée dans les villages de Champagne au xviie et au xviiie siècle. L'assemblée était ensuite annoncée au prône de la messe paroissiale, jusqu'à ce qu'un édit de 1695 en eût dispensé les curés [3]. Dans tous les cas, le tambour ou la cloche [4] appelaient les habitants à ces réunions, qu'un sergent indiquait à haute voix à la sortie de l'église [5].

---

[1] En 1331, les habitants d'Ahuit sont « nommément d'us en us ajornez... » pour une assemblée. (*Chartes de communes... en Bourgogne*, II, 200.)

[2] Plus anciennement de post en post. Ce mot vient du latin *postis*, qui signifie poteau ou jambe de porte.

[3] Edit d'avril 1695, art. 32, confirmé par une déclaration de décembre 1698. *Anc. lois françaises*, XX, 252 et 320.

[4] Un arrêt de règlement du 29 juillet 1784 ordonne qu'il sera seulement sonné une cloche pour la tenue des assemblées tant des fabriques que des communautés d'habitants. (Denisart, IV, 570.)

[5] La Poix de Freminville, *Traité du gouvernement des biens et affaires des communautés d'habitans*, 1760, ch. X, question II. Comment doit se convoquer l'assemblée des habitans ? — Voir aussi : Fauché-Prunelle, II, 72. — Le subdélégué de Vitry-le-François, recommandait de tenir les assemblées après vêpres, parce

La publicité était la condition essentielle de ces àssemblées ; aussi devaient-elles se tenir dans un lieu accessible à tous [1]. D'ordinaire, elles se réunissaient, comme nous l'avons vu, sur la place de l'église [2]. Les arbres qui s'élevaient sur cette place avaient été plantés pour les abriter des rayons du soleil ; tels étaient les ormes sous lesquels les plaids de la justice étaient tenus, et des rendez-vous étaient donnés [3]. Nos ancêtres vivaient plus souvent en plein air que nous, et l'on peut citer dans les villes des prédicateurs s'adressant à des foules réunies sur les places publiques [4]. Mais si le temps ne le permet-

que l'issue de la messe coïncidait avec l'heure du dîner. (Mordillat, *Histoire de Bossuet*, p. 163.)

[1] Ordonnance de juin 1559, art. 7.

[2] Un arrêt de 1659 interdit aux habitants de s'assembler ailleurs que devant la porte principale de l'église, pour la nomination des collecteurs. (Vieville, *Nouveau traité des Elections*, 1739, p. 252.) — Voir De Lagrèze, p. 78.

[3] De là vient l'expression *sub ulmo*, sous l'orme, qui se trouve dans un certain nombre d'actes. (L. Delisle, p. 436.) — Dissertations de Dreux du Radier et de Lebeuf sur l'origine de l'expression *Attendez-moi sous l'orme* (Leber, *Collection des meilleures dissertations*, VIII, p. 446). — Voir plus loin, liv. III, ch. IV. — Sully aurait ordonné en 1608 de planter au moins deux ormes devant chaque église (Portagnier. *Hist. du Châtelet ; Travaux de l'Académie de Reims*, t. LIV,p. 490).—Ailleurs,on cite des chênes dits de Sully. Voltaire parle de tilleuls plantés par ses ordres et appelés Rosny (*Diatribe à l'auteur des Ephémérides*, 1775). — En Bourgogne, les habitants de Pellerey réclament contre le curé, qui sous prétexte d'éviter la foudre, a fait abattre le tilleul du cimetière. (*Inv. Arch. Côte-d'Or*, C. 1192.) — En Biscaye, on montre encore le chêne de Guernica, sous lequel le Senor venait jurer le maintien des *fueros*. — Voir aussi G. L. Gomme (*Primitive Folk-Moots*) qui donne de nombreux exemples d'assemblées tenues sous des arbres.

[4] A Avallon, en 1667, un cordelier prèche devant 3 à 4000 per-

tait pas, les habitants se réunissaient soit dans l'auditoire du juge ou dans l'école, s'ils étaient assez vastes pour les contenir, soit dans la halle, s'il y en avait une, soit dans l'église [1], qui, malgré la défense faites dans les derniers temps, s'ouvrait pour les recevoir s'ils n'avaient pas d'autre asile. Les porches couverts, qui se rencontrent surtout au devant des églises romanes, leur servaient aussi de refuge [2]. Ici, c'était le clocher, là une grande salle inhabitée du château qui les recevait [3]. En général, il n'y avait pas de maison commune dans les campagnes; le véritable édifice communal était l'église.

La présence de dix habitants au moins était nécessaire pour que les délibérations fussent valables. Un vieil adage disait : « *Dix habitans font un peuple.* » Au-dessous de ce nombre, ils étaient considérés comme particuliers et ne pouvaient constituer un procureur de communauté [4]. Il y avait pourtant des localités qui ne renfermaient que trois contribuables et qui exerçaient les droits de communauté [5]. S'il

nes réunies sur la place publique. (Correspondance manuscrite de l'intendant Bouchu, I, 80.)

[1] C'est dans l'église que se rassemblent les habitants convoqués au son de la cloche ; c'est là que nous les voyons traiter toutes les affaires locales (Crédé. *Verien la Boussole. Revue de Champagne*, 1876, I, 398). — *Inv. Arch. Seine-Inférieure*, C, 2172. — Arch. de l'Aube, C. 222.

[2] Des cahiers en 1789 furent rédigés sous le portail. (Hippeau, *Cahiers de Normandie*, I, 499).

[3] Arch. de l'Aube, C. 203, 1288, 1292.

[4] Jean Lepain, *Praticien françois*, 1622, p. 142.

[5] Arch. de l'Aube, C. 1652. — La paroisse d'Ormoy, près Lieusaint, n'avait en 1789 qu'un habitant qui était le fermier du sei-

s'agissait d'un emprunt, la présence des deux tiers
des habitants était nécessaire. Tous devaient adhérer
à l'acte, s'il était question d'aliéner des propriétés
communes ou de s'assujettir à un impôt nouveau,
parce que chacun, comme particulier, était intéressé
à la décision qu'on devait prendre [1]. Dans le cas où
le nombre des membres présents était insuffisant,
les absents pouvaient faire opposition aux décisions
prises [2].

L'assiduité était un devoir et une obligation pour
les habitants. Les coutumes et les ordonnances les
frappaient d'amende, lorsqu'ils ne se rendaient pas
aux assemblées [3] ; au XVIe siècle, l'amende était
prononcée par le juge ; elle doublait et triplait, en
cas de récidive [4]. . Quelquefois elle était réclamée en
nature. A Luz, l'absent devait donner un quart de
vin à ceux qui se rendaient au conseil et un quart de
cire à l'église [5]. Les ordonnances des intendants
atteignaient même les habitants qui ne restaient pas
jusqu'à la fin des séances, ou qui, lorsqu'ils savaient
écrire, s'abstenaient d'en signer le procès-verbal. Au

gneur (*Archives parlementaires*, IV, 778). — A la Révolution, les
communautés furent transformées en municipalités ; il y en eut
43,915 ; le nombre en fut réduit plus tard, et l'on n'en comptait
que 36,826, en 1856.

[1] Freminville, *Traité*, p. 190.

[2] Préambule d'une ordonnance de l'intendant de Champagne
Caze de la Bove, de 1750. Arch. de l'Aube, C. 765.

[3] La loi salique et la loi des Allemands frappaient d'une amende
les hommes qui ne se rendaient pas aux assemblées appelées mâls
(Guizot, *Civilisation en France*, III, 115).

[4] Cahiers de 1576. Arch. de Troyes, BB. 15, 2.

[5] De Lagrèze, p. 84.

xviiie siècle, l'amende infligée aux absents variait de trois [1] à six livres [2] ; elle était d'ordinaire de cinq. Une déclaration de 1723 l'élève même à vingt livres, s'il s'agit d'une élection de collecteurs [3]. Mais il était difficile d'empêcher des abstentions concertées, lorsque la communauté était appelée à voter une imposition onéreuse ou à faire une nomination qui lui répugnait.

En 1772, l'intendant de Champagne charge un architecte de faire une expertise dans l'église de Villemaur. Les habitants devaient y assister. Trois fois on sonne la cloche, personne ne se rend à son appel ; on mande le syndic ; il s'excuse. Le bruit s'étant répandu que l'expert était favorable à la communauté, celle-ci se réunit dans la maison du doyen. Mais l'expert ayant exprimé une opinion contraire à celle qu'on attend de lui, les assistants se retirent aussitôt [4]. En pareil cas, l'intendant décidait d'office.

La présence des habitants était d'autant plus nécessaire que les attributions des assemblées portaient sur tous les points qui intéressaient la communauté.

---

[1] Ord. de l'intendant de Bourgogne du 23 mars 1765. Arch. de l'Aube, C. 203.

[2] Ord. de l'intendant de Champagne du 26 mai 1750. Intr. à l'*Inv. des Arch. Aube*, et C. 765. — *Inv. Arch. Côte-d'Or*, C. 533. — Max Quantin, *Vermanton*, 58. Ici, c'est le maire qui condamne les défaillants à 10 liv. d'amende. — A Arruns, l'amende est de 15 sols (De Lagrèze, 84). En Provence, même usage. Au xve siècle, l'amende est de 20 liouras (Ch. de Ribbe, p. 88).

[3] Vieuille, p. 236.

[4] « Ce qui aurait dans le moment fait évader toute la communauté, » dit une requête des habitants (Arch. de l'Aube, C. 1996. Voir aussi : C. 1308).

Elles étaient à la fois délibératives et exécutives ; les
habitants, réunis en corps, votaient les dépenses et
procédaient aux nominations. Tout dépendait d'eux
en premier ressort, sous réserve, à une certaine
époque, de l'approbation de l'intendant. Ils décidaient
les ventes, les achats, les échanges, les locations de
biens communaux ; la réparation des églises, des
presbytères, des édifices publics, des chemins, des
ponts ; outre leurs syndics, ils nommaient leur maître
d'école, leur pâtre, leur sergent, leur messier, les
collecteurs des dîmes [1], les asséeurs et les collecteurs des tailles [2]. Ils fixaient parfois le ban de vendange ; ils arrêtaient même dans certaines circonstances la taxe des journées d'ouvriers et de certaines
marchandises [3]. Tous ces actes d'administration,
pour être valables, devaient revêtir une forme authentique. En l'absence du juge et de son greffier, ils
devaient être rédigés par un notaire ou par un pra-

---

[1] Appelés aussi pauliers en Champagne.

[2] D. Mathieu, l'*Ancien Régime en Lorraine*, p. 253-254. —
De tout temps, lit-on dans un *Mémoire* de 1760, les habitants de
Bussy ont nommé leurs échevins, leurs asséurs, leurs collecteurs,
leurs messiers, etc. à la tenue des grands jours ; de tout temps le
juge leur a donné acte de cette nomination, et il a reçu le serment
de ces officiers ; cet usage est celui de presque toutes les communautés du ressort... *Mém. pour P. Chevillard, collecteur de Bussy-
le-Grand*, p. 2. — En Alsace, les habitants, réunis en *plaids an-
naux*, nommaient au suffrage universel les officiers subalternes de
la communauté, tels que les gardes, le bedeau, le veilleur de nuit,
les messagers, les pâtres, etc. (Krug-Basse, *L'Alsace avant* 1789,
p. 102.)

[3] Le 23 avril 1724, les habitants de Vermanton, sur les instructions du contrôleur général, fixent en assemblée générale à 20 s.
le prix de la journée de vigneron. (Arch. de Vermanton, BB. 2.) —
Inv. Arch. Aude, B. 1184.

ticien; ils l'étaient même quelquefois sous seings-privés, et l'absence d'un syndic ou de tout officier public ne les empêchait pas d'être ratifiés par l'intendant. Dans tous les cas, à partir de 1722, ces actes furent soumis au droit de contrôle sous peine de nullité [1]. A la veille de la révolution, ces procès-verbaux pouvrient être rédigés, dans les circonstances ordinaires, par un secrétaire spécial, qui était souvent le maître d'école.

Les intendants se montraient quelquefois les défenseurs de la liberté des assemblées. En 1775, le parlement de Paris avait annulé une délibération des habitants des Riceys relative à un procès intenté contre le seigneur, en interdisant au notaire qui l'avait rédigée d'en libeller à l'avenir. Les syndics, qui avaient été en outre condamnés aux dépens, réclamèrent vivement. « Si des sindics, écrivait l'un d'eux, qui avertissent leur communauté des poursuites qui se font contre elle et qui délibèrent avec elle sur l'intérêt commun, si un officier public qui reçoit les dires et délibérations des habitants dans l'assemblée la plus nombreuse, la plus libre et la plus unanime, sont ainsi maltraités par l'effet du crédit des puissants, il sera facile de dépouiller désormais les communautés de leurs biens et de les asservir à tout ce que la cupidité pourrait suggérer. » L'intendant de Bourgogne répondit qu'il ne pouvait se prononcer sur l'annulation prononcée par le Parlement, mais qu'il

[1] Freminville, p. 196.

croyait que le notaire pouvait rédiger des actes toutes les fois que le seigneur ne serait pas en jeu. « Observez-lui en même temps qu'il n'est pas besoin du ministère d'un notaire pour rédiger les actes d'assemblée, qu'il suffit pour la rendre régulière qu'elle ait été convoquée par les échevins, au son de la cloche et au lieu accoutumé, et que l'acte peut être ensuite rédigé par un simple habitant, le greffier de la justice, le recteur de l'école ou un praticien quelconque [1]. »

Après les délibérations, les votes avaient lieu à haute voix, la plupart du temps sans formalités spéciales. Mais si des divisions existaient, si des compétitions se produisaient, si la discussion avait été vive, on procédait avec plus de soin au compte des voix, et, dans certains cas, les noms de tous les votants pour ou contre étaient inscrits sur le procès-verbal [2]. Comme une partie des habitants était illettrée, il ne pouvait être question de bulletins secrets ; tout se passait au grand jour, souvent avec simplicité et bonhomie, quelquefois avec violence et tumulte.

Parmi les habitants il se rencontrait des rustres qui ne craignaient pas de recourir aux invectives et même aux voies de fait, lorsque la majorité n'était point de leur avis. La correspondance des intendants en signale de trop nombreux exemples. Ici ce sont des habitants qui se moquent des syndics et les injurient ; là, ce sont les membres de la minorité qui

---

[1] Lettre du 18 septembre 1775. Archives de l'Aube, C, 214.
[2] Mêmes Archives, C, 222, 410.

vilipendent ceux de leur majorité, et leur lancent à la tête les épithètes les plus malsonnantes [1] ; ailleurs, ce sont les habitants d'un hameau qui empêchent ceux du bourg dont ils font partie de délibérer sur une question qui touche à leurs intérêts [2] ; ailleurs encore, c'est un charron qui arrache des mains du syndic le procès-verbal et le met en pièces. Lorsque de pareils actes se produisaient, il était nécessaire de les réprimer. L'intendant condamna le charron à 100 ivres d'amende envers la communauté, et lui défendit jusqu'à nouvel ordre d'assister aux assemblées [3]; l'intendant cependant ne sévissait qu'avec une certaine réserve. Un subdélégué ayant exclu à l'avenir des assemblées deux particuliers, dont la conduite avait été « indécente, » l'intendant commua la sentence en une amende de 50 livres, parce qu'il craignait d'être attaqué sur la compétence [4].

Sur un grand nombre de points, des ordonnances durent remédier à ces désordres. On constatait en 1750, « qu'il régnait un désordre considérable dans la plupart des communautés de la généralité de Champagne, au sujet de la tenue des assemblées. » Les habitants n'y venaient pas régulièrement, ou « ils n'y assistaient souvent que pour y apporter le trouble, » d'où il résultait qu'elles se passaient « tumultuairement sans qu'il fût possible d'y rien arrêter de dé-

[1] Arch. de l'Aube, C. 204, 222.
[2] Arch. de Vermanton, BB. 2.
[3] Ordonnance de 1781. Arch. de l'Aube, C. 465.
[4] Lettre de l'intendant de Paris, 1765. Mêmes Archives, C. 203.

finitif [1]. » Il en était de même en Bourgogne. En
1775, le seigneur de Santenay, voulant remédier à
l'oppression des honnêtes gens par quelques sujets
turbulents, demandait que tous les habitants fussent
tenus de se rendre aux assemblées, d'y donner leur
voix, et que leurs délibérations fussent consignées
sur un registre authentique [2]. L'intendant Dufour
de Villeneuve, informé que les assemblées qui se tenaient dans l'hôtel de ville de Vermanton étaient
tumultueuses, et que certains habitants « ne proposaient pas leur avis avec la douceur et la modération
convenables, » ordonna qu'ils ne pourraient « parler
qu'à leur tour » et « avec modération. » Une amende
de dix livres devait frapper ceux qui causeraient des
troubles et ne se conformeraient pas aux prescriptions
de l'ordonnance [3].

A mesure que l'autorité du seigneur ou du juge
local s'amoindrit, elle fut moins respectée, et la police des assemblées, exercée de loin par les subdélégués, devint plus difficile à faire. Selon Turgot,
elles étaient trop nombreuses, tumultueuses, et parfois absolument déraisonnables [4]. C'était depuis
longtemps le vice de ces réunions populaires qui se
passaient en plein air, où tous pouvaient dire leur
mot, et d'où les sages se retiraient lorsque les violents

[1] Préambule de l'ordonnance de 1750.

[2] Abord, *Santenay. Congrès archéologique de France*, XIX
session, p. 344.

[3] Ordonnance du 25 mars 1762. Arch. de Vermanton, BB. 3.
— *Inv. Arch. Côte-d'Or*, C. 1178. — Voir aussi les statuts de Luz en
1611. L'amende était d'une livre de cire. De Lagrèze, p. 83.

[4] *OEuvres posthumes*, Lausanne, 1787, p. 31.

y étaient les plus écoutés. En 1612, on signale dans une petite ville la multiplication des assemblées « qui n'apportaient que le divertissement du peuple, et auxquelles les raisons des plus notables et judicieux habitants n'étaient pas pesées, mais seulement par voix nombrées d'une multitude de peuple confuse et sans ordre. » Aussi demandait-on au seigneur le rétablissement d'un corps de ville, composé de quinze membres élus [1]. Les mêmes raisons furent alléguées, lorsque le roi ou ses intendants voulurent supprimer dans les villes et les villages les assemblées générales [2]. Les habitants parfois en reconnaissaient les inconvénients. « Dans le grand nombre, dit un règlement d'Arrens, il y a des inquiets et souvent ceux qui n'ont rien à perdre troublent ces assemblées [3]. » — En principe, disait un jurisconsulte du xviie siècle, le corps de ville comprend tous les habitants ; mais, s'ils sont trop nombreux, il est nécessaire qu'ils choisissent un certain nombre d'entre eux pour les représenter et délibérer en leur nom [4]. — Aussi la nécessité, d'accord avec la politique, fit-elle remplacer dans la plupart des villes les assemblées générales par des réunions de délégués de corps et de corporations, qui dans les circonstances importantes, étaient

[1] D'Arbois de Jubainville, *Voyage paléographique dans l'Aube*, p. 238.

[2] Ord. de 1761, supprimant les assemblées générales des habitants à Lourdes, parce qu'elles sont ou tumultueuses ou peu éclairées sur les véritables intérêts de la communauté. (De Lagrèze, p. 85.)

[3] De Lagrèze, p. 86.

[4] Domat, *Le droit public, suite des lois civiles*, liv. I, tit. xv, sect. ii, § 4.

convoqués pour délibérer avec l'échevinage. Dans les
villages, la confusion ou l'inanité des délibérations
amenèrent des résultats analogues. Depuis longtemps,
dans le Midi, il existait des *conseils politiques*, investis
des attributions municipales [1]. Depuis qu'ils dépendaient davantage de l'autorité centrale, les habitants
se sentant plus protégés, comprenaient moins la
nécessité de délibérer sur leurs propres intérêts ; ils
ne se rendaient plus aux réunions parfois plus fréquentes et convoquées par ordre supérieur ; l'expédition des affaires en souffrait. En 1776 et 1777,
l'intendant de Champagne, pour remédier à ces inconvénients, créa dans un grand nombre de localités
rurales des conseils de notables, qui devaient administrer les affaires communes de concert avec le syndic. Ces conseils étaient élus, soit par tous les habitants, soit par des catégories d'électeurs. Les
dispositions variaient suivant l'importance des communautés. Dans certaines d'entre elles, les assemblées
générales étaient facultatives ; dans d'autres, et c'é-
taient les plus peuplées, elles ne pouvaient désormais
se réunir que s'il s'agissait d'intenter ou de soutenir
des procès [2].

[1] Trouvé, *Etats-Généraux de Languedoc*, I, 305. — *Inv. des
arch. du Tarn.* — Dans le Roussillon, ils étaient souvent peu
exacts et peu zélés. (*Compte de l'administration* de Raymond de
Saint-Sauveur, p. 70.) — En Provence, les communautés d'habitants portaient le nom de *Communautés politiques*. (Le Châtelier,
*Des Administrations collectives. Trav. de l'Ac. des Sciences
morales*, t. XC.)

[2] Ord. de l'intendant concernant Neuville-sur-Seine, Gyé, Cour-
teron, Arcis. (D'Arbois de Jubainville, *Voyage paléographique*,
p. 242 et suiv.)

Ces réformes partielles précédèrent le règlement du 25 juin 1787 qui établit des conseils dans toutes les communautés des pays d'élections où ils n'avaient point été institués. Le seigneur et le curé en faisaient partie de droit. Trois, six ou neuf membres, selon le nombre des feux, les composaient [1]. Ils étaient élus au scrutin par l'assemblée paroissiale, qui était l'ancienne assemblée restreinte aux habitants qui payaient au moins 10 livres d'imposition foncière et personnelle. On votait au chapeau pour ceux qui savaient écrire, à voix haute pour ceux qui l'ignoraient[2]. Les assemblées générales, dont le rôle était singulièrement réduit, se réunirent encore dans certaines circonstances, comme pour la nomination des maîtres d'école; elles furent aussi convoquées, au moment des élections générales de 1789; mais pour en faire partie, il était nécessaire d'avoir vingt-cinq ans et d'être inscrit sur les rôles des contributions. A mesure que les droits des habitants sont reconnus, ils se précisent, et, en se précisant, ils se limitent. La liberté politique, en se formulant, restreint la liberté locale, devenue, à certains égards, moins nécessaire.

Il est à remarquer que les cahiers de 1789, qui

[1] Ils se réunissaient de droit tous les dimanches après la messe. S'il n'y avait rien à traiter, on l'inscrivait au procès-verbal. Décision du contrôleur général du 14 juillet 1788. Arch. de l'Aube, C. 576.

[2] « Il a été posé sur le bout de la table du bureau du papier blanc, une plume, de l'ancre (sic) et un chapeau pour déposition des billets » Dienville, 1788. (Arch. de l'Aube. C. 401.) D'autres procès-verbaux portent : « attendu que plusieurs membres de l'assemblée ne savent point écrire, il est décidé que toutes les élections se feront à haute voix. (Ibid., C. 488.)

réclament avec tant d'unanimité le vote des impôts,
le contrôle des finances, la suppression des droits
féodaux, la réforme des impôts et de la milice, sont
presque tous muets sur les institutions municipales
des villages. On demande la réforme, dans un sens
plus démocratique, des municipalités urbaines ; mais,
sauf de très rares exceptions, qui se rencontrent dans
des cahiers de communautés plutôt que dans des
cahiers de bailliage, surtout dans les pays d'États où
le règlement de 1787 n'était point applicable [1], il
n'est point question des institutions rurales. La réforme de 1787 était admise par tous ; le village d'Er-
mont réclame, il est vrai, la liberté absolue des assemblées de communauté ; mais il trouve peu d'échos ;
et le vœu le plus général était exprimé par un autre
cahier, lorsqu'il disait : « Que l'on conserve aux communes leurs municipalités avec tous les droits qui
leur sont attribués [2]. »

La loi du 14 décembre 1789 forma des membres
du corps municipal et d'un certain nombre de notables un conseil général, qui était la représentation
de l'assemblée des habitants. Les citoyens actifs, et
par ce nom l'on entendait les hommes âgés de vingt-
cinq ans qui payaient une contribution équivalente à
la valeur de trois journées de travail, les citoyens
actifs jouissaient seuls des droits politiques et communaux. Ils pouvaient, en dehors des réunions élec-

---

[1] Cahier du Tiers-Etat de Dijon, art. 50 et 51.
[2] *Archives parlementaires*, IV, 517, V, 154, 421. — *Les cahiers
de 1789 en Normandie*, II, 243, 256.

torales, se réunir en corps de commune, mais avec le consentement du conseil général, qui devait l'accorder s'il en était requis par la sixième partie des citoyens ; ils pouvaient aussi se réunir paisiblement pour rédiger des pétitions ou des adresses. La Convention appela à faire partie des assemblées primaires tous les citoyens âgés de vingt et un ans ; mais ces réunions devaient se composer de deux cents citoyens au moins, et la plupart du temps se composaient des électeurs de plusieurs villages. Ce n'étaient plus les assemblées communales. Celles-ci n'existaient plus sous le Directoire, et le Consulat, qui imposa le silence à la France, se garda bien de les rétablir.

CHAPITRE III

LES .SYNDICS

Caractère des fonctions du syndic. — Procureurs des habitants.
— Elections pour les fonctions municipales sous l'ancienne mo-
'narchie. — Suppression des élections dans les villes. — Syndics
perpétuels dans les villages. — Retour au principe de l'élection.
— Confirmation des syndics par les intendants. — Syndics
révoqués et nommés d'office. — Durée de leurs fonctions. — Attributions et fonctions des syndics. — Amendes. — Indemnités.
— Situation précaire et subalterne des syndics. — Nécessité de
relever leur situation au moment de la Révolution.

Il n'est pas d'association sans chef et sans représentant. Le chef de la communauté fut longtemps le
seigneur ; mais lorsque les habitants eurent des intérêts distincts, ils choisirent des mandataires pour
les soutenir. Le nom et les attributions de ces derniers
variaient selon les provinces et les localités [1] ; dans
le midi de la France, ils étaient appelés consuls ; au

---

[1] Un règlement de 1717 énumère comme chefs ou représentants
des communes, les maires, échevins, jurats, consuls, lieutenants,
députés, régens, procureurs, syndics, fabricants (fabriciens), trésoriers marguillers et collecteurs. (Freminville, p. 145.)

centre et au nord, on les désignait d'ordinaire sous
le nom de syndics. Ce nom se donnait aux mandataires des corporations industrielles comme aux représentants de corps plus importants. Le clergé de
France, qui se réunissait en assemblées périodiques,
avait ses syndics généraux ; l'assemblée des communautés de Provence ses syndics nés et ses syndics
joints, qui étaient élus par chacun des trois ordres.
Déjà, au déclin de la domination romaine, on avait
vu surgir parfois en Gaule des hommes munis d'un
mandat temporaire , qui remplissaient auprès des
cités le rôle des défenseurs que les Grecs appelaient
syndics [1].

Dans la communauté rurale, le syndic n'est pas
un magistrat, comme le maire ou les échevins des
communes ; il n'a point les attributions ni les signes
distinctifs des consuls ; c'est un simple agent qui n'a
d'autre autorité que celle qu'il tire du mandat qui
lui est confié ; il n'a aucun prestige, aucune prérogative;
son pouvoir qui dépend de la volonté des habitants,
peut être limité ou révoqué par eux. A peine est-il
reconnu par le seigneur ; l'administration ne lui donne
un caractère légal que tardivement. Le syndic n'avait
pas, comme les maires actuels, d'attributions de police ; son autorité était précaire, parce que les moyens
d'exécution lui manquaient [2]. La liberté communale

---

[1] Defensores quoque quos Grœci syndicos appellant. (*Digest.*,
liv. 18, § 3.) Defensio civitatis est ut syndicus fiat. (*Ibid.* liv. I,
§ 2.)

[2] Leber. *Histoire critique du pouvoir municipal*, p. 407.

exercée par les assemblées était à la fois pratique et
inoffensive, parce que les pouvoirs politiques, judiciaires et municipaux n'étaient point réunis dans
les mêmes mains ; mais ce système avait pour
désavantage de faire des fonctions municipales une
charge sans compensation pour ceux qui les remplissaient.

Le nom de procureur accompagna d'ordinaire, jusqu'à la fin du xviie siècle, le nom de syndic. Nous
avons vu qu'il y avait au xiiie siècle des procureurs,
appelés souvent establis, dans les localités qui n'é-
taient point constituées en commune, telles que les
« villes bateices. » Ils étaient nommés « de par le
seigneur-justicier et par l'accord de tout le commun.»
Cet accord devait se faire en présence du seigneur
ou de son juge. Mais on distinguait deux sortes de
procureurs. Les uns n'engageaient que ceux qui leur
donnaient nommément leurs voix, mentionnées sur
un acte authentique, ainsi que celles des opposants,
qui restaient en dehors du procès. Les autres engageaient la communauté tout entière. Leur mandat,
stipulé par un acte d'assemblée, pouvait ne pas s'appliquer à une affaire spéciale, mais à toutes celles qui
concernaient la communauté, jusqu'à l'époque de leur
remplacement. L'unanimité n'était pas nécessaire pour
rendre leurs pouvoirs valables; il suffisait que la
majorité et les plus riches fussent d'accord pour les
élire ; car il ne convenait pas que la minorité et les
plus pauvres pussent leur faire la loi [1].

[1] Beaumanoir, éd. Beugnot, I, 80, 81, 87, 88.

Le caractère particulier des charges communales sous l'ancienne monarchie, c'était d'émaner de l'élection. Un jurisconsulte célèbre du temps de Louis XIV, Domat, le proclame formellement. « Il y a cette différence, disait-il, entre les charges municipales et les autres sortes de charges, comme celles des officiers de justice, de finances et autres qu'on appelle officiers du Roi, que comme les fonctions de ceux-ci leur sont commises par le roi, ils en ont pour titre les provisions qu'on leur donne, au lieu que les fonctions des charges municipales étant commises à ceux qui les exercent par les communautés que ces fonctions regardent, ils sont appelez à ces charges par l'élection de ceux qui ont le droit de la faire [1]. » Ce principe juste recevait, surtout à l'époque où il était formulé de graves atteintes dans la pratique ; Louis XIV érigeait en offices vénaux les charges municipales des villes ; et lorsque plus tard on revint aux anciennes traditions électives, on en rétablit le simulacre plutôt que la réalité. Trop souvent les électeurs réduits et triés apprenaient d'une manière officielle le choix qu'ils devaient faire, et qu'en fidèles sujets, ils s'empressaient d'exécuter au moment du vote. Un ordre du roi, une lettre du gouverneur, leur désignaient impérativement le candidat sur lequel ils devaient porter leurs suffrages [2].

Dans les campagnes, il n'en fut pas de même.

---

[1] *Le Droit public*, liv. I, tit. XVI, sect. IV, 4.
[2] *Correspondance administrative sous le règne de Louis XIV*, publiée par G. B. Depping, I, 631 et suiv., 874, etc.

Louis XIV essaya, il est vrai, d'établir dans chacune des paroisses de son royaume, dans les dix-neuf généralités des pays d'élection, des syndics perpétuels pour y exercer les mêmes fonctions que celles qui y avaient été remplies jusqu'alors par les syndics électifs. Il leur accordait des prérogatives et des exemptions ; il leur attribuait des gages au denier quinze du prix d'acquisition de leur charge [1]. Mais, malgré les avantages qu'il leur offrait, les paysans n'achetèrent point partout ces offices ; les seigneurs qui avaient la faculté de le faire, pour les donner à qui bon leur semblerait, s'en soucièrent peu [2] ; et bientôt l'édit de 1717, supprimant les syndics perpétuels, rétablit en droit les coutumes anciennes qui en fait avaient été conservées dans la majorité des communautés [3]. Les syndics furent élus comme ils l'avaient été de temps immémorial par les habitants réunis en assemblée communale.

Aucune loi générale ne réglait, il est vrai, ces élections. Il y avait des exceptions dans les provinces récemment conquises, telles que l'Artois, le Hainaut et la Flandre, où les seigneurs désignaient les échevins [4]. Dans le Roussillon, les officiers des com-

---

[1] Edit de mars 1702. *Mémorial alphabétique des choses concernant la justice, la police et les finances de France*, 1704, p. 645.

[2] Le seigneur nommait un commis pour gérer la charge. (Arch. de l'Aube, C. 1513.)

[3] Un procès-verbal de chevauchée de 1704 constate que dans l'élection de Troyes, sur 22 communautés, 9 ont des syndics perpétuels ; dans 2, il n'y a point de syndics ; dans 1, le marguillier fait les fonctions de syndic. (Arch. de l'Aube, C. 1002.)

[4] Guyot, *Répertoire*, au mot Echevin.

munautés étaient à la nomination du roi [1]. Ailleurs, le droit de faire les consuls appartenait au seigneur [2] ; il était parfois racheté par les habitants, qui avaient surtout le droit de présentation [3]. Mais, presque partout, l'élection était la règle. Elle avait été protégée par le pouvoir royal, lorsque Louis XIII défendit aux gouverneurs et aux gentilshommes « de troubler et empêcher les habitants des paroisses à la nomination de leurs syndics [4]. » Tantôt, l'élection avait lieu annuellement, à une date régulière [5] ; tantôt le jour était désigné par l'administration [6]. Elle se faisait d'ordinaire à haute voix et à la majorité des suffrages ; cependant, certains pays suivaient des usages particuliers. Dans un village du Bigorre, tous les habitants

[1] *Compte de l'administration de M. Raymond de Saint-Sauveur*, 1790, p. 70.

[2] En Auvergne, à partir de 1510, les habitants nommèrent, sans l'autorisation du seigneur, les *luminiers*, agents municipaux chargés surtout de la voirie. (Rivière, *Histoire des Institutions de l'Auvergne*, I, 291.)

[3] *Inventaire des Arch. du Tarn*, B. 62 et 74. — *Inv. des Arch. de l'Aveyron*, C. 5, 51, etc. — *Inv. Arch. de l'Aude*, B. 164. Deux seigneurs plaident pour être maintenus en la faculté de choisir..., deux personnes de quatre que le général desdites communautés nommera à l'effet d'être consuls. — L'intendant intervient parfois pour réprimer les prétentions de certains sujets à l'occasion de ces nominations. (*Mémoires de N. J. Foucault*, p. 85.)

[4] Ordonnance de janvier 1629, art. 209. *Anc. lois françaises*, XVI, p. 282. — En Savoie, l'organisation de la communauté était la même qu'en France, et les syndics étaient élus chaque année par tous les *communiers faisant feu*. (A. de Jussieu, *Hist. de l'Instruction primaire en Savoie*, p. 22.)

[5] Dans les villages du Languedoc, les consuls sont élus en conseil général, le 3 février, jour de la Saint-Blaise, en présence du *viguier* ou officier de justice du seigneur. (*Mémoires de l'Académie du Gard*, 1869, p. 172.)

[6] *Inv. Arch. Seine-Inférieure*, C. 10 et 11.

se réunissaient dans l'église ; on leur distribuait des grains de millet blanc parmi lesquels se trouvaient quatre grains noirs. Ceux qui recevaient les grains noirs nommaient les magistrats municipaux [1]. En Provence, les consuls sortants proposaient leurs successeurs, et si leurs candidats n'étaient pas agréés, les chefs de famille réunis en assemblée générale procédaient à l'élection [2].

Au xviiie siècle, après la suppression des offices perpétuels , une plus grande uniformité s'établit dans certaines provinces pour la nomination des syndics ; mais tout en leur donnant un caractère légal, les intendants s'arrogèrent peu à peu le droit de les confirmer, et même, dans certains cas, de les nommer d'office et de les révoquer. Ils n'usaient de cette faculté que dans des circonstances exceptionnelles et en observant certaines formalités [3]. En Champagne, les juges seigneuriaux avaient quelquefois exercé le droit de nomination et de révocation ; on réduisit à néant leurs prétentions à coups d'arrêts du conseil [4]. L'intervention de l'intendant n'était pas toujours inutile. Ici, le syndic se perpétue dans

---

[1] De Lagrèze, 86. Cet usage était autorisé en 1738 par arrêt de la Cour.

[2] Dr Henri Grégoire, *Hist. de la commune de Puget-Ville*, ch. VI. — Voir aussi *Inv. Arch. Drôme*, C. 683.

[3] Un intendant écrit qu'il ne peut prononcer la destitution d'un syndic que sur la demande des habitants... après lui en avoir donné communication et l'avoir entendu. (*Inv. Arch. Seine-Inférieure*, C. 1098.)

[4] Arrêts du Conseil des 11 mars 1763, 13 novembre 1764, 16 août 1773, 20 mars 1775, des 22 février, 12 mars et 31 juillet 1776. Voir aussi Arch. de l'Aube, C. 1957.

sa charge et refuse de rendre ses comptes ; ailleurs,
il se garde de convoquer les habitants pour qu'ils lui
nomment un successeur [1]. Ailleurs, c'est un syndic
élu qui de gré à gré cède sa charge à un habitant ;
c'en est un autre qui nomme lui-même son successeur ;
ce sont les habitants qui se divisent, forment deux
assemblées distinctes et nomment dans chacune
d'elles un syndic [2]. A défaut de la justice, qui dans
certaines provinces multiplie les frais et ajourne les
solutions [3], il faut bien que le subdélégué ou l'intendant intervienne dans tous ces cas, tranche les
difficultés, fasse les révocations et les nominations.
Parfois il les fait pour plaire au seigneur ; mais il
colore cet acte arbitraire sous un prétexte légal. Si
le syndic révoqué persiste, s'il proteste, il le réduit
au silence, et lorsque son successeur fatigué de trois
années de fonctions demande comme une grâce à en
être relevé, c'est encore l'intendant qui désigne le
paysan qui doit le remplacer [4]. C'est le tort et l'inconvénient de la tutelle administrative de ne pouvoir
se limiter, et d'abuser de sa force, lorsqu'elle est acceptée sans conteste. Le Tiers-État du bailliage de
Melun se plaint en 1789 des résultats de cette

[1] Arch. de l'Aube, C. 636, 410.
[2] Ibid., C. 1756, 1957, 1995. — *Inv. Arch. Seine-Inférieure*,
C. 11.
[3] Denisart, IV, 742. Un syndic élu en même temps qu'un autre
se pourvoit devant le juge local, qui le renvoie en l'élection ; il en
appelle au parlement qui renvoie l'affaire à la cour des Aides.
[4] Arch. de l'Aube, C. 1308. En 1765, l'intendant nomme un
syndic à Charmont, pour ramener la tranquillité, et parce qu'il sait
que le seigneur a cet objet extrêmement à cœur.

tutelle, et demande que l'on rende aux paroisses le
droit de nommer leurs syndics ; mais les mêmes
doléances ne se retrouvent pas dans les cahiers des
provinces voisines.

La durée des fonctions des syndics était ordinairement d'un an [1] ; elle pouvait être prolongée pendant
une autre année, mais non contre leur gré. Certaines
chartes et certaines coutumes autorisaient les habitants à révoquer le mandat temporaire qui leur était
donné [2]. Dans les petites communautés, il n'y avait
qu'un syndic ; on en nommait deux dans les grandes.
Si la localité était divisée en sections, si ces sections
dépendaient de plusieurs provinces, le nombre des
syndics était proportionné à celui des sections et des
provinces. Les trois bourgs des Riceys dépendaient
par parties inégales de la Bourgogne, de la généralité
de Paris et de la Champagne ; ils nommaient au moins
six syndics qui correspondaient avec les subdélégués
de chacune de ces généralités [3].

Le syndic fut d'abord l'organe naturel du peuple.
Ses attributions se rapprochaient surtout de celles
du procureur des habitants [4], qui dans les communes

---

[1] Ord. de l'intendant de Champagne de 1778. D'Arbois de Jubainville, *L'Administration des intendants*, p. 132. — *Inv. Arch. du
Calvados*, C. 1155. — *Recueil des ordonnances de Lorraine*, VI,
p. 116.

[2] Garnier, *Chartes de communes en Bourgogne*, II, 424. — Arch.
de l'Aube, C. 214.

[3] Arch. de l'Aube, C. 2181.

[4] Le syndic peut être distinct du procureur. A Nolay, au xviiie
siècle, le procureur de la communauté plaide contre l'échevin et le
syndic qu'il accuse de négligence dans l'administration des affaires.
(*Inv. Arch. Côte-d'Or*, C. 940.)

urbaines, requérait le bailli de convoquer les assemblées générales [1]. Elles rappelaient aussi les attributions des corniers ou des prud'hommes dont les chartes de Bourgogne confirmaient l'existence au XIIIᵉ siècle. Les corniers étaient ainsi nommés, croiton, parce qu'ils convoquaient les « gens du commun » à cor et à cri. Les prud'hommes gouvernaient « les biens, les faiz, les droits, les usages, les coutumes et les franchises » des habitants, qui pouvaient les changer « toutes et quantes fois comme il leur plaisait et bon leur semblait [2]. » Jusqu'au XVIIIᵉ siècle, les fonctions de syndic furent précaires et variables ; elles n'existaient pas partout [3], quoiqu'en cas de procès, le juge pût contraindre la communauté à créer un syndic [4]; et dans certaines paroisses elles étaient remplies par les marguilliers, le procureur fiscal ou simplement par le principal habitant [5].

[1] Dans certaines communes du midi, des syndics soutenaient les droits des habitants contre les consuls. En 1498, il y eut procès au Parlement de Toulouse, suscité par les syndics du peuple, manans et habitans de Saint-Antonin contre les consuls de cette ville, au sujet de la reddition des comptes de ces derniers. (*Bulletin de la Société archéologique de Tarn-et-Garonne*, t. IV, 3ᵉ tr. 1878, p. 161.)

[2] Garnier, *Chartes de communes en Bourgogne*, II, 281, 424.

[3] Procès-verbaux de chevauchée des élus de Troyes, en 1688 et 1691. Sur 12 communautés visitées, 8 seulement ont des syndics, Arch. de l'Aube, C. 1002.

[4] Aujourd'hui encore, lorsqu'une section de commune veut soutenir un procès contre la commune, le préfet nomme dans son sein une commission syndicale, qui désigne un syndic chargé de suivre l'action. (Léon Aucoc, *Des sections de commune*, 2ᵉ éd. p. 517 et 518.)

[5] Ord. du 6 août 1746, qui enjoint aux maires, syndics ou *principaux habitans* d'obéir aux réquisitions d'un ingénieur. (Freminville, 166.) — A Sommefontaine, les habitants ayant négligé de

Comme mandataire des habitants, le syndic provoquait la réunion des assemblées, lorsqu'il ne les
convoquait pas lui-même ; en l'absence du juge, et
plus tard, même en sa présence, il les présidait ; il
recevait et dépensait les deniers de la communauté ;
il en rendait compte aux habitants et au subdélégué ;
il soutenait les procès de la communauté ; il était
l'un des gardiens des papiers et des archives, conservés dans l'église et renfermés dans un coffre de
chêne, dont une des clefs lui était confiée [1]. Il devait
veiller à ce qu'aucune imposition illégale ne fût levée
sur les habitants. Dans l'Albigeois, il représentait
son village à l'assemblée des Etats de son diocèse [2].
Mais au xviiie siècle, le syndic ne fut plus avant tout
l'homme de la commune ; il fut aussi l'homme de
l'administration [3]. Il est chargé de fonctions relatives
à la levée des impôts [4], au recrutement de la milice,
aux travaux de la corvée royale. Il fait le recense-

nommer un syndic, les marguilliers en remplissent les fonctions.
(*Inv. Arch. Aube*, C. 1772.)— Un édit de 1602 parle de procureurs,
scindics ou fabriciers des paroisses rurales. (*Anc. lois françaises*,
XV, 279.

[1] Ce coffre avait deux ou trois serrures. Le procureur fiscal avait
une des clefs. (Arch. de l'Aube, C. 1222.) — Il y avait des coffres à
quatre serrures. (*Inv. Arch. Drôme*, C. 870.)

[2] Rossignol, *Petits Etats d'Albigeois*, p. 37 et 38.

[3] Il tint même lieu de l'officier de justice absent, lorsqu'il s'agissait de recevoir l'abjuration d'un protestant en danger de mort.
(Décl. du 7 avril 1681.)

[4] Dans la généralité de Montauban, les consuls étaient en même
temps collecteurs. (*Mémoires de N.-J. Foucault*, Introd. p. LXV.) —
Au dix-septième siècle, les échevins, qui se trouvaient dans de nom-
breux villages de Bourgogne, étaient aussi collecteurs. (G. Dumay,
Etat des paroisses et communautés du bailliage d'Autun en 1645
Mémoires de la Société Eduenne, 1876.)

ment des juments du village pour les haras [1] ; il doit
faire la police des épizooties [2], veiller à la réparation
des chemins [3] ; empêcher la saisie des bestiaux et des
instruments d'agriculture [4] ; s'occuper du logement
des troupes de passage [5] ; faire exécuter les arrêts
relatifs à la destruction des chenilles [6] ; il doit informer l'intendant de tous les événements qui peuvent
intéresser le service du roi et la tranquillité publique,
notamment des incendies et des épidémies [7]. En cas
de retard ou de négligence dans l'exécution des ordres
qui lui sont donnés, il peut être frappé de lourdes
amendes ; il paiera 30 livres, s'il ne veille pas à la
destruction des chenilles ; 50, s'il ne signale pas le
jour même les vaches atteintes d'une épidémie ; 300,
s'il oublie d'envoyer dans un délai de trois jours l'état
des soldats qui ont logé dans le village [8] ; 500, s'il
néglige de rédiger en présence du juge et du curé la
liste des jeunes gens assujettis au tirage au sort de la
milice ou s'il les laisse se cotiser entre eux [9].

Ces amendes, rarement appliquées, il est vrai,
étaient-elles compensées par les indemnités que lui
attribuait le subdélégué ? En 1733, le syndic reçoit

[1] Déclaration du 22 février 1717, Tit. VII, art. I.
[2] Arrêt du Conseil du 19 juillet 1746, art. 3. Freminville, p. 120.
[3] Décret des élus de Bourgogne, de 1722. Id., 182.
[4] Edit d'octobre 1713. Freminville, p. 261.
[5] Ordonnance du 13 juillet 1727. Id., 394.
[6] Arrêt général du Parlement, du 4 février 1732. Id., 570.
[7] Ord. du subdélégué de Troyes, du 30 décembre 1778. Intr. à
l'*Inv. des Arch. de l'Aube*, p. 69.
[8] Mandement de l'intendant de Champagne, de 1767. Arch. de
l'Aube, C. 1060.
[9] Ord. de 1775. *Anc. lois françaises*, XXIII, 287.

20 sous par jour de voyage ; pour aller à la ville dis-
tante de deux lieues, il demande 15 sous ; on lui en
donne 10. Même somme pour conduire les miliciens
au tirage et à la revue. Un autre syndic, en 1769,
est payé 15 sols pour la journée employée à faire
conduire les cavales chez le garde-étalon [1].

Le syndic avait à compter non seulement avec l'intendant, mais avec le seigneur et les habitants. Il était
justiciable du juge seigneurial, qui décidait des contestations qui pouvaient s'élever entre lui et ses commettants [2]. Le seigneur, contre lequel il défendait les
droits des habitants, le menaçait et parfois le mal-
traitait. Un syndic du Midi, voulant s'opposer à une
exaction du seigneur, reçoit de celui-ci « des pous-
sades et des coups de canne [3]. » S'il est intimidé et
n'ose parler en faveur des intérêts de sa communauté,
l'intendant le fait prendre par les archers pour le
forcer à répondre [4]. Il lui intime des ordres, et le
menace d'amende et de prison s'il ne les exécute
pas. Le mépris de la liberté individuelle est un des
vices de l'ancien régime. Un intendant de Bourgogne
reçoit de Louvois l'ordre de faire arrêter un échevin de Saulieu : « Cet ordre, écrit l'intendant, sera
aussy exactement suivy que plus de cinquante de
mesme nature [5]. »

[1] Arch. de l'Aube, C. 410, 488 et 765. — *Inv. Arch. Côte-d'Or,*
C. 458 et 486.

[2] D'Arbois de Jubainville, Introduction à l'*Invent. des Arch. de
l'Aube,* p. 63.

[3] *Inventaire des Arch. de l'Aude,* B. 505. Ce syndic était un
prêtre.

[4] *Corr. adm. sous Louis XIV,* I, 758.

[5] Correspond. manuscrite de l'intendant Bouchu, III, fol. 141.

Les habitants ne peuvent désavouer le syndic lorsqu'il les entraîne dans des procès désavantageux ;
mais il leur est permis de lui réclamer des dommages-
intérêts [1]. Rien n'était pire que la situation d'un
syndic en hostilité avec ses commettants. Un
syndic se plaint d'être en butte aux reproches continuels de quelques habitants qui l'accusent de ne consulter que ses intérêts et de profiter de sa charge,
pour conserver la jouissance de terrains qu'ils disaient
communaux ; il ne peut, en outre, subvenir aux frais
journaliers de la communauté, parce que tous les
revenus en sont saisis [2]. Un avocat, qui fut depuis
député du tiers-état aux Etats-Généraux, traçait le
plus sombre tableau du sort des syndics : « Quoy-
qu'en général, écrivait-il, les syndics paroissiaux aient
la même mission que les maires des villes, il y a cependant une grande différence entre eux; les premiers sont les véritables valets de la paroisse; les
seconds ont des valets ou du moins des gens subor-
donnés qui exécutent leurs ordres, ce qui ne peut
être dans un bourg ou village ; les maires sont exempts
de taille et du logement des gens de guerre ; ce n'est
que depuis mon élection au syndicat que j'ai été
obligé de loger les troupes qui passent ici. Ainsy,
loin de jouir de quelque privilège, je suis plus chargé
que je n'étais à la taille [3]. »

[1] Papon, *Recueil d'arrests notables*, liv. 7, titre II, n. 4. Arrêt
des Grands Jours de Moulins de 1540.

[2] Arch. de l'Aube, C. 765. — Un syndic de Normandie dira : Il
faut qu'un syndic soit sur pied à toute heure du jour et de la nuit.
(*Inv. Arch. Seine-Inférieure*, C. 1097)

[3] Lettre de Janny, syndic de Brienne. Arch. de l'Aube, C. 448.

Dans l'ancien régime, où toute obligation était
compensée primitivement par un privilège, les charges communales, en revanche, étaient considérées
comme un devoir à remplir. La faiblesse de l'âge, des
maladies chroniques, le grand nombre d'enfants, le
service militaire, le défaut de biens, des privilèges ou
des charges étaient les seuls motifs qu'on pût faire
valoir pour en être exempté. Certaines personnes en
étaient indignes. Mais on pouvait contraindre par la
voie de justice ceux qui les refusaient sans excuse
légitime[1]. C'était une ancienne tradition romaine,
qu'on trouve dans le code Théodosien[2], et qui est
reproduite dans des chartes communales de Picardie
et de Bourgogne[3]. Au Translay, si un bourgeois refusait d'être échevin, le maire pouvait faire démolir
sa maison[4]. On n'allait pas si loin pour les syndics
récalcitrants; mais on les frappait d'amende et même
de prison. On comprend qu'il ait fallu recourir
à la contrainte pour faire accepter des fonctions plus
onéreuses que profitables. Les avantages accordés
aux syndics étaient de peu d'importance; c'étaient
parfois le droit de ne point voir augmenter leur taille
pendant la durée de leurs fonctions, et l'exemption
du guet et garde sur les côtes dans les provinces ma-

---

[1] Domat, *Le Droit public*, liv. I, tit. XVI, sect. IV, VI à XXXIII.
— Dr Henri Grégoire, *Hist. de Puget-Ville*, ch. VI.

[2] XII, I, 29.

[3] Garnier, *Chartes de communes en Bourgogne*, II, 435.

[4] Le maire peut faire leurs maisons saquier jus. *Monuments
inédits de l'Histoire du Tiers-Etat*, publiés par Augustin Thierry,
IV, 782.

ritimes[1]. Les indemnités qu'ils recevaient étaient insuffisantes[2]. Aussi était-il difficile de recruter ces agents communaux parmi les habitants instruits et aisés. Les plus influents usent de leur crédit pour faire attribuer ces fonctions à d'autres. Elles sont parfois acceptées par les uns, parce qu'ils jouissent des deniers de la communauté sans en rendre compte ; par les autres, parce qu'ils sont les instruments d'habitants plus influents, qui administrent sous leur nom ; on trouve parmi eux des vignerons et des manouvriers[3]. Quelques-uns ne savent ni lire ni écrire[4]. Une commission intermédiaire reconnaît ces inconvénients, lorsqu'elle signale « les avantages considérables qu'il y aurait à donner à ces places un tel caractère que des citoyens recommandables... ne dédaignassent pas d'en remplir les fonctions[5]. » A la veille de la Révolution, au moment où l'influence seigneuriale allait disparaître, on sentait la nécessité de mettre à la tête de la communauté rurale un chef capable d'exercer sur ses concitoyens une autorité

[1] Arrêts du Conseil de 1654, 1661 et 1694. *Mémorial*, p. 643. — Freminville, p. 349.

[2] Les officiers municipaux en Provence recevaient des gages ou des honoraires ; ils avaient en outre quelques prérogatives et ne pouvaient être choisis que parmi les habitants qui payaient une cote foncière déterminée. (Dr Henri Grégoire, ch. VI.)

[3] Lettre de M. de Pommereu à l'intendant. Arch. de l'Aube, C. 214.

[4] Le subdélégué de Bar-sur-Aube informe l'intendant qu'il n'y a pas le quart des syndics communaux qui sachent lire et écrire. Arch. de l'Aube, C. 344. Cette opinion me paraît exagérée. La grande majorité des syndics a signé les procès-verbaux des tirages de la milice dans cette élection.

[5] Lettre du 28 mars 1788. Arch. de l'Aube, C. 448.

plus complète et plus respectée. On crut y parvenir en donnant au maire les fonctions municipales des syndics, quelques-unes des attributions de police du juge seigneurial et la tenue des registres de l'état-civil confiés au curé, sans s'occuper de savoir si les hommes qui étaient appelés à exercer dans les campagnes ces fonctions multiples avaient toujours les lumières suffisantes pour les remplir.

CHAPITRE IV

BIENS ET REVENUS DES COMMUNAUTÉS

Biens communaux. — Droits d'usage. — Administration des Eaux-
et-Forêts. — Répartition des coupes ordinaires. — Aliénation des
biens communaux. — Louis XIV. — Édit de 1667. — Vente de
biens. — Le seigneur et les usages. — Défrichements. — Partage
de biens communaux. — Administration des intendants. —
Comptes des syndics. — Réception des comptes. — Fonctions des
subdélégués. — Recettes. — Droits de gourmetage, de chasse,
de pêche. — Excès de la tutelle administrative.

L'ancienneté des communautés est attestée, pour
la plupart d'entre elles, par la possession de droits
d'usage et de propriété, dont l'origine se perd dans
la nuit des temps. Selon plusieurs érudits[1], les habi-

[1] Sir Henry Maine, *Village communities in the east and the west*,
— Nasse, *Ueber die mittelalterliche Feldgemeinschaft in England.*
— Emile de Laveleye, *De la propriété et de ses formes primitives*,
1879. — Voir aussi ce que dit M. Gomme : Almost everywhere in
Aryan lands there are most remarkable reminiscences of the primi-
tive agricultural community. (*Primitive Folk-moots*, 1880, p. 9.)
Michelet a dit de son côté : La marche, propriété commune, indivise,
dit-il, est une dépendance de la propriété divisée, individuelle.
L'on n'a droit à la première qu'autant qu'on participe à la seconde.
(*Origines du Droit français*, 1837, p. 87.)

tants des villages auraient eu primitivement la possession collective de leur territoire, et quelques-uns
des biens communaux, qui subsistent encore, seraient
les restes de cette forme antique de la propriété.
L'existence de ces biens est attestée au commencement de notre ère par des textes latins comme par
les lois germaniques [1]; on en trouve un grand nombre
au milieu du moyen âge. Les uns existaient antérieurement, les autres furent concédés par des souverains
ou des seigneurs.[2] Au XIIᵉ siècle, les forêts difficiles
à exploiter paraissent avoir été sans valeur; de larges
concessions de droit d'usage y furent faites. Plus
tard, lorsqu'elles furent soumises à des coupes plus
régulières, on procéda à des cantonnements entre les
seigneurs et les usagers[3]. L'étendue des friches, la
rareté de la main-d'œuvre, la mollesse du serf corvéable qui travaillait sans salaire, la multiplicité des
jours de fête, la nécessité d'attirer et de retenir le
vilain en lui donnant certains avantages, le peu de

---

[1] Pardessus, *Loi salique*, p. 544. M. Pardessus cite plusieurs
auteurs, tels que Frontin, Siculus Flaccus et Festus, qui établissent l'existence de biens communaux dans les cités romaines.
— Loi des Burgondes, tit. LXVII, loi des Ripuaires, LXXVI, loi Salique,
XXIX.

[2] Léopold Delisle, p. 156 et suiv. — Voir aussi, sur les biens
communaux : Rivière, *Histoire des biens communaux en France
depuis leur origine jusqu'à la fin du XIIIᵉ siècle* ; E. de Laveleye,
De la propriété et de ses formes primitives, chap. XXI ; Léon
Aucoc, *Des sections de commune*, 2ᵉ éd., chap. I, § 2 ; F. Béchard,
Histoire du Droit municipal, t. II, liv. V, ch. III à VI ; A. Déy,
*Etude sur la condition des personnes... au comté de Bourgogne
pendant le moyen âge*, p. 181-188.

[3] D'Arbois de Jubainville, *Histoire des Ducs et des Comtes de
Champagne*, IV, 812, 813, 821.

valeur des propriétés, paraissent avoir été les principales raisons qui portèrent les seigneurs à reconnaître
ou à accorder aux habitants de leurs villages des
droits d'usage ou de propriété. Lorsque la prospérité
devint plus grande, lorsque plus tard on défricha et on
exploita les forêts, les paysans durent souvent plaider
pour se faire maintenir dans la possession de ces
droits ; la jurisprudence et la loi les y maintinrent,
même en l'absence de titres.

La conservation de ces droits et le partage des revenus qui en dérivaient furent la base et la cause de
la communauté. Du jour où elle fut propriétaire, elle
eut une existence réelle et légale au milieu de la
hiérarchie féodale qui reposait sur la possession du
sol ; elle administra ses biens et fut admise à les défendre en justice.

Cette administration, pendant longtemps, ne fut
soumise à aucune règle fixe. Les difficultés qui s'élevaient entre les seigneurs et les habitants, particulièrement pour les droits d'usage, étaient tran-
chées par la justice. En 1150, les hommes de Long-
champ, réclamant un droit d'usage, se présentèrent
devant Henri, comte de Bar-sur-Aube, plus tard
comte de Champagne, assisté de trois barons du
pays[1]. Plus tard, les moines de Clairvaux font limiter le temps pendant lequel les porcs des hommes
de Cunfin peuvent aller dans leurs bois[2]. On pour-

---

[1] Ernoulf, comte de Renel, Hilduin, seigneur de Vendeuvre, et
Josbert de La Ferté. Comitum campanie, IX. Cartulaire de Clairvaux. Arch. de l'Aube, G. 11.

[2] 1223. Bellusmons, XXXIII. Cartulaire de Clairvaux.

rait multiplier les exemples de jugements rendus par les tribunaux ecclésiastiques et séculiers entre les monastères, les seigneurs et les communautés [1] ; ces débats furent souvent nombreux à partir du xve siècle[2].

A la fin du moyen âge, la Couronne, en instituant les maîtres des eaux et forêts, leur donna la mission de s'enquérir des titres et de veiller sur la manière d'agir des usagers[3]. Louis XIV rendit leur surveillance plus complète et plus efficace. Les plans des bois communaux, arpentés par les soins des syndics, furent déposés au greffe des maîtrises ; le quart des bois fut mis en réserve ; les trois autres quarts en coupe réglée. Les délits commis étaient renvoyés à la juridiction des eaux et forêts. Dès lors les bois, les prés, les marais, les landes, les pâtis et les pêcheries furent soumis à la direction et à la surveillance de l'administration supérieure[4].

Les habitants restaient maîtres de répartir le produit des coupes ordinaires entre eux. Ils se réunissaient devant le juge pour désigner deux notables, qui, d'accord avec le syndic et l'arpenteur, devaient procéder à l'assiette des bois taillis. La division des coupes se faisait en parties égales ; les arbres de lisière et les baliveaux étaient marqués du marteau

---

[1] Je citerai dans le même cartulaire : Fontarcia, LXVIIJ ; Morens. XVI ; Campigniacum, XLIV, XLV, XLVJ ; Fravilla, XXXIJ, etc. Voir aussi les *Olim*, publiés par Beugnot, I, 105, 601, 882.

[2] Beugnot, *Revue française*, 1838.

[3] Ord. de 1319 et de 1402. *Anc. lois françaises*, III, 205,VII, 28.

[4] Ord. d'août 1669, titre xxv. *Anc. lois fr.*, XVIII, 280.

de la seigneurie ; un procès-verbal indiquait le jour
où l'exploitation pourrait commencer, et la division
des lots était arrêtée en assemblée générale devant
le juge. Si un habitant avait besoin de bois pour bâtir
ou réparer sa maison, il s'adressait au syndic, qui
vérifiait avec le procureur fiscal et les ouvriers compétents le bien-fondé de sa demande[1].

Il avait été nécessaire que la monarchie intervînt
pour protéger les biens communanx contre les prétentions et les usurpations des seigneurs. A l'époque
de la rédaction des coutumes, presque tous les villages avaient encore des biens communs. Au seizième
siècle, surtout pendant les guerres de religion, ils en
furent trop souvent dépouillés[2]. L'ordonnance de
Blois prit sous sa protection les habitants opprimés,
et fit poursuivre les seigneurs qui s'étaient « accom-
modés » par force ou par ruse des biens dont les communautés jouissaient[3]. Henri IV autorisa celles-ci à
rentrer, moyennant remboursement, dans la propriété
de leurs usages et de leurs *communes*, que les charges
des guerres les avaient forcées de vendre « à fort vil
prix.[4] » Louis XIII publia des ordonnances analogues[5].
Enfin Louis XIV vint, et son intervention fut efficace.

[1] Freminville, *Pratique des Terriers*, III. 272, 273.

[2] Championnière, *De la propriété des eaux courantes*, 1845,
p. 344 ; E. de Laveleye, *De la propriété et de ses formes primitives*, 1879, p. 329.

[3] Art. 284. — Voir aussi Ord. d'Orléans, art. 106.

[4] Ord. de mars 1600, *Anc. lois françaises*, XV, 237.

[5] *Extrait des registres du conseil d'État* du 26 octobre 1623. Le
grand maître enquêteur des eaux et forêts fait assigner le 1er juillet
1624 les habitants des paroisses à venir déclarer les usages et communes par eux vendus. (Ord. de 1629.)

Il décida que les habitants rentreraient sans aucune formalité dans les biens qu'ils avaient aliénés depuis 1620, régla les remboursements, défendit de nouveau aux tiers d'inquiéter les communautés dans la possession de leurs biens, et aux habitants de les aliéner sous quelque cause et prétexte que ce pût être.

Le préambule de l'édit de Louis XIV, publié en avril 1667, est des plus remarquables. « Les intérêts des communautés, dit-il, sont ordinairement des plus mal soutenus ; rien n'est davantage exposé que leurs biens, dont chacun s'estime le maître... on les a partagés ; chacun s'en est accommodé suivant sa bienséance, et pour en dépouiller les communautés[1], on s'est servi de dettes simulées, et abusé pour cet effet des formes de la justice... Les *communes* avaient été données par forme d'usage pour demeurer inséparablement attachées aux habitants des lieux, pour donner moyen aux habitants de nourrir des bestiaux et de fertiliser leurs terres par les engrais... » Elles ont été aliénés, et « les habitants, privés des moyens de faire subsister leurs familles, ont été forcés d'abandonner leurs maisons..., les bestiaux ont péri, les terres sont demeurées incultes, les manufactures et le commerce en ont souffert, le public en a reçu des préjudices très considérables, et comme, ajoute le roi, l'amour paternel que nous avons pour nos sujets

[1] Voir une lettre de l'intendant de Champagne en 1665. *Corr. administrative sous Louis XIV*, I, 758. — Les pillages des gens de guerre amenèrent aussi parfois la vente de biens communaux pour payer les dettes des villages. (*Mémoires de Oudard Coquault*, II, 524).

nous fait porter nos soins partout ; que la considération que nous faisons des uns n'empêche pas que
nous ne faisions réflexion des autres ; que nous n'a-
vons rien davantage à cœur que de garantir les plus
faibles de l'oppression des plus puissants, et de faire
trouver aux plus nécessiteux du soulagement dans
leurs misères, nous avons estimé que nous ne pour-
rions employer de moyen plus convenable à cet effet
que de faire rentrer les communautés dans leurs
usages et communes aliénées et leur donner moyen
d'acquitter leurs dettes légitimes [1]. » Jamais la vieille
monarchie n'avait exercé mission plus élevée ; jamais
Louis XIV ne mérita mieux le surnom de grand, que
dans ces quelques lignes où il décrit le rôle protecteur
du pouvoir central, où il intervient pour protéger les
faibles contre les forts, et où il déclare les biens des
communes inaliénables et imprescriptibles.

Il était d'autant plus urgent de le faire, que les
habitants, escomptant l'avenir au profit du présent,
avaient souvent aliéné leurs biens pour payer les
charges dont ils étaient accablés. Henri IV avait même
permis aux communautés de Bourgogne de céder leurs
bois, prés et terres pour acquitter leurs dettes[2]. Au

---

[1] Cette ordonnance de 1667 étend à toute la France les dispositions d'une déclaration de 1659, qui s'appliquait aux communautés
de la province de Champagne. (*Anc. lois fr.*, XVII, 370). On en
atténua la portée par les édits bursaux de 1677 et de 1702, qui
confirmèrent les acquéreurs des biens communaux depuis 1555
dans la propriété de ces biens, moyennant le paiement du huitième
denier de la valeur présente. Mais ces édits ne préjudiciaient pas au
principe contenu dans celui de 1667. (Freminville, *Pratique des
Terriers*, III, 282.)

[2] Lettres-patentes du 3 février 1604. Freminville, *Pratique*, III, 282.

siècle précédent, des ventes de ce genre pouvaient se faire sans autorisation. Lorsque les offices de greffiers des tailles furent établis dans les paroisses, celles-ci eurent la faculté de racheter ces offices ; elles ne s'en firent pas faute. Les habitants du village de Sainte-Maure, pour se procurer l'argent nécessaire à ce rachat, se rendirent devant un notaire, en l'absence du juge seigneurial ; ils lui déclarèrent qu'ils avaient une pièce de pré dont ils ne tiraient aucun profit, et qu'ils consentaient à ce qu'elle fût vendue ; ils chargèrent en même temps quatre hommes d'en faire la vente « à tel prix qu'ils en pourraient avoir. » Ces quatre hommes, parmi lesquels figuraient les deux marguilliers, conclurent le marché moyennant 17 écus, au nom des habitants, qui se réunirent pour le ratifier[1]. Si l'administration n'était pas intervenue, la plus grande partie des communautés auraient vendu leurs biens pour décharger les habitants des impôts sans cesse réitérés qu'ils furent appelés à payer dans les deux derniers siècles de la monarchie.

Au xviiie siècle, à la liberté sans contrôle succéda une réglementation quelquefois excessive, mais qui avait l'avantage de protéger la communauté, non seulement contre elle-même, mais contre le seigneur.

Ce fut un principe établi, que le seigneur haut-justicier n'était « considéré que comme le premier habitant de ceux qui faisaient communauté[2]. » Par

---

[1] Acte d'assemblée du 22 avril 1596. Pièces justificatives, § V.
[2] Freminville, *Traité du gouvernement des biens des communautés d'habitants*, p. 26.

conséquent, il n'avait droit à aucune portion en particulier dans les communaux ; il pouvait y faire pacager
ses bestiaux, mais sans nuire au pacage des bestiaux
des autres habitants. Les ordonnances lui donnaient
le droit de demander le tiers de ces biens, s'il pouvait prouver qu'ils avaient été concédés gratuitement
par un de ses prédécesseurs ; en fait, les parlements
le lui refusaient souvent[1]. Si même les habitants
étaient abusés ou intimidés dans leurs transactions,
un arrêt intervenait qui les annulait. A défaut de
titres, qui manquaient presque toujours, les usages
et les pâturages appartenaient non au seigneur, mais
aux habitants[2]. Cette maxime, proclamée par un jurisconsulte du XVIIe siècle, était admise généralement
sous Louis XV.

Les limites des droits d'usage et de parcours
étaient réglées par des coutumes, qui variaient selon
les provinces, et même selon les localités[3]. Les habitants en usaient souvent comme ils l'entendaient et
selon leur convenance. A plus d'une reprise, l'auto-

---

[1] Freminville, *Pratique des Terriers*, III, 328 et suiv. Si le
triage était ordonné, il se faisait en présence d'un expert et de
deux notables nommés par les habitants. Le syndic y assistait
également.

[2] Commentaire de Louis Legrand (1664) sur la *Coutume de
Troyes*, art. 168, gl. 3. — En Bretagne, cependant, les seigneurs
étaient propriétaires de landes, sur lesquelles les habitants n'a-
vaient qu'un droit d'usage. (F. Béchard, *Hist. du droit municipal*,
II, 340.)

[3] Loysel, *Institutes coutumières*, éd. Laboulaye, n° 247. La règle
la plus ordinaire était que les vaines pâtures avaient lieu de clocher à clocher; mais que les « grasses » n'appartenaient qu'aux
communiers de la paroisse.

rité intervint pour les empêcher de défricher des bois
ou de mettre en culture des prés dont ils avaient la
propriété. La jurisprudence leur interdisait cette
faculté, qui pouvait avoir de grands inconvénients et
donnait lieu parfois à des désordres. En 1759, les
syndics de Chaource font défricher des pâtures communales et essarter vingt-deux arpents de forêt. Les
habitants des hameaux voisins s'insurgent. Le
garde-marteau des eaux et forêts vient dresser
procès-verbal et l'affaire est portée à la maîtrise de
Troyes[1]. L'autorisation de l'intendant, faite après
enquête, prévenait les violences et les procès qui
en résultaient.

Il ne faut pas confondre les communaux proprement dits avec d'autres biens fonds dont la propriété
ou la jouissance appartenait à la communauté. Ceux-
ci, qui pouvaient comprendre des prés, des terres
labourables, des vignes ainsi que des maisons, constituaient des biens patrimoniaux qui étaient loués ou
exploités au profit de tous. Les véritables communaux
étaient ordinairement des pâturages, des pâquis, sur
lesquels tous les habitans avaient le droit de faire
paître leurs bestiaux. Ils fournissaient aux campagnards pauvres le moyen d'avoir et d'entretenir du
bétail. Mais, au xviiie siècle, les progrès de l'agriculture amenèrent la disparition d'un grand nombre de
ces terres communes[2]. Leur partage entre les habi-

---

1 *Mémoire des habitans, corps et communauté de Mairobert*,
in-4° de 12 pages.
2 Karéiew, *les Paysans et la question des paysans en France*

tants, longtemps repoussé par la jurisprudence, devint en faveur au milieu du xviiie siècle. On entreprit alors la destruction des communaux d'une manière systématique dans toute l'Europe[1]. De nombreux arrêts du conseil, des ordonnances d'intendants, autorisèrent en France des partages dans un assez grand nombre de provinces, principalement dans le nord et le midi[2]. Depuis que la communauté avait une existence légale, la possession de biens lui était moins nécessaire ; mais ces biens étaient le patrimoine des déshérités ; par les avantages qu'ils offraient, ils attiraient de nouveaux habitants dans la localité, ils y retenaient les anciens. Le partage des biens communaux pouvait être utile à l'agriculture dans certaines contrées ; mais il avait l'inconvénient d'appauvrir la communauté pour enrichir les individus et de sacrifier l'avenir au présent[3].

dans le dernier quart du xviiie siècle. Moscou.—A. Maury, Journal des Savants, 1880, p. 429.

[1] Dareste, Histoire des classes agricoles en France, p. 383. — Maurice Block, Dictionnaire d'administration, 2e éd., p. 1378.

[2] Inv. Arch. Aisne, C. 94. — Inv. Arch. Basses-Pyrénées, C. 1048 à 1057. — Lettres-patentes de 1777. — Voir un livre intitulé Le produit et le droit des communes, in-8°, 1782, qui conclut au défrichement des communaux, avec beaucoup d'érudition. dit l'abbé Baudeau, dans le Mercure de France, juin 1782. — On peut consulter aussi les Réformes sous Louis XVI, par M. Semichon, p. 233-238, où les opinions de l'assemblée provinciale de Rouen sur le partage des communaux sont exposées, et le traité des Sections de commune, de M. Léon Aucoc (2e éd., p. 432-435). — Voir Partages de biens communaux en Bourgogne, 1773-1776. Arch. nationales, F. 10 326. H. 171.

[3] Plusieurs communautés de Champagne réclamèrent contre le partage des biens communaux qui résultait d'un édit de 1769 et d'arrêts du conseil de 1784 et de 1785. (Portagnier, Etudes sur le Réthelois, 1874, f. 404-405.)

L'État, qui avait soumis à des restrictions, dont il était le seul juge, l'aliénation des biens communaux, ne tarda pas à s'emparer entièrement de leur administration[1]. Les adjudications pour la location de ces biens se faisaient antérieurement dans l'auditoire, devant le juge; elles n'avaient pas besoin d'être approuvées par l'autorité administrative. Les habitants réunis en assemblée générale fixaient le jour de la vente et le prix auquel devaient commencer les enchères. Un arrêt du conseil de 1689 porta que ces adjudications seraient faites devant les intendants et leurs commissaires[2]. Ceux-ci firent dresser les états de la propriété communale de chaque paroisse, où les biens usagers étaient distingués de ceux qui ne l'étaient pas[3]. Lorsque les formalités préliminaires étaient remplies, le subdélégué ou son greffier procédaient à l'adjudication et la présidaient[4]. Les honoraires qu'ils en tiraient étaient proportionnés au taux des fermages; ils formaient le principal revenu de leurs charges.

[1] Il le fit souvent dans l'intérêt des communautés ; il augmenta le revenu de plusieurs d'entre elles en faisant amodier ou défricher une partie de leurs biens. (Garnier, *Inv. Arch. Côte-d'Or*, Intr. p. xxiii.)

[2] Arch. de l'Aube, C. 1184. — *Anc. lois françaises*, XX, 77. Ce ne fut pas sans résistance de la part des officiers des eaux et forêts que les adjudications furent faites par les commissaires des intendants. Des arrêts du conseil de 1755 et de 1756 défendent au subdélégué de Wassy de procéder à la location des prés des communautés. Mais les intendants finirent par l'emporter.

[3] De Boyer de Sainte-Suzanne, *L'Intendance de Picardie*, p. 184.

[4] Il existe des formules imprimées pour les procès-verbaux d'adjudication. Vers 1780, elles portent que la publication en a été faite le dimanche précédent, à la porte de l'église et à la sortie de la messe paroissiale. (Arch. de l'Aube.)

C'était aussi le subdélégué qui examinait au xviii°
siècle les comptes des communautés. A une certaine
époque, ils avaient été vérifiés par les élus, ainsi que
les dépenses résultant des impositions autorisées par
les lettres d'assiette[1] ; ils étaient souvent présentés au
juge ; mais ils furent toujours soumis préalablement
aux habitants réunis en assemblée générale. La cour
des aides, non seulement leur en conférait le droit,
mais leur en prescrivait le devoir[2]; mais s'ils étaient
négligents, si le juge local était insouciant, les comptes
étaient ajournés, et de délai en délai, n'étaient point
approuvés. Lorsque les intendants furent chargés de
leur surveillance, une règle plus uniforme fut établie
pour leur rédaction. En Champagne, en 1779, des
modèles imprimés furent envoyés aux communautés.
Le compte y était transcrit par le greffier du subdélégué. En haut était écrit : « *Soit le présent compte
communiqué au syndic en exercice et aux habitants
assemblés à cet effet pour être consenti et signé d'eux,
ou pour y fournir des débats et contredits par un
mémoire séparé qu'ils signeront aussi et qui nous sera
renvoyé dans la quinzaine au plus tard avec le
compte.* » Venaient ensuite le chapitre des recettes et
celui des dépenses, et à la fin se trouvait cette formule : « *Nous soussignés syndic en exercice et principaux habitants de ladite communauté déclarons et*

[1] Cahier de Vendeuvre, en 1614. Arch. mun. de Troyes, BB. 16, 1.
— Dans les villes, les comptes devaient être rendus devant les
baillis. (Ord. de 1536, art. 27. *Anc. lois*, XII, 509.)
[2] Arrêt de la cour des aides du 27 mai 1636, cité par Leber, *Hist.
critique du pouvoir municipal*, p. 435.

certifions que le présent compte ayant été vu et examiné, suivant l'ordonnance de M. le Subdélégué, il a été trouvé et reconnu juste, tant en recette que dépense; et en conséquence nous en consentons l'arrêté[1]

Le compte ainsi approuvé était porté au subdélégué par le syndic accompagné de quatre des principaux habitants, désignés par les autres[2]. Dans le compte figuraient les honoraires du subdélégué [3] et de son greffier pour la peine qu'ils prenaient de le rédiger et de l'arrêter.

Les appointements des fonctionnaires de ce temps leur étaient en grande partie payés directement par les administrés; ils avaient intérêt à ne rien négliger pour toucher leurs honoraires; mais malgré leur zèle et leur exactitude, ils ne parvenaient pas à faire rendre régulièrement les comptes des syndics; et l'on en cite qui étaient en retard de vingt années[4]. Quelque-

---

[1] Arch. de l'Aube, C. 1992.

[2] Les quatre habitants ne devaient pas être parents du syndic. (Arch. de l'Aube, C. 410.)

[3] En 1734, ils montaient à deux livres; mais comme le prix des choses avait augmenté, ils suivirent une progression constante jusqu'en 1789; en 1770, ils s'élevaient à 5 livres, en 1778, à 6 livres, en 1787, à 12. Les honoraires du greffier du subdélégué étaient sans doute compris dans ce dernier chiffre; en 1779, il touche 4 livres, tandis que le subdélégué en reçoit 6. (Arch. de l'Aube, C. 410.)

[4] D'Arbois de Jubainville, *Introduction à l'inventaire des archives de l'Aube*, p. 63. A Polisot, les syndics de 1766 n'ont pas donné leurs comptes en 1775. Ces retards étaient bien plus considérables dans les pays d'Etat, avant que les intendants s'en fussent attribué la vérification. (Du Chatellier, *Des Administrations collectives, Travaux de l'Ac. des Sc. morales*, LXXXIX, 402.)

fois ces agents communaux résistaient ; ils éludaient toutes les ordonnances, et quand ils étaient atteints par un arrêt du conseil, ils trouvaient encore moyen de se pourvoir contre lui. C'est ce que fit en 1768 un syndic, dont le compte, chargé de dépenses de cabaret, avait été réduit de moitié par le conseil[1].

Dans les communes sans revenus fixes, les syndics ne rendaient point annuellement leurs comptes ; ils n'avaient de maniements de fonds que lorsque les habitants étaient contraints de s'imposer pour leurs procès ou pour des dépenses obligatoires[2].

Les règles de la réception des comptes variaient suivant les provinces[3]. En Bourgogne, les habitants ne nommaient qu'un ou deux auditeurs des comptes. Dans cette généralité et dans celle de Paris, les comptes, après avoir été examinés par les subdélégués, étaient envoyés à l'intendant qui les arrêtait et fixait le reliquat que le syndic sortant devait verser entre les mains de son successeur[4]. La centralisation administrative était plus complète dans ces provinces qu'en Champagne, où les subdélégués étaient juges de la comptabilité des syndics.

Le chapitre des recettes de la communauté consistait principalement dans le produit de la coupe des

---

[1] Arch. de l'Aube, C. 1278, — *Mémoire à consulter pour Claude Remy, laboureur à Buchères*, Paris, 1768.

[2] Lettre du subdélégué de Bar-sur-Seine, en 1785. Arch. de l'Aube, C. 129.

[3] En Dauphiné, l'on avait créé en 1637 et en 1692 des offices d'auditeurs des comptes, pour remplacer les élus des paroisses. (Leber, p. 436.)

[4] Voir Pièces justificatives, § IV.

bois communaux, dans la contribution que chaque
habitant versait en touchant sa part d'affouage, dans
les fermages des pâtures et de certains droits spéciaux. Si un trop grand nombre de villages portaient
dans leurs colonnes de recettes le mot : néant, il en
était d'autres, surtout parmi ceux qui possédaient des
bois, dont les revenus suffisaient à acquitter toutes
les charges. Tel était le village de Maraye-en-Othe,
qui en 1740 avait vendu ses réserves moyennant
44,520 liv., et qui prêtait cette somme au taux de
cinq pour cent à son seigneur, le duc de Villeroy[1].
Tels les villages de Bourgogne qui trouvaient pour
emprunteurs la ville voisine ou les États de la province[2]. Ailleurs, l'excédent des recettes était employé.
du consentement de l'intendant, au paiement d'une
partie des impôts de la commune[3]. Quelques localités, malgré les ordonnances et les arrêts, jouissaient
du droit de chasse[4]. Il était parfois limité[5], parfois
sans réserve[6]. Le droit de pêche était reconnu

---

[1] Le duc paya régulièrement ces intérêts jusqu'en 1789. Arch.
de l'Aube, C. 1497.

[2] *Inv. Arch. Côte-d'or*, C. 771, 831, 1079, 1133.

[3] *Inv. Arch. de l'Aube*, C. 310.

[4] Freminville, *Pratique*, IV, 656, 657. — Voir une déclaration de
1549 pour réprimer « la plupart des gens mécaniques, laissant leurs
labourages, arts et industries pour ordinaire s'appliquer à chasser
et prendre le gibier. » *La maréchaussée de France*, 1697, p. 72.
Voir aussi la *Correspondance des Contrôleurs généraux*, I, n° 1399.

[5] Leber, *Archives curieuses*, X, 193.

[6] Les habitants d'Herbisse et de Villiers jouissaient d'un droit de
chasse qui leur avait été concédé par leur seigneur. On s'en plaignit au
roi en 1740. L'intendant consulté répondit que jusqu'alors personne
ne les avait troublés dans la jouissance de ce droit, tout en reconnaissant qu'il convenait peu à des gens de la campagne. (Arch. de
l'Aube. C. 1414)

aux habitants ; mais l'ordonnance de 1669 leur ordonnait de le faire adjuger aux enchères devant le
juge des lieux. Il y avait en outre des droits particuliers, selon la nature de la culture ou de l'industrie
locales. Tel était dans certaines communautés vini-
coles le droit de gourmetage, qui conférait à ceux qui
le possédaient la charge exclusive de conduire les
marchands dans les caves et de leur faire goûter les
vins et les eaux-de-vie des habitants ; dans quelques
localités, on y ajoutait le droit de faire relier et
charger les vins vendus[1]. Charles IX avait créé des
offices de gourmets ; mais ces offices ayant été supprimés, les communautés rentrèrent dans la faculté
qu'elles possédaient auparavant de désigner elles-
mêmes les titulaires. Le droit était affermé, pour une
ou plusieurs années, en adjudication publique, soumise comme les autres à la ratification de l'intendant ;
son importance variait selon la quantité et le produit
des vignes du territoire[2].

Dans les communautés riches, il y avait quelquefois
des receveurs des revenus patrimoniaux ; ils étaient
élus par les habitants[3].

A force de vouloir empêcher les communautés de
faire un mauvais usage de leurs revenus, on finit,

---

[1] Le droit de gourmetage était en 1788, dans l'élection de Bar-
sur-Aube. de 5 à 7 sous par muid. (Arch. de l'Aube, C. 303.)

[2] En 1788, il est adjugé 6 livres à Champignol, 390 à Arren-
tières, 430 livres à Polisot (le bail précédent n'avait rapporté que
282 livres), 600 livres à Essoyes, 1220 à Neuville, (Arch. de l'Aube,
C. 383.)

[3] Polisy, 1785. Arch. de l'Aube, C. 193.

dans certaines généralités, par ne plus leur en laisser
la disposition. Ce fut un des résultats de l'établissement des assemblées provinciales, qui muluiplia les
formalités et doubla la surveillance. Au lieu d'un
tuteur, les communautés se trouvèrent en avoir
deux[1]. « Elles ne peuvent disposer d'un sou, dit un
cahier des environs de Paris, sans l'autorisation des
assemblées provinciales, souvent de l'intendant, quelquefois du conseil du roi. » Un autre cahier dit avec
plus d'exagération : « On traite les habitants des villages presque partout comme des esclaves ou comme
des enfants qu'on tient en tutelle... Les revenus sont
morts pour eux ; déposés entre les mains d'un receveur nommé par le ministère public, il ne leur est
pas même permis de savoir ce qu'il y a dans leur
caisse. S'il y a des maladies épidémiques, disettes,
réparations, on leur répond qne ces fonds ne doivent
servir que pour des chemins ; demandent-ils des chemins, on veut leur prouver qu'ils ne sont pas nécessaires ; aussi tout périt faute d'entretien[2]. »

Cette critique, assez piquante, de l'exagération du
contrôle administratif, était exceptionnelle ; mais il
était certain que ce contrôle, en échange des avantages qui en résultaient, paralysait l'initiative communale et nuisait parfois aux intérêts qu'il voulait défendre. En outre, l'État qui tenait les habitants en

[1] Voir dans mon *Histoire de Troyes pendant la Révolution*, t. I,
p. 74 et suiv., les détails de l'administration des municipalités rurales par les bureaux et les commissions intermédiaires.

[2] Cahiers de Chelles et de Jablines. *Arch. parlementaires*, IV,
422, 609.

tutelle, ne leur donna pendant longtemps rien. Il ne leur accordait aucune subvention ni pour les chemins vicinaux, ni pour l'école, ni pour le presbytère, ni pour l'église. On eût dit qu'il ne s'occupait des intérêts des villages que pour y percevoir plus facilement les impôts. Ce ne fut qu'au xviiie siècle, sous l'empire des idées philanthrophiques du temps et par le sentiment d'une responsabilité plus grande, que l'Etat consacra des fonds aux besoins matériels des campagnes, en y répandant des médicaments, en encourageant l'agriculture et en faisant ouvrir quelques chemins vicinaux par les ateliers dits de charité.

CHAPITRE V

DÉPENSES, DETTES, EMPRUNTS, IMPOSITIONS

———

Dépenses obligatoires et facultatives. — Le culte. — L'horloge. —
Pâtres. — Va-de-Pied. — Chemins. — Dépenses diverses. —
Présents. — Entretien et construction des ponts des églises. —
Enquêtes et autorisations administratives. — Procès. — L'in-
tendant Bouchu. — Emprunts. — Dettes. — Louis XIV, Colbert et
l'acquittement des dettes. — Vote et perception des emprunts. —
Impositions communales. — Lettres d'assiette. — Juridiction des
intendants. — Égalité devant l'impôt.

Il y avait dans les communautés de l'ancien
régime, comme dans les communes modernes, des
dépenses obligatoires et des dépenses facultatives.
Parmi les premières figuraient les gages du maître
d'école, les honoraires du subdélégué, les indemnités
du syndic et du collecteur, les frais du tirage de la
milice, l'entretien de la nef de l'église, la construction du presbytère, la clôture du cimetière. Si les bois
communaux étaient considérables, les habitants de-

vaient nommer un ou plusieurs gardes pour veiller
à leur conservation, et s'il n'était pas pourvu à leur
salaire, le juge des lieux devait le taxer d'office [1].

Les dépenses étaient toujours soumises aux habitants[2]. Il n'y avait pas de budget. Le syndic ou le
juge indiquait les dépenses obligatoires et proposait
les moyens d'y subvenir. Les habitants approuvaient
ou repoussaient les dépenses facultatives. En les exami-
nant lorsqu'elles étaient faites, l'intendant ou le subdélégué pouvait rejeter celles qui ne lui paraissaient
pas justifiées et les mettre à la charge du syndic.

Les dépenses qui figuraient sur les comptes du
syndic étaient le plus souvent acquittées sur les revenus ordinaires de la communauté. Elles étaient peu
considérables. L'école, l'entretien de l'horloge, les
indemnités du syndic, les honoraires du subdélégué,
le tirage de la milice, étaient les points principaux sur
lesquels elles portaient.

Quelques-unes de ces dépenses prouvent combien
les intérêts de l'église étaient mêlés à ceux de la
communauté ; une petite ville paie les cierges que
portent les consuls et la poudre que l'on tire au château pendant les processions [3]. Une autre donne 150
liv. par an pour la rétribution d'un prédicateur pendant le carême [4]. Ici, nous rencontrons des fondations de messes acquittées annuellement, et la four-

---

[1] Ord. de 1669, tit. xix, art. 9, tit. xxv, art. 14. — *Anc. lois françaises*, XVIII, 267 et 282.
[2] *Inv. des Archives du Lot*, C. 1157 à 1182.
[3] *Invent. des Archives de l'Aveyron*, C. 484 et suiv.
[4] Archives de Vermanton, BB. 1. Dél. du 17 mars 1697.

niture d'un cierge pascal [1]. Ailleurs, on donne 4 l. au maître d'école pour avoir fait un catafalque « pour la reine » dans l'église paroissiale [2].

L'horloge de l'église était entretenue aux frais des habitants. C'était d'ordinaire le maître d'école qui devait en remonter les poids ; quelquefois un serrurier était chargé d'en surveiller le mécanisme. Les horloges étaient nombreuses au dernier siècle ; dans certains villages leur entretien était la seule dépense communale.

Nous parlerons plus loin des frais qu'entraînaient l'école, l'assistance publique et le recrutement de la milice. Outre les indemnités remises au subdélégué pour la reddition des comptes, il fallait payer les exprès qui apportaient aux communautés la correspondance administrative, et c'était, surtout aux approches de 1789, une cause fréquente de dépenses [3].

Les habitants nommaient quelquefois le messager qui allait chercher les lettres à la ville voisine. En 1715, le messager de Vermanton, élu par ses concitoyens, recevait un sol de rétribution par chaque lettre qu'il apportait d'Auxerre [4]. Les facteurs ruraux n'étaient pas inconnus ; ils portaient en Champagne le nom caractéristique de *va-de-pied*. Le va-de-pied recevait des appointements très minimes, et l'inten-

[1] *Inv. des Arch. de la Drôme*, C. 714 et 991.

[2] Arch. de l'Aube, C. 765.

[3] Cahier de Praslin. Arch. de l'Aube, B. 18.

[4] Max Quantin, *Vermanton*, p. 77. — A Éclaron, le commis chargé d'aller chercher les lettres à Saint-Dizier et de les y apporter, était, en 1757, nommé dans une assemblée générale des habitants. Le juge de police protestait contre cette nomination. (*Mémoire pour les officiers de la prévôté d'Éclaron*, p. 3 et 9.)

dant accordait parfois des exemptions de corvée à celui qui le logeait [1].

Les messiers et les pâtres étaient rémunérés par une redevance fixée pour chaque propriétaire d'après la quantité de ses terres et de ses bestiaux. Cependant, dans un assez grand nombre de comptes figure le prix du loyer ou de l'acquisition de la maison du berger communal [2]. Parfois, celui-ci était abrité sous le même toit que le maître d'école et recevait des gages analogues. Il était élu par les habitants en assemblée générale [3], et passait avec eux une sorte de contrat de louage pour un nombre d'années déterminées. Il s'engageait à répondre des « dommages et pertes des bestiaux » arrivés par sa faute, et dans certaines localités, « à se munir d'un taureau fort et en état et d'une belle espèce [4]. « En revanche, les cultivateurs étaient tenus d'ordinaire de lui confier leurs troupeaux, sans pouvoir les faire conduire

[1] Le 12 mars 1770, le subdélégué de Troyes écrit à l'intendant de Champagne : « Le va-de-pied d'Arcis à Mailly vous demande l'exemption de corvées pour le nommé Jean Brisson, habitant de Mailly, chez lequel il loge gratuitement : il est vrai que les appointements de va-de-pied sont fort petits ; qu'il est presque le seul sur cette route qui soit obligé de marcher de nuit, et vous êtes bien le maître d'accorder la grâce qu'il demande. Cependant il ne marque pas dans sa requête, si ledit Jean Brisson est laboureur ou manouvrier : et d'ailleurs, les autres va-de-pied pourraient vous demander la même grâce. » (Annotation). Accorder l'exemption personnelle. (Arch. de l'Aube, C. 1492.)

[2] Le village de Merrey fait construire, moyennant 580 livres, une maison pour le pâtre qui garde les 400 moutons des habitants. (Arch. de l'Aube, C. 170.)

[3] Ord. de 1669, tit. XIX, art. 9.

[4] Dél. du 23 mai 1739. Arch. de Vermanton, BB. 2.

dans les champs par des bergers particuliers [1].

Les chemins ruraux et vicinaux étaient de temps immémorial entretenus par les seigneurs et les habitants. Au xve siècle, on trouve dans les villages des *chausséeurs* ou gens commis aux ponts et chaussées, qui convoquent les habitants pour les faire délibérer sur les dépenses qu'exigeait leur entretien [2]. Chaque province avait ses règlements; mais l'usage général était conforme aux décisions des assemblées de Provence qui mettaient les réparations des chemins à la charge des communautés et l'entretien des fossés qui les bordaient à la charge des propriétaires riverains. Un décret des élus de Bourgogne forçait ces derniers de justifier chaque année des travaux qu'ils avaient entrepris, sous peine d'une augmentation d'impôt. Les communautés de Bourgogne étaient tenues, en outre, de faire poser, aux angles des carrefours, des poteaux avec des mains où étaient indiquées en caractères lisibles la direction et la destination de chaque chemin ; elles devaient aussi relever les croix qu'on avait érigées sur le bord des routes [3]. Ces voies de communication, parfois défectueuses, étaient souvent réparées par des corvées volontaires ou prescrites par le juge, l'intendant ou la communauté [4].

Outre ces dépenses, il en était d'autres d'une nature

---

[1] Déclaration de 1608.— Arrêt du Parlement du 28 février 1785. *Anc. lois*, XXVIII, 14.

[2] Jugement de 1487. Arch. de l'Aube, G. 2916.

[3] Freminville, *Traité*, p. 180 à 184 ; *Pratique*, III. 561.

[4] Vignon, *Etudes historiques sur l'administration des voies publiques*, III, Pièc. just. 102. — Voir plus loin, liv. IV, ch. II.

plus accidentelle, telles que le loyer de la maison et la fourniture du bois des salpêtriers. Ceux-ci avaient le privilège étrange de se faire loger et fournir de bois par les communautés où ils jugeaient convenable de s'établir pour exercer leur industrie [1]. C'était pour certaines d'entre elles un surcroît de dépenses dont elles ne pouvaient s'acquitter qu'au moyen d'une imposition spéciale [2].

Certains comptes contiennent des articles caractéristiques. Que penser de douze jambons envoyés annuellement à Paris au maréchal de Noailles par une petite ville du Rouergue [3] ? C'était peut-être une redevance féodale ; mais il n'en était pas de même de l'extrait suivant des comptes d'une paroisse : « Pour un présent qui leur fut donné advis faire à MM. les esleus de Sens pour obtenir raval aux tailles, 32 l. [4] ». Il était dans les traditions du moyen âge de faire des présents aux puissants pour se concilier leur bienveillance et rémunérer leur justice.

En 1780, on voit figurer sur un compte une somme de 58 livres « pour emplette de présents faits à

---

[1] Freminville. p. 369 et suiv. — Cet abus fut interdit en 1777 par un arrêt du conseil. (*Encyclopédie méthodique. Finances*, III, 211.)

[2] La communauté de Merrey, devant 160 l. par suite du séjour du salpêtrier, demande à s'imposer de cette somme. (Arch. de l'Aube, C. 170. Voir aussi C. 18 et 330. — Garnier, *Inv. arch. Côte-d'Or*, Série C, Introd. p. XVIII.)

[3] *Inv. des Arch. de l'Aveyron*, C. 484.

[4] *Inv. des Arch. de l'Yonne*, G. 2585. Des articles non moins curieux se trouvent dans d'autres comptes : 40 sols pour le dîner, quand on a fait le martelage des biens communaux ; 4 liv. pour l'achat d'une seringue pour la communauté. (Arch. de l'Aube, C. 9.)

des personnes de considération. » L'intendant de
Paris demande des explications à ce sujet. Le subdélégué fait venir le syndic, l'interroge, et apprend que
de tout temps, au premier jour de l'an, il était d'u-
sage que le syndic allât rendre ses devoirs aux différents officiers de la ville voisine, auxquels il faisait
présent d'un pain de sucre ; et comme on objectait
que l'intendant pourrait refuser d'approuver la dépense, il était répondu que les habitants seraient,
dans ce cas, obligés de se cotiser pour témoigner aux
magistrats leur reconnaissance de ce qu'ils faisaient
pour eux dans l'année [1].

Ces dépenses étaient peu onéreuses en comparai-
son de celles qu'entraînaient la reconstruction d'une
église, d'un pont, et surtout les frais d'un procès [2].
Aussi les travaux de réparation ou de construction
n'étaient-ils décidés, au xviiie siècle, qu'après une
enquête sérieuse, où les formalités multipliées avaient
surtout pour but de sauvegarder les intérêts des habitants. Ceux-ci signalaient d'abord à l'intendant,
dans une requête rédigée en assemblée communale,

---

[1] Lettre du subdélégué de Nogent-sur-Seine, du 12 septembre
1780. Arch. de l'Aube, C. 2096. On pourrait citer d'autres exemples. En 1730, les habitants des Riceys réclament contre l'établissement d'un nouveau droit sur les boissons. Leur curé se rend à
Versailles, pour soutenir leurs intérêts, et fait envoyer deux
pièces du meilleur vin de Riceys à une puissance qu'on ne nomme
pas. (Documents particuliers.)

[2] Dans l'élection de Nogent, qui dépendait de la généralité de
Paris, les dépenses étaient énumérées en trois chapitres : 1° charges ordinaires ; 2° réparations et entretien à la charge de la communauté ; 3° dépenses extraordinaires. Voir aux Pièces justificatives, le compte de la communauté de Mâcon.

les raisons qui rendait les travaux nécessaires ; le
subdélégué se rendait sur les lieux ; une enquête et
des devis étaient faits par des hommes compétents,
et ce n'était qu'après l'acception des habitants, l'examen et l'approbation de l'autorité supérieure, que
celle-ci consentait la dépense et décidait par quels
moyens elle serait acquittée. L'adjudication se faisait dans l'hôtel du subdélégué, devant le syndic,
le procureur fiscal et les principaux habitants,
en trois séances espacées dans un intervalle de
trois semaines[1]. Enfin, quand les travaux étaient
terminés, leur procès-verbal de réception était soumis aux habitants réunis et devait être accepté par
eux[2].

Toutes ces formalités entraînaient des lenteurs et
des entraves, dont se plaignaient les habitants et le
clergé. Pendant qu'on étudiait la question, les dé-
gradations s'aggravaient ; parfois les frais d'expertise
excédaient le montant des réparations elles-mêmes[3].
La réparation était-elle décidée, il fallait encore solli-
citer un arrêt du conseil pour être autorisé à couper
les réserves de bois qui devaient fournir l'argent nécessaire. En 1721, une communauté réclamait depuis plusieurs années l'autorisation d'exploiter des
réserves âgées de cinquante ans pour reconstruire la
nef de leur église. « Ils n'y peuvent entendre la

---

[1] Affiches de 1739 pour l'adjudication de la nef et du clocher de
Montgueux. (Arch. de l'Aube, C. 1522.)

[2] Arch. de l'Aube, section judiciaire, 1458.

[3] *Cahier du Clergé du Boulonnais, Arch. parlementaires*, II, 421.

messe avec sûreté, écrivaient les habitants, ils sont à
l'injure du temps, ainsi que le seigneur dans son banc
et le curé. » Quatre ans plus tard, ils n'avaient pu
obtenir de réponse du grand maître des eaux et forêts,
et chargeaient un bourgeois de la localité qui se rendait à Paris de faire les démarches nécessaires pour
l'obtenir [1].

L'autorisation administrative fut également nécessaire pour les procès. Beaucoup avaient été entrepris
par animosité et sans prétexte légitime ; les communautés les perdaient souvent ; elle étaient en outre
condamnées aux dépens. De là venait leur ruine.
Sous Louis XIV, l'intendant de Bourgogne essaya
d'enlever aux tribunaux ordinaires la connaissance des
affaires des communautés. Celles-ci étaient accablées
par les frais de justice, les voyages des magistrats,
les épices du Parlement, et la juridiction prompte et
gratuite de l'administration était pour elles un bien-
fait. L'intendant Bouchu avait en peu de temps terminé à peu près toutes les affaires litigieuses de 2,400
communautés de sa province. « C'est le plus grand
bien que j'ai essayé de faire, écrivait-il à Colbert...
Je termine tous les procès sans formalités du jour
au lendemain, sans aucune chicane, sans frais et presque toujours sans que les parties soient présentes,
sinon quand je va par la province où je les juge sur
les lieux à mon passage. Je peux vous dire, Monsieur

---

[1] Saint-Benoît-sur-Vanne, 1725. Arch. de l'Aube, section judiciaire. Le marguillier syndic est autorisé à remettre 100 l. au bourgeois pour les frais que peuvent entraîner ses démarches.

que ç'a été le salut de toutes les communautés [1]. »

Mais les parlements étaient puissants, et si la justice administrative était moins coûteuse, elle ne présentait pas toutes les garanties d'impartialité nécessaires. Aussi Colbert défendit-il à l'intendant de prendre désormais connaissance des procès des communautés. « Je ne le feray plus à l'avenir, lui répondit Bouchu, et dès hier, j'appointay une très grande quantité de requêtes sur lesquelles j'ordonnay que les parties se pourvoiroient devant les juges ordinaires [2]. » Les procès des communautés continuèrent, comme par le passé, à être soumis à ces juges [3]. Mais à partir de 1703, aucun procès ne put être intenté, ni soutenu par les communautés sans l'autorisation de l'intendant. Plus tard, celui-ci, pour la donner, ne se contenta pas de la délibération des habitants ; il fallut qu'elle fût appuyée d'une consultation par écrit de deux et même de trois avocats [4].

Malgré ces précautions, les procès, une fois entamés, pouvaient s'éterniser, et chaque année il fallait recourir à des impositions nouvelles pour en payer les frais. Les habitants de Ville-sur-Arce plaident pendant trente ans avec leur seigneur pour des droits d'usage. En 1778, ils sont obligés de s'imposer de

[1] Lettre de l'intendant Bouchu du 6 novembre 1670. Corresp. manuscrite, III, folio 3 r°.

[2] Lettre du 20 novembre 1670. Ibid., III, fol. 10 v°.

[3] En 1713, le chancelier refuse d'intervenir entre les habitants d'une paroisse et leur seigneur, qui, usant de son droit de *Committimus* les avait déférés aux Requêtes de l'Hôtel. (*Corresp. adm. sous Louis XIV*, I, 951.)

[4] Décl. de 1703 et de 1713, Freminville, p. 204, 206.

2,400 livres pour soutenir leurs droits. La communauté de Jully est, pour la même raison, entraînée à
des frais considérables. Un extrait du procès-verbal
d'arpentage des bois en litige lui coûte 640 livres.
En 1784, le seigneur fut condamné par la Table de
marbre de Paris [1] ; il en appela au Parlement. Nouvelle imposition de 300 livres sur les habitants. Aux
Riceys, un procès commencé en 1766 dure onze ans,
et la communauté le perd, faute d'argent et de crédit [2].

Pour exécuter les travaux, pour payer les frais des
procès, les ressources ordinaires de la communauté
étaient insuffisantes. Il fallait aliéner, emprunter ou
s'imposer. S'il existait des bois communaux, on pouvait exploiter le quart en réserve, et se procurer ainsi
des ressources ; mais les autres biens, prés ou landes,
ne pouvaient produire les mêmes résultats. Jusqu'à
l'ordonnance de 1667, les habitants aimant mieux engager l'avenir que de faire des sacrifices immédiats,
ne se firent pas faute de vendre, et au besoin d'emprunter pour réaliser l'argent nécessaire, soit pour
des travaux indispensables, soit pour le paiement de
lourdes contributions. Surtout pendant la Fronde, les
communautés, livrées à elles-mêmes, avaient emprunté
sans mesure. Plusieurs d'entre elles se trouvèrent
dans l'impossibilité de payer les intérêts de leurs dettes, et les principaux habitants, qui s'étaient engagés

---

[1] La Table de marbre était le nom porté par la juridiction supérieure des eaux et forêts.
[2] Arch. de l'Aube, C. 129, 204, 239.

pour la communauté, étaient exposés à la saisie et
même à la prison. Ce fut la constante préoccupation de
Louis XIV et de Colbert que de réduire ces dettes et
de les amortir. Colbert écrit aux intendants que leur
principale et leur plus importante application, selon
le désir plusieurs fois exprimé par le roi, devait consister dans le paiement et la liquidation de ces dettes.
C'était une œuvre pénible et difficile, et Colbert n'eut
pas la satisfaction de la voir entièrement terminée.

En Bourgogne elle fut faite, cependant, avec une
rare activité. Dès le 10 novembre 1667, l'intendant
Bouchu envoyait à Colbert un état général des dettes,
qui s'élevait à 2,874,434 liv. 13 sous pour les communautés villageoises, sans compter celles des villes,
qui atteignaient 4,500,000 livres. Des arrêts du conseil les vérifièrent successivement pour les communautés des diverses élections de la province [1]. Grâce
aux efforts de Bouchu, les États de Bourgogne votè-
rent en 1671, pour neuf ans, un impôt de quatre
livres par minot de sel, qui devait assurer l'amortissement des dettes dans un délai de vingt ans [2].

Ailleurs, la liquidation était plus difficile, et l'on
était obligé de chercher des expédients. « A l'égard
des paroisses de la campagne, écrivait Colbert à l'intendant de Metz, il a esté clairement reconnu qu'elles

---

[1] Correspondance manuscrite de l'intendant Bouchu, I, p. 115,
II, fol. 220, 270, 284.

[2] C'est avec peine qu'on a obtenu du clergé et de la noblesse,
écrit Bouchu à Colbert, la levée de 4 l. par minot de sel pour
l'acquittement des dettes des communautés villageoises ; ils disaient
que c'était les assujettir à la taille. Lettre du 14 mai 1671. Correspondance, III, fol. 43.

estoient tellement surchargées de dettes et qu'il y
avait si peu de peuples, qu'il n'y avait autre party à
prendre qu'une abolition générale de toutes les dettes,
ou pour parler plus véritablement, une banqueroute
universelle. C'est à vous à examiner s'il y a quelque
expédient qui puisse produire quelque satisfaction aux
créanciers. »

L'expédient blâmable d'une banqueroute était sug-
géré par le désir d'éviter « la ruine entière » des
communautés. Avant d'en arriver à cette extrémité,
Colbert demanda à tous les intendants de lui donner
leur avis sur un projet de déclaration destiné à réglementer les emprunts. Ils auraient été désormais
interdits, sauf dans certains cas déterminés, et avec
la permission de l'intendant[1]. La déclaration de 1683
fut le résultat de cette enquête. Elle défendit aux habitants des villes et des bourgs fermés d'aliéner ou
d'emprunter « sauf en cas de peste, logement, et
ustensiles de troupes et réédification des nefs des
églises tombées par vétusté ou incendie. » L'acte
d'emprunt, accepté par les habitants assemblés en la
manière accoutumée, devait être reçu par le greffier
de la ville ou par un notaire public, et signé de la
plus grande et saine partie des habitants[2]. Les prescriptions de cet édit ne tardèrent pas à être étendues
à toutes les communautés.

La liquidation de leurs dettes n'était pas encore

[1] *Lettres, instructions et mémoires de Colbert*, publiés par P.
Clément, t. IV, p. 59, 62, 128, 131, 138, 172.
[2] *Anc. lois françaises*, XIX, 422.

terminée en 1683. Pour les éteindre, on avait eu recours à des ventes de biens communaux et à des impositions spéciales, dont l'argent pouvait être détourné de sa destination, malgré les instructions sévères du contrôleur général[1]. Ailleurs, on réduisit de 50 pour 100 les arrérages[2]. Si le zèle des intendants ne parvint pas à amortir toutes les dettes, du moins les mesures qu'ils prirent empêchèrent sur certains points le renouvellement des abus que leur excès avait amenés. Cependant en Languedoc, au XVIIIe siècle, certaines localités avaient emprunté à un tel point, que les habitants furent obligés d'abandonner leurs biens aux créanciers de la communauté, et de devenir ainsi les fermiers des terres qu'ils avaient possédées[3].

Lorsque l'acte d'emprunt avait été voté par la majorité des habitants, il était envoyé à l'intendant et approuvé par lui. Les officiers municipaux ou les syndics étaient chargés de sa perception ; ils devaient en rendre compte aux habitants et aux intendants, sous leur responsabilité. L'intérêt en était fixé au denier cinquante, ou 2 1/2 p. 100[4]. Il était interdit aux particuliers de s'engager pour la communauté, et par conséquent d'avoir recours contre elle en cas de poursuites. Les moyens de remboursement devaient être indiqués dans l'acte. En 1775, un

[1] *Lettres... de Colbert*, IV, 172, 174.
[2] *Invent. des Arch. de la Drôme*, C. 15. — *Invent. des Arch. du Gard*, C. 728 et suiv.
[3] *L'Ami des Hommes*, IV, 163.
[4] Arrêt de 1720. Freminville, p. 202,

arrêt provoqué par Turgot défendit aux communautés de faire des emprunts sans créer un fonds d'amortissement[1].

Les emprunts furent moins fréquents au xviii° siècle ; on revint aux impositions communales. Lorsque l'autorité royale eut prévalu sur l'influence seigneuriale, elle entrava plutôt qu'elle ne favorisa ces impositions qui auraient pu nuire au paiement des aides et des tailles. Il fut interdit aux communautés de lever aucune contribution sur elles-mêmes sans lettres d'assiette. La délivrance de ces lettres entraînait des formalités longues et coûteuses. Elles devaient être entérinées par les trésoriers de France et par les élus. S'il s'agissait d'une somme peu importante, les frais étaient exorbitants ; ils atteignaient cent livres, pour une imposition de trois cents. Les règlements interdisaient de lever une somme supérieure dans une seule année. Les formalités à remplir étaient, en outre, si compliquées et si longues, que les intérêts de la communauté en souffraient et qu'il arrivait parfois qu'elle était obligée, à force de délais, de dépenser cinquante écus au lieu d'un ; souvent même elle en était réduite à vendre, à emprunter, à s'endetter[2]. Aussi les communautés demandaient-elles avec instance la permission de s'imposer de sommes qui n'excèderaient point cent ou deux cents

---

[1] *Anc. lois françaises*, XXIII, 202.

[2] Cahiers d'Ervy et de Chaource en 1576. Cahiers d'Ervy, de Sautour et de Vendeuvre en 1614. Arch. mun. de Troyes, BB. 15 et 16. — L'art. 409 de l'ord. de 1629 interdit toute levée d'impositions extraordinaires sans lettres-patentes du roi.

livres, sans recourir aux lettres d'assiette, ou en demandant l'aveu des juges locaux[1]. L'administration des intendants leur donna satisfaction sous ce rapport. Les autorisations que ceux-ci délivraient étaient gratuites, et les villages ne furent plus exposés à voir doubler leurs charges par les frais d'expédition, de sceau et d'entérinement auxquels étaient assujetties les lettres qui les autorisaient à lever sur elles-mêmes de nouveaux impôts[2].

L'intervention de l'intendant fut un progrès réel. Lorsque Colbert ordonna à l'intendant Bouchu de cesser de s'occuper des procès des communautés, celui-ci retint toutes les affaires qui concernaient les réparations des ponts, des fontaines, des églises, des maisons curiales, les gages des maîtres d'école, des échevins, les remboursements de leurs avances et les émoluments des receveurs[3]. Les intendants, en enlevant ces attributions aux juges, faisaient pénétrer partout l'administration royale ; ils parcouraient leurs provinces à des intervalles réguliers ; ils écoutaient les plaintes et les réclamations ; ils les transmettaient aux ministres[4]. Ce fut aussi l'intendant ou son subdélégué qui suppléa le juge seigneurial, lors-

---

[1] Cahier général du Tiers-Etat de France, présenté en 1615. *Des Etats-Généraux*, t. XVII, 2ᵉ p., p. 80.

[2] Les lettres ne continuèrent à être délivrées par la chancellerie que lorsqu'un jugement prescrivait la levée d'une somme sur une communauté. (*Encyclopédie*, III, 668.)

[3] Lettre du 24 novembre 1670. Corresp. manuscrite, III, 13.

[4] Colbert stimula particulièrement ces visites. *Mém. de N. J. Foucault*, 417, 421, 446, etc. — A. de Boislisle, *Correspondance des contrôleurs généraux*, I, nᵒ 308.

qu'il fut nécessaire de contraindre le gentilhomme ou le prêtre à payer sa quote-part des impositions communales[1].

Ce qui distinguait en effet ces impositions, c'est qu'elles étaient supportées non seulement par les taillables, mais par les privilégiés et les exempts. Le seigneur payait en raison de ses propriétés, et sa quote-part était d'ordinaire la plus forte. C'était une ancienne coutume, qui remontait au moyen âge. Gentilshommes et vilains devaient contribuer suivant leur avoir aux réparations communes. Mais tandis que l'assiette des impositions roturières se faisait par « bonnes gens eleuz par le seigneur, » celle des contributions des clercs et des gentilshommes était arrêtée par les officiaux ou par le comte. « Ne ce n'est pas bon à souffrir, dit à ce sujet Beaumanoir, que li povre paient l'aisement que li rice ont ès cozes communes, car plus sont rices et plus grans mestiers lor est que li quemin (chemins) et li cozes communes soient amendées[2]. »

Au xviiiᵉ siècle, le subdélégué remplaça le seigneur. Lorsque l'imposition communale avait été votée par l'assemblée des habitants et approuvée par l'administration, il en surveillait la répartition qui, comme celle des impôts royaux, était soumise aux contribuables. Quelquefois une partie de l'imposition était

---

[1] Si le seigneur a des fonds, écrit un subdélégué, en parlant d'un commandeur de Malte, il doit contribuer aux dépenses de la nef et du presbytère. (Arch. de l'Aube, C. 9.)

[2] *Les Coutumes de Beauvoisis*, éd. Beugnot, I, 364, 365.

exclusivement levée sur ceux qui prenaient part à l'affouage[1]. Elle atteignait d'ordinaire les propriétaires non résidants qu'on appelait les forains et qui souvent refusaient de payer. De là des procès et des difficultés, que réglait le subdélégué en obligeant les forains à payer au prorata de leurs biens-fonds [2]. L'égalité devant l'impôt, qui fut proclamée en 1789, existait depuis longtemps pour les contributions communales[3].

[1] *Inv. des Arch. de l'Aube*, C. 382.

[2] Le taillable payait au marc la livre de la taille, Le rôle était fait par quatre habitants et trois forains nommés en assemblée générale. (Arch. de l'Aube, C. 107, 170, 1183.)

[3] Arrêts du Conseil des 4 mai 1699 et 10 septembre 1707 assujettissant les nobles comme tous les autres habitants des communautés du Languedoc aux impositions pour les gages des maîtres et maîtresses d'école, l'armement des compagnies bourgeoises, etc. (Roschach, Continuation de l'*Hist. générale du Languedoc*, XIII, 935).

LIVRE II

LÁ PAROISSE

CHAPITRE Ier

L'ÉGLISE

La paroisse. — Le clocher. — Les cloches. — Leur caractère communal. — La nef à la charge des habitants. — Le chœur à la charge des décimateurs. — Contestations à ce sujet. — Usage profane de la nef de l'église. — Assemblées et danses. — Le curé organe de l'autorité — Le Prône. — Lecture des ordonnances et des annonces d'adjudication. — Publicité. — Le prêtre auxiliaire de la Justice. — Les Monitoires. — Aggraves et Réaggraves. — L'Excommunication. — Abus des Monitoires. — Caractère de la messe paroissiale.

La paroisse et la communauté se confondirent souvent, et la plupart du temps, leurs circonscriptions, comme leurs intérêts, furent identiques. De même qu'il fallait dix habitants pour constituer une communauté, dix maisons étaient suffisantes pour former une paroisse. Les limites des paroisses étaient souvent marquées par les croix qui s'élevaient dans les campagnes [1]. Dans certains pays, elles étaient indi-

---

[1] Jousse, *Traité du gouvernement spirituel et temporel des paroisses*, 1769, p. 2. Dans certaines provinces, telles que la Beauce et le Berry, il se trouvait des fermes et des métairies qui apparte-

quées par les petits tertres, les bornes, les larges
chemins, qui de temps immémorial formaient les
limites du territoire communal[1]. La communauté était
tellement identifiée à la paroisse, qu'au moyen âge,
en Bourgogne, on ne pouvait changer de résidence
sans renoncer au *paroichage*, en observant des formalités déterminées[2].

L'église était à la fois le centre de la paroisse et de
la communauté. L'esprit public s'inspirait du sentiment religieux. Au moyen âge, les premières associations dans les campagnes se formèrent à l'abri de
l'église. Elle avait été souvent alors un asile et un
refuge. Avant que les châteaux fussent construits,
elle ouvrit ses portes aux paysans menacés, et ceux-
ci se défendirent derrière ses murs épais. Robert le
Fort, résistant aux Normands, se retrancha dans la
basilique de Brisserte. Il existe encore çà et là quelques églises jadis fortifiées, dont les tours et les créneaux protégèrent, aux heures de danger, les habitants, leur mobilier et leurs bestiaux contre les
attaques de l'ennemi[3].

---

naient alternativement, et pendant une année, à une paroisse ou
à une autre,

[1] Boutiot, *Etudes sur la géographie ancienne appliquées au département de l'Aube*, p. 75-78.

[2] Une femme de Marcennay dit en 1390 au curé : Je vous desdis
paroichage et renonce du tout au tout au paroichage de ceste ville ;
car je veuil aller en tel ou tel voyage ou aultre part, que je ne
scay si je ne retourneray jamais ; et véez cy un petit blanc qui vaut
quatre petits tournois, véez, que je vous présente, pour madite ré-
munération. (Simonet, *le Clergé en Bourgogne*, p. 46 à 48.)

[3] On peut citer Luz (Hautes-Pyrénées), Esnandes (Charente-Infé-
rieure), Chitry (Yonne), Bruyères et Vorges (Aisne), La Villeneuve

Au-dessus des humbles maisons du village et des vergers qui les entouraient, s'élevait la flèche ou la tour de l'église. De loin, elle apparaissait comme la marque distinctive de la localité. Fier ou modeste, selon l'importance de la paroisse, le clocher était pour les habitants un sujet d'orgueil ou d'attachement ; et l'on désigne encore, sous le nom d'esprit de clocher, l'amour exclusif que portent certains hommes aux lieux où ils habitent.

Le clocher, nous l'avons déjà dit, était comme le beffroi de la communauté. C'est à elle qu'appartenaient les cloches qu'il renfermait. Elles marquaient pour elle les heures du travail, du repos, de la prière, de la délibération, de l'alarme ; elles éveillaient les sentiments qui émeuvent le plus profondément le cœur de l'homme. On leur croyait même une puissance contre les forces de la nature. Lorsque l'orage grondait, le maître d'école les mettait en branle ; il devait le faire à la première « nuée, » et recommencer à la seconde. Mais leurs sons répétés, au lieu d'écarter la foudre, la provoquaient parfois ; le clocher était incendié ; l'église ruinée. Ce ne fut qu'à la fin du xviiie siècle, après la découverte des propriétés de l'électricité, que la loi interdit aux habitants des

au Chatelot (Aube). M. S. Luce en a cité un certain nombre au xive siècle dans un tableau des lieux forts. (*Histoire de B. Du Guesclin,* I, 459 et suiv.) — Une ordonnance de 1395 supprime les gages des capitaines des bonnes villes, églises fortes et autres forteresses. (*Anc. lois françaises,* VI, 762.) — On cite aussi des églises fortifiées pendant les guerres de religion. (A. Ledru, *Revue du Maine,* III, 378.)

communautés de faire sonner leurs cloches au moment
des orages [1].

On y recourait pour conjurer d'autres dangers. Si
l'ennemi ou quelque péril menaçait, on en guettait
l'approche du haut du clocher. Plusieurs ordonnances
autorisèrent les habitants des villages à sonner le
tocsin pour signaler les incendies, pour repousser
des pillards ou courir sus aux criminels. Sous la minorité de Louis XV, le tocsin appela les villageois à
poursuivre les faux-sauniers armés ; mais parfois il
retentit en faveur de ces derniers. En 1717, une de
leurs bandes s'était réfugiée dans une paroisse qui
leur était favorable ; les habitants résistèrent aux
gardes et aux employés des Fermes ; ils en tuèrent un
et en blessèrent plusieurs. L'intendant les poursuivit,
les condamna sévèrement, et comme ils avaient sonné
le tocsin contre les gardes du roi, « il ordonna que les
cloches seraient descendues et fouettées par la main
du bourreau [2]. » Cet étrange jugement, qui fut exécuté,
flétrissait la communauté dans ses cloches.

Elles avaient, en effet, une sorte de personnalité ;
depuis des siècles, on les baptisait solennellement ;
on leur donnait des noms de saints qu'on fondait en
caractères saillants sur leur face extérieure. On en
connaissait le timbre ; quand on revenait dans le pays
après une longue absence, c'était avec émotion qu'on
l'entendait. Lorsqu'en 1794, on voulut les descendre

---

[1] Arrêts du Parlement de 1784. *Anc. lois françaises*, XXVII, 409
et 449.

[2] Décision de l'intendant de Moulins, en 1717. Freminville,
p. 454.

pour en faire des canons, il y eut des protestations
dans plus d'un village. Une femme essaya de s'opposer
à l'enlèvement de la plus grosse cloche de sa paroisse,
en s'écriant : « Elle a sonné pour ma naissance ; elle
sonnera pour ma mort[1]. » Il semblait qu'en les perdant, la communauté eût perdu son organe.

Aussi, lorsqu'elles étaient brisées, et cela arrivait
souvent par suite de l'inexpérience et de la vivacité
des sonneurs[2], s'empressait-on de les faire refondre.
A défaut de ressources, les habitants se cotisaient
entre eux[3]. Ils faisaient venir le fondeur, qui opé-
rait sur place, pour éviter les frais de transport[4].
Souvent les seigneurs et les propriétaires généreux
contribuaient aux dépenses. Plus d'une fois ils furent
parrains des nouvelles cloches. Mais si elles sonnaient
pendant quarante jours après leur enterrement[5], elles
sonnaient tous les jours pour les habitants, célébrant
leurs deuils, leurs naissances, leurs mariages, les
heures des offices, de l'angelus et du couvre-feu.

Le clocher était placé le plus souvent au-devant de
la nef, au-dessus ou à côté de la porte principale de
l'église. Dans ce cas, il était à la charge des habitants,
comme la nef ; mais s'il s'élevait sur le chœur, il devait, comme le chœur, être entretenu, réparé ou re-

---

[1] *Histoire de Troyes pendant la Révolution*, II, 248.

[2] *Statuts du synode de Troyes de* 1688. Ed. 1729, p. 65.

[3] 1785. Arch. de l'Aube, C. 239.

[4] Six journées employées lors de la fonte des cloches, 6 liv. Une
journée à remplir le trou des cloches, 1 liv. Une journée au martelage, 1 liv. — Extrait du compte du syndic de Maraye en 1783.
Arch. de l'Aube, C. 1497.

[5] Freminville, p. 454.

levé par le décimateur. S'il était entre les deux, il y avait expertise et parfois procès.

Au moyen âge, l'entretien et la réparation des églises avaient été à la charge des décimateurs et des titulaires des cures. Un capitulaire de Charlemagne le dit formellement[1]. Mais à la suite de la décadence féodale, lorsque les communautés d'habitants eurent des ressources propres qu'elles n'avaient pas auparavant, le clergé voulut mettre à leur charge une partie de l'entretien des édifices religieux. En 1335, un concile de Rouen obligea les gros décimateurs à payer seulement les réparations du chœur[2]. Pendant longtemps, la jurisprudence varia sur les questions de propriété et d'entretien des édifices religieux. Tantôt le roi autorise les parlements à contraindre les gen d'église de faire les réparations nécessaires[3]; tantôt un grand feudataire maintient les évêques dans l'usage où ils sont de les faire exécuter par les habitants, au moyen d'impositions levées « en vertu d'actes d'assemblées[4]. » D'ordinaire, les décimateurs et les paroissiens sont conjointement tenus d'entretenir l'église[5]; souvent les uns ou les autres ne veulent ou ne peuvent payer. En 1661, un lieutenant-général

---

[1] Ut domus ecclesiarum et tegumenta ab iis fiant emendata vel restaurata qui beneficia exinde habent. (*Capitularia*, édit. Baluze, t. I, 267.)

[2] Durand de Maillane, *Dictionnaire de droit canonique*, 1770, II, 208. — Voir aussi Desgodets, *De la réparation des Bénéfices*, p. 526, 527.

[3] Lettres de 1414, *Anc. lois françaises*, VIII, 418.

[4] Voir Pièces justificatives, § 1.

[5] Ord. de 1579, de 1661. *Anc. lois franç.*, XIV, 396, XVII, 398.

du bailliage de Troyes, exécutant des ordres du roi, fait saisir une partie des revenus des membres du clergé qui s'exemptent de faire travailler aux églises dont les réparations sont nécessaires. A la suite des guerres de la Fronde, elles sont « pour la plupart en tel désordre que l'on n'y peut célébrer la sainte messe, ne y faire aucunes fonctions. » Les habitants avaient déserté les campagnes et s'étaient réfugiés dans les villes pour éviter les malheurs des guerres[1] ; à peine de retour dans leurs villages, il était difficile de les contraindre à contribuer aux frais de ces réparations. Ce fut l'ordonnance de 1695 qui précisa leurs obligations en mettant à leur charge la nef des églises, la clôture des cimetières et le logement des curés, tandis que le chœur restait à la charge des décimateurs[2].

Quelquefois l'église était construite et réparée aux frais du seigneur; mais il lui était défendu, ainsi qu'aux habitants, de démolir ou de construire sans l'autorisation de l'évêque[3]. Voltaire se fit poursuivre criminellement pour avoir renversé, sans aucune formalité, la vieille église de Ferney qui masquait son château, afin d'en construire une autre sur un emplacement voisin; sans l'intervention de Tronchin, le Parlement de Bourgogne aurait pu le décréter d'arrestation[4].

[1] *Ordonnance d'Eustache Le Noble*, du 2 juillet 1661.

[2] *Anc. lois françaises*, XX, 24 9. — Dans quelques provinces, les anciens usages persistèrent. En Flandre et dans l'Artois, les églises étaient à la charge des décimateurs seuls ; dans le Roussillon, à celle des fabriques. (Guyot, *Répertoire*, au mot: *Réparations*.)

[3] *Ordonnances synodales du diocèse de Dijon*, 1744.

[4] Desnoiresterres, *Voltaire et J.-J. Rousseau*, p. 70:

La division de propriété, qui existait d'ordinaire entre le clergé et les paroissiens, fait comprendre pourquoi dans certaines églises le chœur et la nef ne sont pas en proportion, et sont plus ou moins vastes et riches, selon les ressources ou la piété de l'un ou des autres.

L'entretien de la nef par les habitants s'explique aussi par l'usage qu'ils en faisaient. Elle était séparée du sanctuaire par une barrière, par une grille, ou par un jubé[1]. Les habitants ne s'y réunissaient pas seulement pour adorer Dieu ; les assemblées communales s'y tenaient[2] ; les syndics et les collecteurs y étaient élus ; des transactions, des enchères y avaient lieu ; on y faisait parfois l'école[3]. Parfois même on y déposait du bois, des meubles, des grains, des pailles[4]. Au xvie siècle, lorsque le relâchement s'était introduit partout, on dansait, on tenait des marchés, l'on donnait des spectacles de tous genres dans les églises. « Je vous deffendz aussi, disait un statut synodal de 1530, de par monseigneur l'evesque, à faire ou souffrir en l'église ou cymetière d'icelle aucunes fêtes, danses, jeux, esbatements, basteaulx, marchez ou autres assemblées illicites. Car l'église est

---

[1] Le chœur s'appelait aussi cancel ou chancel, d'un mot latin, *cancellum*, qui signifiait barrière.

[2] *Statuts synodaux de Saint-Malo*, 1620. — *d'Angers*, 1620. — *d'Alet*. 1675. — *de Cahors*, 1675.

[3] *Règlements de Sens*, 1645, p. 29. — Tollemer, *Journal d'un sire de Gouberville*; 2e éd., p. 607, 614. — *St. syn. de Limoges*, 1629, p. 292.

[4] *Statuts synod. de Limoges*, 1629. — *de Cahors*, 1674. — *d'Angers*, 1621. — Arrêt du règlement de 1745, art. 26.

seullement ordonnée à Dieu servir, et non pas à faire telles follies [1]. »

Une discipline plus sévère fit cesser ces scandales à la fin du XVIe siècle. Mais jusqu'à la Révolution, le profane resta mêlé au sacré de l'église par le prône de la messe paroissiale.

Le prône n'était pas seulement une instruction religieuse; c'était une instruction administrative et quelquefois judiciaire. L'Église et l'État étaient étroitement unis, et se prêtaient mutuellement aide et assistance. L'État poursuivait par le juge séculier certaines infractions aux lois religieuses; l'Église lui prêtait sa publicité réelle et ses foudres spirituelles. Il n'y avait alors aucun de ces moyens de publicité que les progrès de l'imprimerie ont mis à la portée de tous. Les journaux étaient inconnus; les affiches ne furent employées qu'au XVIe siècle. Pour faire connaître les actes de l'autorité à des gens qui, pour la plupart étaient ignorants, il était nécessaire de leur en donner lecture; et l'on avait choisi l'heure de la messe paroissiale pour le faire, parce que tous les habitants se rendaient aux offices, dont la fréquentation est pour eux un devoir. Plus tard, en 1695,

---

[1] *Statuta synodalia civitatis et diocesis Trecensis*, 1530, fol. CXXVIIJ. — Non exerceantur in ecclesiis et cœmiteriis negociationes, choreæ, ludibria, spectacula, ludi quicumque, etiam super tecto dictarum ecclesiarum; nec decantentur cantilenæ. Non teneantur ibidem nundinæ, fora seu mercatus aut placita secularia quarumcumque causarum... (*Ordinationes synodales civitatis et diocesis Senonensis*, 1524, fol. 79.) — Voir aussi : *Concile provincial de Narbonne*, 1541; *Statuts synodaux de Lyon*, 1566-1577, *et d'Orléans*, 1525 et 1587; Leber, *Dissertations*, IX, 439.

lorsque les affiches furent d'un usage plus général,
l'État, cédant aux réclamations des évêques, n'obligea
plus les curés, dans la plupart des cas, à lire en chaire
les ordonnances et les avis[1]. Mais l'usage persista ;
des lettres-patentes le constatent[2], et malgré les
instructions ecclésiastiques, beaucoup de prêtres continuèrent à lire non seulement les ordonnances générales, les lettres-patentes, les règlements, mais les
annonces d'adjudications royales ou communales, de
confections de terriers et de corvées seigneuriales[3] ; une
déclaration du roi prescrivit même, en 1708, de lire
au prône, tous les trois mois, un édit de Henri II,
qui, dans le but de prévenir les infanticides, exposait
en termes singulièrement précis les actes et les
excuses de leurs auteurs[4]. En 1775, le roi envoya aux
curés une instruction circulaire à l'occasion de la
cherté des grains, en leur enjoignant de faire connaître au prône, par sa lecture, les vérités de l'économie politique[5].

On comprend l'intérêt que devait présenter le prône
avec ses informations diverses, à une époque où les
communications étaient difficiles et la publicité presque
nulle. Les victoires, les prises de villes, les traités de
paix étaient annoncés par les lettres des évêques qui

---

[1] Edits d'avril 1695 et de décembre 1698.

[2] Lettres-patentes de 1786. Arch. de l'Aube, G.

[3] Tollemer, *Journal d'un sire de Gouberville*, 2e éd., p. 542.

[4] Edit de 1556, au sujet des filles qui cachent leur grossesse. Il
est encore enjoint de le publier dans les *Statuts du diocèse de
Troyes* de 1785, p. 26.

[5] *Relation historique de l'émeute du 3 mai 1775. Mémoires de
Terray*, p. 282.

prescrivaient des *Te Deum;* on y apprenait la naissance, le mariage et la mort des princes ; le plus humble paysan pouvait y entendre l'écho des grands événements qui intéressaient le pays. Aussi, lorsqu'en 1793 les églises furent fermées, ne put-on suppléer à cette parole respectée qui distribuait du haut de la chaire les instructions religieuses et les renseignements séculiers ; et, quand le Directoire, après le 18 fructidor, voulut combattre le rétablissement du catholicisme, l'administration ne trouva rien de mieux que de faire lire par un magistrat municipal, dans l'église convertie en temple décadaire, les lois nouvelles et le Bulletin des affaires générales de la République[1].

Le Directoire, qui essaya de faire revivre la publicité administrative dans le temple, ne tenta pas d'y rétablir la publicité judiciaire, qui y était donnée par les monitoires. Le monitoire, qui était envoyé au prêtre par l'officialité, sur la réquisition au juge laïque, était lu du haut de la chaire par le curé ; il avait pour but « de découvrir des faits secrets, pour parvenir à la décision d'une affaire civile ou criminelle, en obligeant, sous peine d'excommunication, ceux qui en avaient quelque connaissance à révéler à la justice ce qu'ils savaient[2]. » Le monitoire, dans son préambule, contenait d'ordinaire le récit du crime,

---

[1] Loi du 13 fructidor an VI. — Cérémonial du canton de Troyes, an VII.

[2] Louis de Héricourt, *les Lois ecclésiastiques de France,* 1771, p. 359. — Ord. d'août 1670, titre VII. Des monitoires. *Anc. lois françaises,* XVIII, 384.

les circonstances dans lesquelles il s'était accompli, le signalement détaillé de ses auteurs. Il engageait ensuite les coupables à venir à satisfaction, et ceux qui étaient instruits de quelques particularités à les révéler dans la huitaine.

Neuf jours plus tard, après avoir lu le mandement ou quérimonie pour la publication du monitoire, il déclarait l'excommunication. Lorsqu'elle ne produisait pas d'effet, il recevait souvent de l'official l'ordre de prononcer l'aggrave et la réaggrave.

La réaggrave était fulminée avec des formes solennelles, du haut de la chaire, contre les coupables : « De l'autorité de monseigneur, s'écriait le prêtre, nous les dénonçons excommuniés, aggravés, réaggravés, forclos et frustrés des oraisons, communion, sacrements et bienfaictz de l'Église, par la cérémonie du son de cette clochette et de l'extinction de cette chandelle. » En disant ces mots, le curé sonnait deux ou trois fois, et laissant tomber la chandelle à terre, il l'éteignait avec le pied[1].

La peine de l'excommunication, très souvent usitée au moyen âge[2], était d'autant plus terrible à cette

---

[1] *Décrets de* 1640. *Statuts de Troyes.* — Eveilion, *Traité des excommunications et des monitoires*, 1651. — Au XVIIIᵉ siècle, certains curés de campagne croyaient devoir ajouter à ces formules une exhortation véhémente, dans laquelle ils menaçaient ceux qui s'obstinaient dans leur excommunication d'être changés en loups-garous, comme Nabuchodonosor qui fut changé en bête. Ils en citaient même des exemples plus récents. (*Traité des Monitoires*, par Rouault, curé... 1740, p. 149.)

[2] On sait qu'à cette époque, on lançait des monitoires même contre les animaux nuisibles et malfaisants. (Sorel, *Notice sur les procès*

époque, que, les droits civils étant étroitement unis
aux droits religieux, elle frappait le citoyen en même
temps que le chrétien. L'homme exclu de l'Église était
mis à l'index de la société. Au xvi⁰ siècle encore, les
injonctions prescrites à l'égard des excommuniés
figuraient au nombre des commandements de l'Église.
Les statuts du diocèse de Troyes publiés en 1530 en
contiennent sept ; celui qui concerne l'abstinence des
vendredis et des samedis, et qui forme aujourd'hui
le sixième, ne s'y trouve pas ; mais en revanche on y
lit les deux distiques suivants, qui composaient alors
le sixième et le septième :

> Les excommuniez fuyras
> Et denoncez expressément.
>
> Quand excommunié seras
> Faitz toy absouldre promptement[1].

Le nombre des excommuniés était alors très considérable. D'après les décrets de 1640, promulgués
par l'évêque de Troyes, on devait les faire connaître
au prône. Tels étaient les hérétiques, les sorciers, les
charmeurs, les empoisonneurs, les usuriers, les gens
qui détenaient les biens de l'Église et ceux qui, pendant les offices, recevaient les paroissiens en leurs
maisons « pour taverner, jouer ou faire telle autre
chose sans nécessité. » En portant la peine la plus
sévère contre des hommes coupables de crimes et de
délits si différents, on finissait par en émousser la
portée.

criminels... *contre les animaux. Rev. des Soc. savantes*, 1876
VI⁰ *série*, t. III, 282.)

[1] *Statuta synodalia*, éd. 1530, fol. cxxxv.

Les monitoires et les réaggraves furent cependant appliqués jusqu'en 1789, et souvent avec excès. Un grand nombre de cahiers de clergé réclama contre « l'abus effroyable » qu'on en faisait[1]. Il n'y a qu'un cri contre leur multiplicité, disait le clergé du bailliage de Clermont-Ferrand. Est-il convenable que l'Église soit forcée, à la discrétion même d'un simple juge de seigneur, de déployer tout ce qu'elle a de plus formidable dans ses peines, quelquefois pour des faits presque ridicules. » Le prêtre était en effet obligé, sous peine de saisie de son temporel, de publier les monitoires. « Leur abus, disait aussi le clergé d'Évreux, est une des servitudes les plus affligeantes de l'Église... La légèreté et l'indiscrétion avec lesquelles on les ordonne pour des causes mêmes ridicules, expose au mépris et à la dérision des censures qui doivent être réservées pour les causes les plus importantes[2]. » La loi, qui supprima les tribunaux ecclésiastiques, fit disparaître en même temps les monitoires et le scandale dont ils étaient parfois la cause.

Les monitoires et les ordonnances attiraient ou retenaient dans l'église ceux que la piété n'y portait pas. En n'y venant pas, il semblait qu'on s'isolât de la communauté. La messe paroissiale était souvent suivie, soit d'une assemblée communale tenue sur la place de l'église, soit d'une assemblée au banc de l'œuvre ; et ces jours-là, on remarquait que l'affluence des hommes était plus considérable que de

---

[1] Cah. du clergé de Châteauneuf-en-Thimerais.
[2] *Les cahiers de* 1789 *en Normandie*, t. I, p. 441.

coutume[1]. Ceux-ci se tenaient d'ordinaire dans le chœur,
les femmes dans la nef. Comme tout le monde venait à l'église, la décence et le respect n'y étaient
pas toujours observés[2]. On amenait les enfants, qui
parfois troublaient le service par leurs cris[3]. Les enchères pour la royauté des hommes, des femmes et
des garçons dans les confréries s'y faisaient parfois au
milieu de cris, de rires et d'éclats déplacés[2] ; et même,
dans certains pays, on y tirait des coups de fusil au
moment des baptêmes, malgré l'autorité ecclésiastique,
qui ne pouvait faire cesser cet abus[4].

Les fêtes étaient nombreuses ; elles avaient diminué,
il est vrai, depuis le moyen âge, au fur et à mesure
que le travail libre s'était substitué au travail du serf
qui profitait surtout au seigneur. Plusieurs fêtes, restées obligatoires dans les villes, cessèrent de l'être
dans les campagnes[5]. Les dimanches restèrent fidèlement observés. Ces jours-là, lorsqu'il se rendait
dans son église, qui s'élevait au milieu du cimetière,

---

[1] Arch. de l'Aube, sect. judiciaire, Saint-Benoît-sur-Vanne.

[2] Les ordonnances à ce sujet furent multipliées au XVIIIe siècle.
Voir *Anc. lois françaises*, XXI. — Une ordonnance synodale de
Grasse porte : « Si quelqu'un caquète en l'église durant les offices
divins, il jeusnera dix jours au pain et à l'eau. » — Un cahier de
1789 dit : « La plupart des habitants ne savent point lire ; cela fait
qu'ils n'entendent rien des prières qui se font à l'église ; ils s'y
ennuient ; ils y causent comme dans la rue. » Ce cahier demande
que les offices se disent en français. (Cahier de Fosses. *Arch. Parlementaires*, IV, 566.)

[3] Freminville, *Traité*, p. 475.

[4] Max Quantin, *Vermanton*, p. 53.

[5] Lalore, *les Fêtes chômées dans le diocèse de Troyes*, p. 19 à
34. — Voir les réclamations de la Société d'agriculture de Rouen
à ce sujet, *Délib. et mémoires...* 1763, I, 333-344.

où dormaient les morts regrettés, le paysan, vêtu de
ses habits de repos, en même temps qu'il élevait son
âme vers les vérités supérieures, s'instruisait des lois
de son pays; il se sentait affranchi de la servitude
du travail; il oubliait le poids des impôts, et lorsqu'après les offices, on l'appelait à délibérer sur les
intérêts de son village, il pouvait se croire aussi libre
que le paysan de nos jours.

CHAPITRE II

LES MARGUILLIERS

Intérêts communs de la paroisse et de la communauté. — La fabrique. — Fonctions municipales des marguilliers. — Leur élection. — Assemblées générales de la paroisse. — Droits des paroissiens. — Fonctions des marguilliers. — Vote des dépenses du culte. — Legs. — Quêtes. — Confréries. — Approbation et réception des comptes des marguilliers. — Leur responsabilité et leurs priviléges. — Intervention des habitants dans l'administration de leur église.

La paroisse et la communauté eurent non seulement les mêmes intérêts, ils eurent parfois les mêmes agents. Jusqu'au xviiie siècle, les marguilliers furent souvent chargés d'exécuter les ordres de l'autorité supérieure au même titre que les syndics.

Il s'était formé, en effet, pour l'administration temporelle de l'église, une sorte d'association naturelle qui donna naissance à une institution connue sous le nom de trésor ou de fabrique. A· l'époque où le principe séculier l'emporta sur l'élément ecclésiastique, les paroissiens voyant que les biens des églises étaient détournés de leur primitive destination, et qu'ils devaient se charger eux-mêmes des frais du culte, établirent un trésor pour conserver l'argent nécessaire à ces dépenses. L'administration en fut confiée, pour un temps limité, à des trésoriers laïques, qui plus d'une fois jouèrent le rôle de magistrats municipaux [1].

Dans certaines provinces, ces trésoriers, auxquels on donnait généralement le nom de marguilliers, exerçaient des fonctions à peu près analogues à celles que remplissent aujourd'hui les *church-wardens* de la paroisse anglaise. En Bretagne, le marguilliers en exercice et les anciens formaient ce qu'on appelait *le général,* c'est-à-dire le corps politique de la paroisse [2], et la répartition de la taille se faisait dans la sacristie [3]. Dans des villes sans municipalité royale, comme Auxerre, les paroisses étaient autant d'associations pour la répartition de la taille et l'élection des collecteurs. Les paroissiens se réunissent dans l'église, sous la présidence des fabriciens, et l'on raconte qu'un jour ceux-ci en firent fermer les portes pour retenir les habitants qui, voulant protester contre des impôts

---

[1] Léopold Delisle, p. 151.

[2] Dupin, *Histoire administrative des communes de France*, p. 118. — Aug. Thierry, *Histoire du Tiers-Etats*, II, p. 76. — Du Chatellier, *Des administrations collectives, Travaux de l'Ac. des Sc. morales*, LXXXVIII, 427. Il y avait, en outre, en Bretagne, des réunions de tous les habitants formant le *général.* — Du Bouetiez de Kerorguen, *Recherches sur les Etats de Bretagne*, I, 93. — En Alsace, le conseil du village (*Dorfgericht*) formait aussi le conseil de fabrique. (Krug-Basse, *L'Alsace avant* 1789, p. 101.)

[3] Du Chatellier, *Tr. de l'Ac. des sciences morales*, XC, 428. — C'est le *vestry* anglais.

accablants, refusaient pour la sixième fois de nommer leurs collecteurs [1].

Lors de la rédaction des Coutumes, au xvi⁰ siècle, un grand nombre de marguilliers représentèrent aux assemblées de certains bailliages les manants, habitants et paroissiens de leur village. Ils figurent dans plusieurs procès-verbaux, non seulement avec la dénomination de marguilliers, mais sous les désignations variées de procureurs de fabrice, de proviseurs de l'église, de fabriciers ou fabriqueurs, de *coutres* et de *gagers* [2]. Ils étaient appelés à émettre leur avis sur les Coutumes qui allaient être promulguées, au même titre que les procureurs des habitants ou du *fait commun*, les lieutenants, les mayeurs et les autres délégués du tiers-état des communautés [3].

La nomination des marguilliers se fit longtemps d'après le principe du suffrage universel. Au xvii⁰ siècle, on restreignit, surtout dans les villes, le droit de suffrage aux notables, et dans certaines campagnes à ceux qui payaient un certain minimum de taille [4]. On essaya bien, à l'époque où l'on établit des

[1] Ce fait se passa en 1708. — Arch. de l'Yonne, G. 1390. Voir aussi 2370, 2371.

[2] Les marguilliers sont surtout nombreux dans la prévôté de Paris, dans les bailliages de Melun, de Clermont en Beauvoisis, de Vermandois et de Tours. C'est en Vermandois que nous trouvons les *coutres* (de *costurarius* ou *coulter, custos ecclesiæ*, d'après Ducange), et dans la châtellenie de Châteauneuf en Thimerais, les gagers (de gajarius, gaigier). Un statut de l'évêque d'Orléans de 1315, parle des « gajarii seu provisores dictæ ecclesiæ. » (Ducange.)

[3] *Les Coustumes générales et particulières de France*. Procès-verbaux de rédaction ou de réformation de 1552 à 1590.

[4] Jousse, p. 120.

syndics perpétuels, de créer des marguilliers perpétuels ; mais ces offices trouvèrent moins d'acquéreurs que les autres et furent plus tôt encore abolis. Les élections des marguilliers ne cessèrent pas d'avoir lieu, à haute voix, dans l'église même à l'issue des offices, ou dans une assemblée d'habitants [1]. L'acte de nomination, faite à la pluralité des voix, était dressé sur un registre, signé par le curé et par tous ceux qui savaient écrire [2]. Un arrêt du Parlement de Bretagne fixait annuellement ces élections à la fin du carême ; mais leur date variait comme la durée du mandat qu'elles confiaient. Le Parlement de Paris défendit de donner les fonctions de marguilliers aux femmes, comme c'était l'usage en Auvergne, où des femmes appelées bailleresses allumaient les cierges et étaient chargées de l'entretien de l'église [3]. Dans certaines paroisses, les bedeaux et les sacristains étaient, comme les marguilliers, nommés par les paroissiens [4].

A la fin du xviie siècle, les marguilliers du diocèse de Troyes étaient élus dans l'église, selon l'usage presque général, mais sur la proposition du curé, qui devait veiller à ce qu'on choisît des « personnes solvables et de probité. » Cet usage dura jusqu'à la Révolution [5].

[1] L. de Héricourt, *les Loix ecclésiastiques de France*, 1771, II, 257 et suiv.

[2] *Ordonnances synodales du diocèse de Dijon*, 1744, ch. XXIV, ii

[3] *Mémoires du Clergé*, éd. 1768, III, col. 1185 et suiv.

[4] Nomination, à Seignelay, d'un bedeau et d'un sacristain en assemblée générale en 1733. Arch. de l'Yonne, G. 2486.

[5] *Statuts et règlemens pour le diocèze de Troyes*, 1688 p. 49.

Là ne se bornait pas l'intervention des paroissiens. Les marguilliers pouvaient les convoquer à des assemblées générales, annoncées au prône, ou sur le refus du curé, affichées au banc de l'œuvre. Dans ces assemblées, appelées au son de la cloche et tenues dans l'église à l'issue des offices, on réglait le service des inhumations, le tarif des bancs, le balayage, l'achat des ornements, la nomination des commissaires des pauvres, les acceptations de legs et de fondations, les aliénations, les comptes des marguilliers [1]. On y fixait même l'heure de la messe paroissiale [2]. Dans certaines localités, les marguilliers, et même les consuls ou échevins, avaient le droit de nommer les prédicateurs. Ce droit leur était maintenu par les parlements, malgré les réclamations des évêques, toutes les fois qu'il y avait possession ancienne et non interrompue [3].

A une époque comme la nôtre, où la séparation entre le temporel et le spirituel tend à s'accentuer de plus en plus, on est surpris de voir les paroissiens s'ingérer dans des questions qui sont aujourd'hui du domaine ecclésiastique. On ne s'étonnait pas plus alors de voir des laïques s'en occuper que de voir des prélats diriger les affaires de l'État et des prêtres figu-

---

— *Statuts de* 1785, p. 19. — Registre de la fabrique d'Anzon. Arch. de l'Aube, 41, G.

[1] Délibérations de la fabrique de Seignelay. Arch. de l'Yonne, G. 2486. — Jousse, p. 124.

[2] Assemblée des habitants fixant l'heure de la messe paroissiale à 9 heures en hiver et 10 heures en été, (an. 1790.) *Inv. des Arch. de l'Yonne*, G. 2391.

[3] *Abrégé des Mém. du Clergé*, col. 1105. — Brillon, *Dictionnaire des Arrêts*, V, 288 et suiv. — Jousse, p. 90.

rer dans des conseils de ville. Tous les citoyens fré-
quentaient l'église, et ses intérêts étaient ceux de la
communauté. Certaines municipalités payaient le prédicateur du carême, sous le bon plaisir de l'évêque,
et nommaient les prieurs ou recteurs des confréries.
Le conseil de ville de La Cadière, qui en 1536 avait
admis la Sainte Vierge au corps municipal, demandait, en 1724, à l'évêque la permission de manger
des œufs pendant le carême. « Tous ces privilèges,
dit l'ecclésiastique qui rapporte ces faits, réduisaient
les fonctions de curé à celles d'un simple chargé d'affaires spirituelles; il n'en est plus ainsi, heureusement [1]. » Il est certain qu'aucun conseil municipal ne demanderait de permission analogue à celle
que réclamait le conseil de La Cadière ; mais les églises sont-elles aussi remplies qu'en 1724 ?

Les fonctions des marguilliers, quelquefois mal
définies, étaient souvent fixées par les règlements.
Les marguilliers devaient, de concert avec le curé,
envoyer un inventaire des biens et des revenus de
l'église à l'État, qui percevait des droits sur les legs
et les acquisitions, en outre des droits d'amortissement [2]. En 1571, ils avaient été contraints d'en donner une déclaration précise, pour servir de base à une
taxe spéciale [3]. Les papiers et les titres qui concernaient les biens de l'église étaient renfermés dans un

---

[1] *Statistique religieuse de La Cadière,* par l'abbé Giraud.
Mém. de la Soc. académique du Var, 1857, p. 285.

[2] Arch. de l'Aube, comptes de la fabrique d'Auzon, 41, G.

[3] *Mémoires de Claude Haton,* p. 629.

coffre à deux serrures, dont une clef était entre leurs
mains, l'autre dans celle du curé ; ils devaient déposer
également l'argent qu'ils recevaient dans ce coffre,
qui était souvent le banc d'œuvre lui-même [1]. Ils ne
pouvaient en prêter ni à la communauté, ni aux particuliers, sans le consentement du curé et des principaux habitants ; il fallait aussi l'avis du curé pour
qu'ils pussent faire une dépense supérieure à 30 sols ;
si elle devait dépasser dix livres, l'avis des paroissiens
était en outre nécessaire, et d'avance ceux-ci en étaient
avertis au prône [2].

Voulait-on acheter un ornement d'église, on les
consultait. En 1624, les habitants de Saint-Mards,
après avoir approuvé les comptes des marguilliers
sortants, autorisent leurs successeurs à acheter « au
meilleur mesnage qui se pourra faire... une chappe
de damas pour servir aux processions et pour porter
l'encens aux festes solennelles[3]. » Ailleurs, il reste
419 l. en caisse ; on décide qu'on achètera un ornement blanc[4]. Les dépenses qui avaient pour objet les
réparations de l'édifice étaient au xviie siècle, dans
certains pays, soumises à l'assemblée paroissiale ; au
siècle suivant, elles l'étaient toujours à l'assemblée
communale, qui se composait des mêmes membres[5].

---

[1] *Inv. des Arch. de l'Aveyron*, C. 218. — *Inv. Arch. Seine-
Inférieure*, G. 738. — *Ord. synod. Grenoble*, 1690, tit. iv. — Arrêt
de règl. de 1745, art. 168.

[2] *Statuts de Troyes de* 1668, st. xxiv.

[3] Arch. de l'Aube, sect. judiciaire, 1436. Pièces justificatives,
§ VI.

[4] Mêmes archives, 41, G. Registre de la fabrique d'Auzon.

[5] Les habitants d'Avirey, réunis dans l'église après vêpres, ap-

Il y avait une très grande analogie entre leurs attributions. Leurs ressources, leurs besoins, leurs fautes étaient souvent semblables. Louis XIV fut obligé de protéger les fabriques comme il protégea les communautés, en autorisant les églises à rentrer en possession de tous les biens qu'elles avaient engagés ou vendus depuis vingt ans. Il voulait ainsi remédier à la triste situation des églises, « pour la plupart démolies en Champagne et en Picardie par les malheurs de la guerre[1]. » Non seulement le marguillier ne put rien aliéner, ni construire aucun bâtiment considérable sans l'autorisation du roi, il ne pouvait recevoir aucune fondation sans le consentement du curé[2], aucun legs sans celui des habitants[3]. Or, les legs étaient nombreux, à cette époque où les testaments reçus par le curé contenaient presque tous des dispositions en faveur de la fabrique[4].

Le marguillier recueillait les produits des quêtes. Dans les villages, elles se faisaient parfois en nature.

---

prouvent des marchés s'élevant à 1500 liv. pour la décoration intérieure de l'église. (Arch. de l'Aube, C. 18.)

[1] Déclaration de 1661. *Anc. lois françaises*, XVII, p. 397.

[2] Ord. de 1579 et de 1690. *Anc. lois françaises*, XIV, 396. Des ordonnances épiscopales lui défendent également, au XVIIe siècle, de faire aucune aliénation sans autorisation de l'évêque. (J. de Vroil, *Etude sur Letellier, archevêque de Reims. Rev. de Champagne*, IV, 346.)

[3] En 1764, l'assemblée des habitants à Ricey-Haut refuse un legs fait à la fabrique comme plus onéreux que profitable.

[4] Dans certains pays avait existé le droit de neufme, qui consistait à léguer la neuvième partie de son bien à l'Eglise. Le Parlement défendit, en 1409, à l'évêque d'Amiens d'empêcher la sépulture de ceux qui étaient morts sans tester en faveur de l'Eglise. (Brillon, IV, 471.)

On peut lire dans un compte de 1688 : « Plus a esté trouvé aux questes le dimanche septième mars trente-huit sols y compris un cochon de lait vendu le même jour[1]. » Le marguillier quêtait lui-même, s'il s'agissait de réparations ou de prières pour les morts. Les quêtes à domicile ne pouvaient avoir lieu que du consentement des paroissiens. Les autres recettes de la fabrique, outre les rentes des fondations et des biens-fonds, provenaient de l'adjudication du bâton de la confrérie, ainsi que de la vente du vieux linge, des cordes des cloches, des noix du cimetière. La concession des bancs se faisait après trois publications successives, soit par les marguilliers, soit par les habitants en corps[2]. La fabrique recevait aussi les droits qui provenaient de l'attribution des chapelles à certains particuliers, et des sépultures qui fréquemment avaient lieu dans des caveaux construits sous le dallage de l'église.

Les marguilliers s'occupaient de la distribution du pain bénit; ils veillaient à ce qu'il fût présenté successivement par tous les paroissiens, et si l'un d'eux s'y refusait, ils pouvaient le faire distribuer à ses frais. Ils recevaient aussi les comptes des proviseurs des confréries. Ces proviseurs étaient élus par les membres de ces confréries, qui étaient nombreuses. Celles du Saint-Sacrement et de la Sainte-

---

[1] C'était l'usage à Saint-Mards. On trouve des dons semblables dans les comptes de la même année. (Arch. de l'Aube, section judiciaire, 1436.)

[2] Arch. de l'Aube, 40, G., et sect. jud. 1458.

Vierge pouvaient s'établir sans lettres-patentes du roi ; elles recevaient des dons et possédaient souvent des biens et des rentes[1].

Les comptes des marguilliers furent reçus tantôt par les évêques, tantôt par les élus. L'édit de 1695 confirma les évêques dans le droit de les recevoir ; mais ils furent toujours soumis aux paroissiens et approuvés par eux. En Bretagne, au xvi⁰ siècle, ils étaient communiqués le dimanche des Rameaux aux paroissiens, qui nommaient deux commissaires assistés de deux représentants de chacun des trois ordres pour les examiner. Ceux-ci venaient présenter leur rapport le lundi de Pâques, en la trésorerie ou fabrique de l'église, et « non à la taverne comme l'on avait accoutumé » antérieurement. S'il y avait quelque opposition, elle devait être faite en justice[2]. Le même mode de réception était suivi ailleurs. Au xvii⁰ siècle les comptes sont soumis à quatre délégués des habitants avant d'être acceptés dans une réunion ultérieure ; l'excédant des recettes est présenté aux paroissiens, compté devant eux et remis aux nouveaux marguilliers[3]. Plus tard le contrôle fut moins actif. Les principaux habitants seuls furent appelés ; ils ne nommaient plus de commissaires. Le procureur-fiscal et les anciens assistaient à la reddition du compte, qui était arrêté par le doyen rural ou en son absence

---

[1] Jousse, p. 61, 70, 73, 84, 86, 200.
[2] Arrêt du parlement de Bretagne de 1560. *Mémoires du Clergé*, éd. 1768, III, col. 1186.
[3] Voir Pièces justificatives, § VI.

par le curé[1]. Le curé n'avait pas la présidence de la
réunion, qui était dévolue au seigneur ou à son juge,
parce qu'on regardait l'administration des deniers de
l'église comme « une affaire purement laïque et temporelle[2]. » Les contestations auxquelles elle donnait
lieu n'étaient pas de la compétence des juges ecclésiastiques ; mais les comptes étaient toujours présentés·
à l'évêque, lorsqu'il faisait sa visite pastorale dans la
paroisse[3].

Les comptes des marguilliers devaient être rendus trois mois après leur sortie de charge[4]; souvent
ils l'étaient le jour où l'on choisissait leurs successeurs ; mais, quoique les procureurs du roi ou fiscaux dussent poursuivre les marguilliers en retard,
on cite des communautés où depuis vingt ans les
habitants avaient négligé de leur demander leurs
comptes[5].

Le marguillier était responsable des dépenses et
des travaux qu'il prescrivait sans autorisation. Il ne
devait point employer les revenus de la fabrique aux
dépenses qui étaient à la charge des décimateurs ou
des habitants, telles que l'entretien des vitres, des
cordes et des montures du clocher[6]. Les intendants

---

[1] *Statuts du synode de Troyes de* 1688, st. XXIII.

[2] Freminville, *Dict. de police*, 216. — L'évêque de Dijon défendait
aux curés de gérer et administrer par eux-mêmes les biens appartenant à la fabrique. (*Ord. synodales*, 1740, ch. XXVI.)

[3] Edit de 1556, art. 3. — Edit de 1695, art. 17. Freminville,
p. 520. — *Mém. du Clergé*, III, 1483.

[4] *Arrests notables du Parlement en faveur des curés primitifs*
(1692).

[5] Arch. de l'Aube, C. 9 et 1185.

[6] *Ord. synodales de Dijon*, 1744, st. XXVI, 4.

pouvaient faire démolir à ses frais une construction entreprise par lui en dehors des règlements[1]. Dans quelques pays, le marguillier recevait une indemnité annuelle ou une rétribution par feu; peut-être dans ce cas avait-il quelques-unes des attributions du sacristain[2] ? Pendant la durée de ses fonctions, il ne pouvait être employé, comme collecteur, au recouvrement des impôts[3]; il jouissait de quelques prérogatives honorifiques à l'église, comme celles d'aller à l'offrande et de recevoir le pain bénit avant les autres[4]; il marchait, à la procession, après les officiers de justice; il présidait les assemblées de paroisse ou du bureau, où le curé occupait après lui la première place, et en cas de partage d'opinions, il avait voix prépondérante[5].

Mais si les fonctions de marguillier, comme les charges municipales, étaient plus onéreuses que lucratives, la paroisse s'administrait elle-même sous la suprématie du curé, comme la communauté sous la suprématie du seigneur. Les habitants et les paroissiens ne décident point, il est vrai, en dernier ressort, dans les questions importantes; mais ils portent à peu

---

[1] L'intendant de Bourgogne fait démolir aux frais du marguillier un mur qu'il avait fait élever sans le consentement des habitants. (Arch. de l'Aube, C. 107.)

[2] *Inv. des Arch. de Saône-et-Loire*, C. 44 et 295.

[3] Arrêt du conseil de 1641. *Mém. du Clergé*, III, col. 1232.

[4] Ce droit leur était parfois contesté par les officiers municipaux et donnait lieu à des procès. Voir à ce sujet un pompeux *Mémoire pour le s* Boitouset, l'un des marguilliers... de l'église de Chaource*, 1766.

[5] Jousse, p. 122, 172.

près sur la plupart d'entre elles les lumières de la discussion et du contrôle. L'église est pour eux une part du patrimoine commun ; unis dans un même sentiment de foi et de respect envers la religion et la patrie, ils s'occupent avec une égale sollicitude de leurs intérêts, et donnent librement leur avis, dans l'église et sur la place publique, sur bien des points où ils ne peuvent l'émettre aujourd'hui. Aujourd'hui, les paroissiens ne s'occupent plus des affaires temporelles de l'église, confiés à des marguilliers recrutés sans leur participation et dont les comptes sont rendus et vérifiés à huis-clos.

CHAPITRE III

LE CURÉ

Le curé de village avait dans l'administration de son église une autorité limitée par les prérogatives des marguilliers et les droits des habitants ; en re-vanche, il avait dans la communauté des moyens d'influence qu'il n'a plus de nos jours. Il tenait les registres des naissances et des décès ; il recevait les testaments ; il assistait aux assemblées des ha-

bitants ; il était l'organe de la loi, en faisant connaître à ses concitoyens les actes de l'autorité supérieure.

La société chrétienne était si fortement organisée
autrefois, qu'en dehors d'elle il n'y avait pas d'état
civil. Le prêtre inscrivait la naissance, le mariage et
le décès des membres de la communauté, en relatant
sur des registres spéciaux les baptêmes, les bénédic-
tions nuptiales et les enterrements. Ce fut seulement
à partir de François Ier que ces registres commen-
cèrent à être tenus régulièrement. Un notaire dut les
signer avec le curé, et chaque année ils furent déposés au greffe le plus voisin [1]. Des ordonnances
successives précisèrent le mode de leur rédaction et
multiplièrent les formalités destinées à en garantir
l'authenticité. Prises d'abord dans l'intérêt de la
justice, afin de s'assurer de l'identité des personnes,
ces formalités furent utilisées également dans un but
fiscal, pour faire connaître aux agents des Fermes
les mutations à opérer par suite de décès. Jusqu'à la
Révolution, le soin de tenir ces registres fut conservé
au curé ; mais les hommes auxquels la sépulture
ecclésiastique était refusée n'y figuraient pas, et, bien
que la loi y pourvût en décidant qu'ils seraient
inhumés sur une ordonnance du juge conservée au

[1] Ordonnance d'août 1539, art. 50, 51 et 52. — Plusieurs curés
inscrivaient sur leurs registres une sorte de mémorial des principaux événements historiques, météorologiques ou autres qui se
passaient dans leur paroisse. (Th. Meignan, *Revue des questions
historiques,* janvier 1879.) — Dumesnil, *Souvenirs de la Terreur,
Mém. inédits d'un curé de campagne*, Paris, Didier et Cie, p. 157.

greffe [1], l'excommunication avait des effets civils qui supprimaient même, dans le registre paroissial, la mort de celui qu'elle frappait.

L'excommunication fut longtemps entre les mains du prêtre un puissant moyen d'influence. Il en frappait encore, au xviie siècle, après plusieurs monitions canoniques, ceux qui vivaient d'une manière notoire en concubinage ; il désignait publiquement ceux de ses paroissiens qui ne communiaient pas à Pâques ; il pouvait même faire procéder contre eux [2].

La vie privée lui était ouverte. Non seulement, il pénétrait auprès des mourants pour leur administrer les sacrements, mais il avait le droit de recevoir leurs testaments. Cet usage, qui remontait au moyen âge, était un de ceux qui avaient le plus contribué à enrichir les églises [3]. La présence de témoins était, il est vrai, nécessaire pour que le testament fût valide. Il était rédigé d'ordinaire en termes empreints de sentiments religieux, et contenait presque toujours des dispositions relatives à des messes ou des legs en faveur de la fabrique [4].

Ni la loi, ni l'usage n'interdisaient aux curés d'assister aux assemblées de la communauté. Comme ils

---

[1] Ord. de 1667, tit. XX, art. 8 et suiv. Ord. du 9 avril 1736, qui complète le précédent de ces articles. Arrêt de 1746.

[2] *Inv. des Arch. Seine-Inférieure*, Visite d'un vicaire général en 1664, G. 725.

[3] Loysel, *Institutes coutumières*, édit. Laboulaye, n° 301. — Ordonnances de 1579, art. 63. *Anc. lois.* XIV, 398.

[4] Arch. de l'Aube, 40, 41, 42, G.

étaient les plus instruits et les plus diserts, leur
parole y était souvent la plus écoutée. En Bretagne,
ils étaient les intermédiaires des commissions diocé-
saines pour la répartition de la taille [1]. Il fut question,
en 1716, de donner des attributions analogues à tous
les curés de France [2]. En 1775, on leur demanda
d'éclairer les habitants de leurs paroisses sur les dangereuses doctrines de ceux qui s'opposaient à la libre
circulation des grains [3]. C'était Turgot, alors contrôleur général, qui faisait appel à leur concours, comme
il l'avait déjà fait pendant son intendance de Limoges.
Tandis que certains de ses collègues voulaient empêcher les curés de s'immiscer dans l'administration
communales, « Turgot, selon Dupont de Nemours,
les regardait comme ses subdélégués ; il assurait qu'on
était trop heureux d'avoir dans chaque paroisse un
homme qui eut reçu quelque éducation, et dont les
fonctions dussent, par elles-mêmes, inspirer des
idées de justice et de charité. » Aussi entretenait-il
avec eux la correspondance la plus active ; il leur
demandait des éclaircissements de toute espèce ; il
les chargeait de l'informer des accidents et des maladies contagieuses, de lui transmettre les requêtes
des habitants, les états de pertes des bestiaux ; il les
priait de concourir à la vérification des rôles de la
taille, de l'aider à améliorer la levée des impôts ; enfin,

---

[1] Du Chatellier, *Des administrations collectives.*
[2] Jean Buvat, *Journal de la Régence*, I, 94.
[3] *Instruction envoyée par ordre de Sa Majesté à tous les curés
de son Royaume.* Imp. royale, 1775.

il les engageait à faire connaître aux habitants assemblés à l'issue de la messe les décisions et les intentions de l'administration [1]. Dans le Limousin, où
l'instruction était peu répandue, l'intervention du
curé dans les affaires communales apportait un
utile concours aux progrès que voulait réaliser l'État.
La déclaration de 1787 lui donna un caractère légal
dans les pays d'élections, en attribuant au prêtre la
seconde place dans le conseil des notables.

Il y siégeait après le seigneur, à la juridiction
duquel il était soustrait par le privilège qui le soumettait aux seuls tribunaux ecclésiastiques; mais il
était présenté à la nomination épiscopale par le sei-
geur, si celui-ci était patron ou fondateur de l'église[2];
et dans tous les cas, le seigneur était tenu de veiller
sur sa conduite et à la discipline de l'église. Le curé
était obligé de lui rendre des honneurs spéciaux, tels
que l'encens et l'eau bénite [3].

Le pouvoir seigneurial et l'autorité religieuse se
soutenaient mutuellement, quoiqu'il y eût parfois
entre leurs représentants des désaccords et des
luttes.

Le rôle du clergé s'était modifié depuis le moyen
âge. Au XIIe siècle, le prêtre n'était pas seulement
le pasteur spirituel, il était le protecteur, l'avocat et
même le chef de ses paroissiens ; nous l'avons vu

[1] *Lettres circulaires aux curés de la généralité de Limoges pour
leur demander leur concours dans diverses opérations administratives. Œuvres de Turgot*, I, 633 et suiv.

[2] De Ferrière, *Des droits de patronage*, p. 365.

[3] Voir plus loin, livre III, chapitres II et III.

se mettre à leur tête pour repousser l'oppression,
ou les conduire sous les bannières du roi. Au XVIᵉ
siècle, l'abus des bénéfices avait nui à la considération du clergé. On signalait à cette époque un grand
nombre de prêtres dans les villages ; mais les titulaires des cures et des prieurés n'y résidaient pas,
et les affermaient au plus offrant. « Aussi, le plus
souvent, dit un curé de ce temps, le plus asne et
mécanicque de la paroisse estoit mons. le vicaire,
pour ce qu'il en bailloit le plus [1]. » Rien n'égalait
le relâchement du clergé rural dans certaines contrées. La vie privée des curés était un sujet de scandale ;
dans la Beauce, on se plaignait de leurs violences [2] ;
en Champagne, on signalait leur conduite immorale ;
on les montrait vêtus d'habits mondains, fréquentant
les tavernes, se livrant publiquement aux jeux de
hasard, négligeant leurs devoirs et s'appropriant les
revenus des pauvres ; on blâmait leur cupidité, lorsqu'ils exigeaient de l'argent des communiants ou
qu'ils refusaient d'inhumer les personnes qui n'avaient
point fondé de messes par leur testament. La plupart
des cahiers des châtellenies du bailliage de Troyes,
en 1576 et surtout en 1614, sont remplis de plaintes
contre l'avidité, l'immoralité et l'incurie des prêtres
de village [3].

Une discipline rigoureuse releva, au XVIIᵉ siècle, le

---

[1] Claude Haton, *Mémoires*, p. 90.
[2] Menault, *Angerville-la-Gate*, p. 393.
[3] Arch. municipales de Troyes, BB. 15 et 16. Voir surtout les
cahiers de Treignel et de La Ferté-Loupière, en 1614.

niveau moral du clergé des campagnes, et l'on peut dire qu'au siècle suivant, il inspirait le respect, et le méritait par ses vertus. Mais il resta toujours dans son organisation ecclésiastique un vice radical ; c'est que les dîmes recueillies dans les paroisses étaient perçues d'ordinaire par des gros-décimateurs qui ne résidaient pas et qui, la plupart du temps, laissaient au prêtre qui desservait l'église une portion appelée portion congrue. On sait qu'elle était à peine suffisante, bien qu'à différentes reprises on en eût élevé le taux. Le clergé de Bassigny disait en 1789, et d'autres clergés parlèrent dans le même sens : « Beaucoup de curés sont mal rétribués dans les campagnes ; la plupart sont à portion congrue. »

Les portions congrues des curés, parfois payées en nature au moyen âge, furent fixées à 120 liv. sous Charles IX, portées à 300 l. sous Louis XIII, élevées à 500 l. en 1768 et à 700 en 1786. Celles des vicaires étaient inférieures. Comme on le voit, elles avaient suivi une progression égale à la diminution de la valeur de l'argent. En 1786, un prêtre écrivait, en parlant d'un vicariat qui lui rapportait 550 livr. : « Ce qui suffisait il y a vingt ans et à plus forte raison il y a quarante ans, ne peut aujourd'hui suffire que le prix de toute espèce de marchandise a plus que doublé et notamment le bois à feu qui a plus que quadruplé [1]. » Souvent la communauté était obligée de leur donner une allocation annuelle, qui

---

[1] Arch. de l'Aube, (Buxières), C. 98.

suppléait à l'insuffisance de leurs revenus [1]. En 1742, l'évêque de Langres ne consent à envoyer un vicaire dans un village que si les habitants votent un supplément de 80 liv. à sa portion congrue; ils le font sans hésiter [2]. L'archevêque de Rouen, en 1686, ordonnait aux manants de certaines localités de se cotiser pour assurer la subsistance du prêtre chargé de leur dire la messe le dimanche [3]. Par suite de conventions particulières, la communauté pouvait aussi s'engager à payer au prêtre la célébration d'offices supplémentaires à des heures déterminées [4].

Quoique Vauban ait dit que la dîme était le moins onéreux des impôts [5], il était dur pour le paysan de donner une partie de sa récolte, sans que souvent elle profitât au prêtre qui desservait son église, sans qu'elle le dispensât de lui payer une subvention supplémentaire et de s'imposer pour réparer la nef de l'église. La dîme, qui fut établie par Charlemagne en faveur du clergé, était rarement la dixième partie de la récolte ; elle en était, selon les pays, la treizième, la quinzième, la vingtième et même la quarantième. Dans certains cantons, la treizième gerbe s'appelait

---

[1] *Inv. des Arch. de l'Aube*, G. 2831. — Les vicaires, dans le bailliage de Metz, ne touchaient en 1789 que 350 l.

[2] Arch. de l'Aube, C. 98.

[3] *Inv. Arch. Seine-Inférieure*, G. 1686.

[4] Une communauté de Bourgogne demande à plaider contre son pasteur, parce qu'il a changé l'heure d'une messe qu'il était tenu de dire le dimanche, au soleil levant. (*Inv. Arch. Saône-et-Loire*, C. 158.) — *Inv. Arch. Hérault*, C. 986. — Arch. Aube, C. 143.

[5] *Projet d'une dixme royale*, p. 11.

le trézeau, et se mettait en travers sur les autres,
afin que la personne chargée de recueillir la dîme
pût la lever plus facilement avec sa fourche[1]. Vauban
disait à tort que cet impôt ne suscitait ni plaintes, ni
procès; il serait facile d'en citer un grand nombre.
La quotité de la dîme était souvent discutée. Au
XVIe siècle, des habitants soutenaient qu'ils la devaient,
non d'après une proportion déterminée, mais à leur
volonté[2]. Elle se levait sur tous les produits de la
terre, et même sur les poules, les moutons et les
cochons. Dans ce cas, la perception n'en était pas
toujours pratique. Quand on avait droit à un agneau
sur treize et qu'il n'y en avait que neuf, le paysan ne
pouvait fournir trois-quarts d'agneau; si le décimateur
refusait une somme d'argent en compensation, il
fallait plaider. Dans les pays vignobles, c'était une
source de contestations que de savoir si la dîme
devait être perçue en nature au pied de la vigne ou
en vin dans la cave[3]. Quand on la percevait au pied
de la vigne, il fallait voir, à l'époque des vendanges,
les agents des décimateurs courir de côteaux en côteaux, sous la direction de chefs à cheval, qui les

---

[1] Traditions particulières.— A Fontaine-Mâcon, le curé réclamait
la quinzième hottée; les habitants prétendaient ne devoir que la
trentième. (Arch. de l'Aube, C. 2067). — Dans l'Ain, la dîme était
environ du 13e, pour les grosses dîmes (froment et seigle), du 18e,
pour les menues dîmes (orge, avoine, chanvre, etc.), du 20e, pour
le vin. (Taux de la dîme dans l'Ain en 1791 (Philibert Le Duc,
Hist. de la Révolution dans l'Ain, II, 395-414.)

[2] *Inv. Arch. Aube*, G. 2726.

[3] Michel, *Recherches sur la perception de la dîme en Champagne*, 1873. — Du Perray, *Traité des Dixmes*, 1719, p. 406.

avertissaient à coups de sifflets des points sur lesquels devait porter leur surveillance[1]. La dîme de suite excitait surtout de vives plaintes ; elle consistait à suivre le cultivateur hors du territoire de la paroisse pour lui faire payer moitié de la dîme au décimateur de son domicile[2]. Rien n'était plus variable du reste que la législation et les usages d'après lesquels elle était perçue ; rien de plus nombreux que les difficultés qu'elle suscitait entre les curés et leurs paroissiens.

Si du moins elle avait suffi à tous les besoins du culte, on l'aurait acceptée facilement, comme on l'accepte encore au Canada[3] ainsi qu'en Angleterre, où du reste elle a été convertie en une contribution pécuniaire. Mais, comme les gros-décimateurs ne venaient pas au secours de ceux qui n'avaient point le nécessaire, il se trouvait des paroisses si pauvres qu'elles ne pouvaient subvenir à l'entretien d'un curé, et qu'elles en restaient dépourvues[4]. Ailleurs le prêtre est si misérable qu'il va mourir à l'Hôtel-Dieu de la ville voisine[5]. « Il y a beaucoup de villages sans curé et même sans prêtre résidant, dit le clergé

[1] Aux Riceys, en 1784, 150 préposés surveillent ainsi les vendanges. (*Mém. pour Me Hugot, avocat.* Paris, 1785.)

[2] Cahier de La Rothière. Arch. de l'Aube, B. 18.

[3] Au Canada, elle est la vingt-sixième partie de la récolte. On raconte même que le vingt-sixième enfant d'une famille, et il s'en trouve parfois, est donné au curé, qui l'élève à ses frais. (De Lamothe, *Excursion au Canada, Tour du monde,* XXX, 126.)

[4] Cahier du Tiers-Etat de Nemours. *Arch. parlementaires,* IV, 192. — Arch. de l'Aube, G. 669. — *Inv. Arch. Seine-Inférieure,* G. 1178.

[5] Arch. de l'Aube, G. 766.

de Bassigny, à raison de la dureté de certains gros-
décimateurs.» La plupart des diocèses, dit-on dans un
diocèse voisin, manquent de ministres pour le service
des paroisses de campagne, ce qui oblige bien des
curés de biner les dimanches et fêtes [1]. Quelques-uns
des titulaires eux-mêmes ne résidaient pas, et ne se
faisaient pas suppléer; de sorte que les paroissiens
étaient obligés de faire baptiser leurs enfants dans
les églises voisines [2].

Le casuel ou les frais du culte étaient insuffisants
dans les paroisses dont la population était minime. Il
était interdit de rien percevoir pour les enterrements;
mais cette interdiction était rarement observée. Le
tarif des messes de mariages et des services était fixé
par l'évêque. On payait 5 s. pour un extrait de baptême et 10 s. pour les monitoires [3]. Les procureurs
fiscaux devaient veiller à ce qu'il ne fût rien exigé en
sus. On s'élevait avec raison, au dernier siècle,
contre la cupidité de certains curés, qui aux fêtes de
Pâques exigeaient un sol de chaque communiant,
riche ou pauvre, domestique ou mendiant, et refusaient
en cas de non-paiement, de les admettre à la Sainte-
Table [4].

---

[1] Cahiers des villages en 1789. Arch. de l'Aube, B. 17. — Il
existait en Normandie un droit, dit de *déport*, qui donnait aux
évêques et aux archidiacres le revenu de la première année des
cures vacantes. On s'en plaignait vivement dans le Perche, en 1789.
(*Cahiers de Normandie*, I, 106.)

[2] Lépine, 1657. Arch. de l'Aube, 49 G.

[3] Ord. d'Orléans, art. XV. Ord. de 1667, tit. XX, art. 12; ord.
de 1670, tit. VII, art. 7. Freminville, *Dict. de la police*, p. 241-
244.

[4] Freminville, *Traité*, p. 474.

Les habitants, qui payaient les dîmes, le casuel, les services supplémentaires, les réparations de la nef et du clocher, avaient encore à leur charge le presbytère, qui jusqu'au xve siècle avait été à la charge du clergé [1]. L'ordonnance de 1695 les avait astreints « à fournir au curé un logement convenable [2]. » D'après un arrêt du conseil, ce logement devait consister en deux chambres à cheminée, l'une pour servir de salle à manger, l'autre pour coucher, un cabinet et une cuisine, en y ajoutant un grenier sur la totalité du bâtiment, un puits, si le local le rendait indispensable, une fosse d'aisances, une très petite cave et un bas-cellier. Dans aucun cas, il n'était dû des granges ou des étables, mais seulement une écurie pour un ou deux chevaux, s'il y avait des écarts dans la paroisse [3]. Extérieurement le presbytère ressemblait à une maison de paysan, et souvent il était couvert en chaume [4].

Quelques maisons curiales cependant se distinguaient par un luxe relatif, lorsque le curé recevait

[1] Guyot, *Répertoire*, au mot *Réparations*. Le synode de Langres, en 1455, met l'entretien du presbytère à la charge des habitants. Les conciles de Rouen et de Bourges, en 1581 et 1584, prouvent que cet usage était déjà établi. — Arrêts de 1540 et 1569. Jean Chenu, *Cent notables et singulières questions de droict*, 1606, p. 44 et 50.

[2] *Anc. lois françaises*, XX, 249. — Voir aussi : du Rousseaud de La Combe, *Rec. de jurisprudence canonique*, p. 170.

[3] Lettre de l'intendant de Champagne, en 1788. Arch. Aube, C. 1185.

[4] Projet de presbytère à la Chapelle-Saint-Luc. La cuisine et la chambre ont 4 mètres 25 de large chacune. Chacune a une porte et une fenêtre. Arch. de l'Aube, (C. 1296. Voir aussi C. 1453.)

la plus grande partie ou la totalité des dîmes. Dans
ce cas, son mobilier est celui d'un bourgeois à son
aise ; il a de l'argenterie ; sa bibliothèque est assez
bien garnie ; ses coffres sont remplis de linge ; ses
granges surtout regorgent de gerbes de froment et de
boisseaux d'avoine ; mais l'intérieur des curés à portion congrue ressemble beaucoup à celui des cultivateurs. En Champagne beaucoup de curés ont plusieurs vaches ; ils s'intéressent aux récoltes de leurs
paroissiens, parce qu'ils doivent eux-mêmes vendre
le produit de leurs dîmes, et les mauvaises années
les atteignent, comme leurs paroissiens, dans leurs
intérêts matériels.

Les curés pouvaient sommer les habitants de leur
louer un logement[1], même de leur construire un
presbytère, s'il n'y en avait pas ; ils étaient cependant
chargés de le réparer[2]. En entrant en possession, ils
exigeaient souvent qu'il fût mis en état. « C'est une
manœuvre assez fréquente, disait un subdélégué,
pour ne pas être tenu des réparations pendant la
durée de leur séjour.» Un ingénieur se plaignait aussi
de ce qu'on faisait reconstruire des presbytères qui
étaient aisément réparables[3]. Dans tous les cas, les
communautés payaient, et comme leurs revenus
étaient d'ordinaire insuffisants, il fallait recourir à

---

[1] Le valeur de ce logement était évaluée à 40 liv. en 1785. (Guyot,
Répertoire. XV, 193.) — A Vermanton, on paie 60 liv. ; dans le
Quercy, 15 l. (*Inv. Arch. Aveyron*, C. 251.)

[2] Arrêt de règlement du Parlement, 1745. Freminville, II, 164.
— Arch. de l'Aube, C. 87.

[3] Arch. de l'Aube, C. 1468 et 1185.

des suppléments d'impositions pour acquitter ces dépenses[1].

La foi qui régnait alors et les services rendus par les prêtres faisaient paraître moins lourdes aux habitants ces charges multipliées. Ceux-ci avaient parfois plus de zèle que leur curé. On pourrait en citer qui chargeaient leur syndic de lui faire des remontrances, parce qu'il négligeait d'instruire leurs enfants et de les disposer à recevoir les sacrements de Pénitence et d'Eucharistie[2]. En 1768, les habitants de Charmont veulent le forcer à dire une messe du Saint-Esprit pour implorer le secours de Dieu dans un procès qu'ils intentent contre leur seigneur. Le curé ne veut pas se faire d'ennemis ; il s'abstient. On en réfère au subdélégué, qui se déclare incompétent[3]. Vers la même époque, l'évêque de Langres supprime un certain nombre de fêtes chômées, parmi lesquelles se trouvait celle du lundi de la Pentecôte. Les habitants de Braux voulurent forcer le curé à la célébrer ; ils montèrent au clocher sans qu'on pût les empêcher, s'attroupèrent autour du presbytère, et y firent un « baccanal affreux, » selon l'expression de la dame du château, qui, témoin de ce désordre, en rendit compte au secrétaire de l'intendant. Le syndic était à la tête

---

[1] En 1789, l'achat d'un presbytère à Rosnay donne lieu à une imposition de 4050 l. payable en trois années. Le seigneur est taxé à environ 440 l. par an. (Arch. de l'Aube, C. 820.) — Un grand nombre de cahiers de paroisses en Normandie demande que les réparations des presbytères soient mises à la charge des décimateurs. (Hippeau, *les Cahiers de Normandie en* 1789, II, 239, 436, 443, etc.)

[2] *Mémoire pour les officiers de la prévôté d'Eclaron*, p. 3.

[3] Arch. de l'Aube, C. 1308.

des mutins, et se rendit avec eux, en costume de fête,
à la messe basse du lundi[1].

On aurait mieux compris ces vivacités à l'époque de
la Ligue, où la religion mal entendue suscitait des
excès. En 1579, un curé, ayant voulu rebrousser
chemin dans une procession, malgré le vœu de ses
paroissiens, fut jeté par eux dans l'Yonne. Le vicaire
poursuivit paisiblement l'itinéraire désiré par la communauté, tandis qu'on retirait le curé de l'eau. Celui-
ci s'en plaignit à l'official ; une instruction fut com-
mencée, mais personne ne voulut déposer de ce qui
était arrivé[2].

Les processions étaient nombreuses ; quelquefois
elles se rendaient à de longues distances ; on en
faisait la nuit contre la gelée ; les évêques limitaient
leurs parcours et les circonstances dans lesquelles
elles pouvaient se faire[3]. Elles étaient parfois des
occasions de contestations entre les membres des
confréries qui se disputaient le pas. Les filles et les
garçons le réclamaient, et leur rivalité troublait la
communauté. A Buxeuil, en 1766, l'usage s'était
introduit, contre la décence, dit un fonctionnaire
timoré, de faire porter la bannière par une fille qui
marchait devant les garçons. Un d'entre eux s'en
empare et la porte au devant de la procession. Le
curé se plaint à la justice, et fait arrêter le garçon,

---

[1] Arch. de l'Aube, C. 424.

[2] *Mémoires de Claude Haton*, p. 977. — Voir aussi sur les processions qu'on fai ait dans les campagnes à l'époque de la Ligue
les *Mémoires de Carorguy*, 1881, p. 3.

[3] *Ord. synodales du diocèse de Dijon*, 1744.., d'*Autun*, 1706...
de *Soissons*, 1701.

qui est conduit à la prison de la ville voisine. Les habitants s'irritent d'une peine aussi sévère et demandent à l'intendant de les autoriser à plaider contre le curé. L'intendant blâme énergiquement ce dernier : « Je ne comprends rien à sa conduite, écrit-il..., mais j'aurai toujours de la peine à accorder une permission de plaider de laquelle il ne peut résulter aucun bien pour la communauté.» Le subdélégué fait une enquète ; il trouve des partisans du curé qui déclarent que le jeune homme incarcéré est « un brouillon. » L'intendant s'impatiente ; il veut « qu'on finisse une affaire aussi ridicule. C'est au curé à faire sortir ce garçon, dit-il. Je lui saurai mauvais gré de ne pas se prêter à un accommodement. » Mais l'évêque de Langres est dans le voisinage ; il vient à Buxeuil et se déclare contre les adversaires du curé. « Ce sont de vrais mutins, écrit-il à l'intendant, qui auraient besoin d'être réprimés par l'autorité. Je règlerai par mon ordonnance de visite ce qui regarde l'ordre et la décence dans les processions ; mais il est très nécessaire que vous veuilliez bien vous joindre à moi pour empêcher ces brouillons de les troubler. Il y a dans ce canton de mon diocèse cinq ou six paroisses où se glisse un esprit d'indépendance qui suscite chaque jour de nouvelles difficultés aux curés et aux vicaires. Je suis bien résolu d'y donner une attention particulière, mais je vous prie de vouloir bien me seconder dans les efforts que je fais pour cela [1]. »

[1] Arch. de l'Aube, C. 91.

Le langage de l'intendant et de l'évêque indiquent les tendances de l'administration, animée de l'esprit séculier et peut-être philosophique, la défiance manifestée par le clergé contre son intervention, et l'esprit d'indépendance qui se glisse dans certaines paroisses, à la veille de la révolution.

L'administration était souvent appelée à intervenir entre les curés et les habitants. Ceux-ci les dénonçaient parfois, incriminaient leurs mœurs [1], leur suscitaient des difficultés qui n'étaient pas toujours fondées. En 1774, un syndic demandait que son curé fût exclu des assemblées, parce qu'il avait empêché les habitants de délibérer sur une affaire qui touchait à ses propres intérêts. Le subdélégué fit faire une enquête, et blâma le curé, mais tout en étant d'avis de lui faire grâce pour cette fois. « La prudence exige, écrivit-il à l'intendant, qu'il ne soit pas avili aux yeux de sa communauté, ce qui arriverait si votre Grandeur lui faisait défense de paraître à l'avenir à aucune assemblée de communauté. » L'intendant y consentit, mais lui fit payer les frais de l'enquête. Le même subdélégué n'était pas toujours aussi prudent. Sur les plaintes d'un autre curé, il se rend dans son village, convoque les habitants, écoute leurs griefs et ceux du curé, étonné « d'avoir été cité comme un accusé devant cette assemblée. » Quelquefois l'intendant se montrait sévère et n'hésitait pas à donner tort à un « méchant curé » qui avait été

interdit pendant quatorze ans et qui faisait opposition
à une vente de bois communaux, parce qu'il en voulait une plus forte part[1]. Ailleurs, en parlant d'un
prêtre qui avait fait un procès aux habitants de sa
communauté pour les forcer à se faire administrer
les sacrements par lui, l'intendant de Lyon disait en
1699 : « Au fond, rien n'est plus odieux qu'un curé
qui fait condamner à 800 liv. de dépens quelques
habitants d'un hameau[2]. »

Si l'administration prenait en mains les intérêts des
habitants contre des vexations, qui heureusement
étaient exceptionnelles, elle n'était pas hostile au
clergé. Comme nous l'avons vu, elle lui demandait
parfois son concours. En 1718, les curés furent obligés d'envoyer aux intendants une liste des vagabonds, des fainéants et des libertins qui se trouvaient
dans leurs paroisses[3]. Ils pouvaient se croire investis
de certaines fonctions de police. « Je ne vous dis
rien des libertins, coureurs de nuit, piliers de
cabaret, écrit à l'intendant le curé d'un village de
Champagne, parce qu'il faudrait que je vous donne
le nom d'une partie de ma paroisse. » Après avoir
signalé les plus dangereux, comme braconniers et
mutins, il ajoutait : « Si vous avez la bonté de nous
en débarrasser, j'offrirai les saints mystères pour
votre conservation... » L'intendant fit arrêter le plus

---

[1] Arch. de l'Aube, C. 401, 696, 160.
[2] A. de Boislisle, *Correspondance des contrôleurs généraux avec
les intendants*, I, n° 1862. — Voir Lettre de Voltaire à l'évêque
d'Annecy, du 15 décembre 1758.
[3] Jean Buvat, *Journal de la Régence*, II, 92.

coupable, qui était frère du procureur fiscal[1]. Un
vicaire se plaint en termes amers des « coqs de village qui dominent et oppriment la communauté[2]. »
D'autres, au contraire, n'hésitaient pas à flatter les
passions de leurs fidèles plutôt que de les combattre.
A l'époque des Grands-Jours d'Auvergne, un prêtre,
encore inspiré de l'esprit de la Fronde, faisait en
chaire l'éloge de la république romaine, attaquait la
taille, et plaignait le peuple trop tourmenté[3]. Sous
Louis XV, des curés des environs de Saint-Germain
encourageaient leurs paroissiens à détruire le gibier
et leur disaient dans l'église : « Mes enfants, un tel
jour, à telle heure, je ferai une battue ; je vous
exhorte à vous y trouver[4]. » Aussi certains prêtres
étaient-ils très populaires et trouvaient-ils des partisans chaleureux, s'ils étaient frappés par la discipline
ecclésiastique. Les paroissiens s'assemblaient et prenaient en leur faveur des délibérations qu'ils faisaient
porter à l'évêque par des délégués. L'évêque, selon
les circonstances, revenait sur sa décision ou la main-
tenait[5].

Les habitants pouvaient aussi présenter leurs réclamations, lors des visites que les évêques et les archidiacres faisaient périodiquement dans chaque
paroisse. Ces visites, prescrites par le concile de

[1] Arch. de l'Aube, C. 633. Voir aussi C. 2071.
[2] Arch. de l'Aube, C. 98.
[3] *Mémoires de Fléchier*, p. 194.
[4] *Mémoires du duc de Luynes*, XIII, 186.
[5] *Inv. des Arch. du Calvados*, C. 369. — Rétif de la Bretonne,
La vie de mon Père, II, 21.

Trente et par diverses ordonnances [1], avaient surtout pour but de faire observer la discipline ecclésiastique [2] ; elles ne reculaient même pas devant les enquêtes publiques. Dans le diocèse d'Auxerre, l'évêque, à une certaine époque, demandait à haute voix, dans l'église du village qu'il visitait, si les paroissiens étaient satisfaits du curé et si le curé était content de ses paroissiens. Les réponses qui lui étaient faites suscitaient parfois des protestations et du tumulte [3]. Il examinait ensuite les comptes de la fabrique, et avant de quitter le village, il se faisait présenter le maître d'école et la sage-femme ; il ordonnait de remédier aux abus signalés et de veiller particulièrement à la moralité [4] . En Normandie, l'évêque provoquait l'établissement d'écoles dans les communautés qui en étaient dépourvues, et engageait les parents à envoyer leurs enfants dans celles qui existaient [5]. Les visites des archidiacres étaient plus fréquentes. Ils parcouraient tout le diocèse, comme de véritables *missi dominici*. Chaque visite avait lieu publiquement avec le concours des habitants, et, après un débat contradictoire où chacun était appelé à faire valoir ses plaintes et ses réclamations, un procès-verbal était rédigé à l'instant et revêtu de la signature de tous les membres présents [6].

[1] Ord, de 1560 (art. 6) 1579 (art. 32), fév. 1661, 1700 (art. 14).
[2] *Inv. Arch. Seine-Inférieure*, G. 723 et suiv.
[3] Déy, *Annuaire de l'Yonne*, 1849, p. 18.
[4] *Inv. Arch. Seine-Inférieure* (1682-85), G. 1355, 1356.
[5] Procès-verbal de visite de 1750. Mordillat, *Histoire de Bassuet*, 1878, p. 209 à 215.
[6] A. de Charmasse, *Etat de l'instruction primaire dans l'ancien diocèse d'Autun*, Mém. de la Société Eduenne, 1872.

Ainsi, même en matière d'administration ecclésiastique, la publicité est admise et la liberté des remontrances existe. On pouvait toujours appeler des abus
de l'autorité subalterne à l'autorité supérieure, et
quelles que fussent la partialité et la contrainte, les
appels étaient souvent entendus. Quant aux curés,
si l'on compare leur situation matérielle à celle qui
leur est faite aujourd'hui, on n'hésitera pas à trouver
cette dernière supérieure. Il est préférable pour leur
dignité et leur repos de toucher de l'État leurs revenus que de faire prélever directement sur les récoltes
de paroissiens, souvent pauvres, une part parfois
contestée et cédée à regret [1]. Leurs actes ne sont
plus discutés en assemblée générale, et ils ont la
faculté de faire dans l'intérieur de l'église à peu près
ce qu'ils veulent, sans entendre des réclamations dont
ils sont obligés de tenir compte. Sous l'ancien
régime, il est vrai, les prêtres étaient aussi respectés,
sinon davantage, qu'aujourd'hui. Quelques-uns des
cahiers de 1789 parlent en termes touchants de leur
zèle et de leur dévouement. Ce n'est pas seulement
en Bretagne qu'on apprécie les « bons et utiles pasteurs qui s'occupent de près et journellement de l'indigence et de l'assistance du peuple [2] ; » des villages
de Champagne demandent aussi l'amélioration du

---

[1] Voir à ce sujet l'opinion d'un curé de Vicq, qui avait perçu la
dîme avant la Révolution, et lui préférait son modique traite-
ment. (*La Haute-Marne, Revue champenoise*, 1856, p. 117.)

[2] *Arch. parlementaires*, V, 517. — Ce sont les termes du préambule du règlement du roi du 24 janvier 1789. (*Réimp. du Moniteur*, Intr., p. 558.)

sort de leurs curés, « qui portent le poids du jour, de la chaleur, et sont sans cesse occupés des besoins spirituels de leurs paroissiens. » Si quelques-uns de ces derniers désirent la suppression des chapitres et de certains couvents qui nourrissent, suivant eux « de pieux fainéants, » c'est surtout pour en attribuer les revenus à leurs pasteurs vigilants et infatigables [1]. Ceux-ci, par la parole et par l'exemple, ne leur enseignaient-ils pas la charité, qui apaise les souffrances, la foi qui élève les cœurs et qui donne l'espérance au delà de la vie ? Ils les aidaient d'autant plus à supporter leur sort, qu'il y avait souvent entre eux communauté d'origine et de pensées. Alors, comme aujourd'hui, les prêtres de campagne n'appartenaient pas aux classes supérieures de la société. Les cadets de famille se réservaient les canonicats et les bénéfices qui n'obligeaient pas à la résidence ; le clergé rural se recrutait dans la petite bourgeoisie et parmi les laboureurs. Il partageait leur pauvreté et compatissait à leurs maux ; et quand le mouvement de 1789 éclata, on vit un grand nombre de ses membres revendiquer hautement, non seulement l'amélioration du sort du clergé rural, mais aussi la réforme des lois et de la société.

[1] Cahiers de Saint-Phal, Chamoy, Crésantignes, Jeugny, etc. — Arch. de l'Aube, B. 17, 18, 19.

LIVRE III

LE SEIGNEUR

CHAPITRE Ier

LE CHATEAU

Transformation des châteaux sous l'influence royale. — Plessis-lès-
Tours, Versailles, Amboise et Saint-Germain. — Le château protecteur. — Guet et garde. — Guerre de Cent-Ans. — Autorisations
nécessaires pour rétablir des ponts-levis. — Le château pendant
les guerres de religion. — Démolition des châteaux. — Châteaux
ruinés. — Mottes seigneuriales. — Luxe et misère. — Maisons
de campagne. — Pigeonniers et girouettes.

Comme l'église, le château dominait le village. Ses
murs épais, d'ordinaire flanqués de tours, s'élevaient
soit au bord d'un cours d'eau dont les dérivations
l'entouraient, soit sur le versant ou le sommet d'une
colline, soit sur une éminence artificielle. La construction des édifices est d'ordinaire en rapport avec
l'état des mœurs et des institutions. Il en fut ainsi
des châteaux. A mesure que la civilisation avait pro-
gressé, à mesure que l'autorité avait acquis plus de
force et d'unité, le château s'était transformé: de
forteresse il était devenu maison de campagne. Il

avait perdu en utilité ce qu'il gagnait en agrément. A partir du xvii⁰ siècle, les créneaux sont renversés, les tours abattues, les ponts-levis supprimés, les fossés comblés. Les murailles, jadis percées à l'extérieur d'étroites meurtrières, reçoivent désormais de larges ouvertures qui laissent pénétrer l'air et la lumière. Au rez-de-chaussée, de hautes portes garnies de vitres s'ouvrent sur de vastes terrasses, où les parterres se relient aux bois qui se prolongent dans la campagne. Le château du moyen âge ne connaissait pas les jardins, car on ne peut donner ce nom aux étroits parterres qu'enfermait l'enceinte de la forteresse. Le château du xviii⁰ siècle s'entoure de tous les charmes de la nature ; c'est à peine si une clôture, dissimulée souvent avec art, sépare son parc des prés, des champs, des bois, et les avenues qui y conduisent sont si nombreuses, si longues et si larges, que l'espace réservé à l'agriculture en est singulièrement diminué[1].

Depuis les châteaux des rois jusqu'à ceux des gentilshommes de province, tous avaient subi ces transformations. Que l'on compare la sombre résidence de Louis XI, à Plessis-lès-Tours, avec le palais de Versailles, où trône Louis XIV. D'un côté, des ponts-levis presque toujours dressés, des portes profondes, garnies de herses ; des fossés remplis de chausse-trappes ; des clôtures de fer, derrière les-

---

[1] *L'Ami des Hommes*, I, 172. — Cahier de Jouars-Ponchartrain, 3, *Arch. parlementaires*, IV, 621.

quelles veillent sans cesse des archers aux aguets[1].
De l'autre, un vaste palais, où mènent d'immenses
avenues, où l'on pénètre par des portes toujours
ouvertes, où l'on entre comme dans une église, où le
peuple est admis à défiler dans la salle où le roi dîne,
où tout se fait, pour ainsi dire, en pleine lumière.
Image frappante des progrès qu'avait accomplis en
moins de deux siècles l'unité royale; image non
moins saisissante de la paix qu'elle avait substituée à
l'état de lutte et de défiance qui régnait partout au
moyen âge.

Ces transformations s'étaient opérées graduelle-
ment. Amboise, qui domine la large vallée de la
Loire, est encore un château fort. Chambord est
entouré de fossés et flanqué de grosses tours rondes;
mais déjà les fenêtres s'élargissent au premier étage,
et les lucarnes ont une élégance non pareille; Blois
et Saint-Germain sont placés sur des hauteurs et en-
tourés de fossés; le petit château de Versailles, cons-
truit par Louis XIII, a aussi des fossés. Mais là comme
à Saint-Germain, les pavillons remplacent les tours,
et la garde d'apparat, qui veille aux portes du château, suffit à sa défense.

Le cours des événements avait peu à peu ôté aux
fortifications des châteaux leur raison d'être. Le système féodal reposait, comme on sait, sur des contrats formés entre le fort et le faible; c'était une
union comme le mariage, où le fort promettait pro-

---

[1] Commines, liv. VI, ch. XII.

tection au faible, le faible obéissance au fort, où tous
deux se devaient mutuellement fidélité, secours, assistance. Ainsi, lorsque la guerre ou l'invasion ravageait
un pays, le château ouvrait ses portes aux habitants
des villages, qui venaient avec leurs bestiaux se réfugier derrière ses murailles. En retour, les vassaux
contribuaient par des redevances et des corvées
à leur entretien[1], et devaient les garder à tour de
rôle[2].

Les murailles des châteaux protégèrent les populations contre les incursions des Normands ; elles les
abritèrent dans les luttes privées. Leur utilité était
si bien reconnue, qu'une ordonnance de Charles V
prescrivit aux seigneurs de relever à leurs frais les
fortifications ruinées, afin qu'elles pussent servir
d'asile aux paysans menacés par les Grandes Compagnies[3]. Mais lorsque les guerres devinrent plus sérieuses en devenant nationales, les murs des châteaux
furent impuissants à les défendre. Les seigneurs, dont
la force était déjà diminuée, souffrirent cruellement,
comme leurs vassaux, de la guerre de Cent-Ans. Si
leur château se trouvait sur le passage d'une armée,
l'assaut, le pillage, la ruine étaient trop fréquemment
la conséquence de leur résistance. A la suite de cette
lamentable époque, on rencontre dans de nombreuses
localités des châteaux démantelés dont les débris

---

[1] Tels étaient les droits de vingtain et de sauvement. Arrêt du
Parlement de Toulouse, 1579. (La Rocheflavin, *Droits seigneuriaux*.
27, 4.)

[2] C'était le droit de guet et de garde.

[3] Ord. du 19 juillet 1367. *Anciennes lois françaises*, V, 271.

s'élèvent au milieu des maisons incendiées ou abandonnées du village.

L'autorité royale grandit au milieu de ces ruines.
La formation d'une armée permanente lui donna une
force qu'elle n'avait pas antérieurement. Au xive siècle,
le roi avait le droit, comme tout seigneur suzerain,
de faire abattre les forteresses construites sans
son consentement[1]; en avait-il toujours le pouvoir ?
A la fin du xve siècle, on ne peut reconstruire un
château-fort sans son autorisation. Les lettres-
patentes du roi, qui l'accordent, ne sont exécutoires
qu'après une enquête faite par le bailli. Le lieutenant
du bailli se transporte sur les lieux, interroge les
habitants, et il faut que leur témoignage établisse
l'existence antérieure d'une maison fortifiée et munie
de ponts-levis, pour que le seigneur puisse en relever
les murailles et les ponts-levis détruits par la guerre
ou l'incendie[2].

Quelques châteaux servirent encore d'asile aux
habitants pendant les guerres de religion. Ils y trouvèrent parfois un refuge contre les violences et les
exactions des troupes des deux partis. Ce fut malheureusement l'exception, et les vassaux apprirent trop
souvent à maudire des châteaux impuissants à les

[1] Arrêts du Parlement de Paris, 1308, etc. Brillon, III, 393.
[2] Lettres-patentes du 5 juillet 1497, autorisant François de Marisy, seigneur de Cervets, à reconstruire le château. Enquête faite
par le bailli de Troyes. (A. Roserot, *les Marisy, Mém. de la Soc.
académique de l'Aube,* XL, 240.) — Selon Loyseau, les seigneurs
haut-justiciers ou châtelains avaient le droit, que n'avaient pas les
seigneurs inférieurs, d'élever des châteaux sans lettres du roi.
(*Traité des Seigneuries,* 1613, ch. VIII, 98.)

protéger. A plusieurs reprises, le tiers-état et même le clergé en demandèrent la destruction à partir de 1576[1]. Aussi, accueillit-on avec une vive satisfaction la déclaration royale de 1621 qui provoqua la démolition de plusieurs châteaux-forts. En ordonnant de raser ceux qui n'étaient point sur les frontières[2], Richelieu portait un coup terrible à une aristocratie qui, en perdant sa force et son utilité, avait cessé d'être crainte et ne se faisait plus aimer.

Lorsque l'autorité royale se fut établie sans conteste, et que l'impossibilité de lui résister fut reconnue, les murailles et les tours tombèrent sans qu'il fût besoin de décrets pour les détruire. Les uns les renversaient comme d'inutiles et de tristes barrières ; les autres les laissaient s'effondrer pour ne pas les réparer. Leurs débris servaient de carrière aux populations d'alentour ; au xve et au xvie siècle, les habitants des villes étaient venus chercher dans les ruines des châteaux voisins, détruits par les guerres, des matériaux pour élever leurs murailles. Au xviiie siècle, les villes frontières seules se fortifiaient, et les pierres des vieux châteaux-forts étaient utilisées seulement par les habitants des villages[3].

---

[1] Picot, *Hist. des Etats-Généraux*, III, 214, 290 ; IV, 158. — Que tous chasteaulx qui portent préjudice au repos du public soient démoliz, dit le cahier général des ecclésiastiques du gouvernement de Champagne, en 1614. (Arch. de l'Aube, G. 140.) — Cahier général du Tiers-Etat en 1614. *Des Etats-Généraux*, XVII, 288.

[2] Déclaration du 31 juillet 1626. *Anc. lois françaises*, XVI, 192. — Caillet, *l'Administration en France sous Richelieu*, 1863, t. I, 202. — La Convention rendit un décret analogue le 6 août 1793, sur les forts et châteaux de l'intérieur.

[3] L'intendant de Champagne autorise les habitants d'Herbisse à

S'il subsistait encore dans plusieurs provinces un certain nombre de manoirs féodaux, dans d'autres ils avaient à peu près disparu. Le centre de quelques duchés-pairies n'était plus que la motte de terre sur laquelle s'était élevé autrefois le château féodal [1]. Au pied de cette motte était encore le siège de la justice, rendue au nom du seigneur, et de laquelle relevaient des justices inférieures ; mais le seigneur résidait à Paris ou dans d'autres terres, et les populations de la localité qui portait son nom ne le connaissaient plus que par les redevances qu'elles lui payaient.

Quelques châteaux conservèrent cependant leurs vieilles tours, les uns, comme un signe d'orgueil, en souvenir de leur ancienne puissance ; les autres parce que leurs maîtres actuels n'étaient pas assez riches pour leur substituer des constructions plus commodes. Tel était, parmi les premiers, le château de La Ferté-Vidame, où le duc de Saint-Simon résidait l'été, et dont les murailles et les tours anciennes enfermaient des appartements plus modernes [2]. A côté de ces demeures aristocratiques, qui réunissaient à l'aspect altier du passé les progrès du luxe contemporain, était le vieux manoir du seigneur campagnard, sombre, triste et sévère, comme le château de Combourg, où le père de Châteaubriand

construire un presbytère avec les matériaux du château qu'on leur a vendus à enlever. (*Inv. Arch. Aube*, C. 1453.)

[1] Il en était ainsi dans les duchés d'Aumont et de Montmorency. (Baugier, *Mémoires historiques de Champagne*, II, 319.)

[2] A. Baschet, *Le duc de Saint-Simon*, p. 55-67.

s'efforçait de conserver à l'ombre de ses donjons les traditions de ses ancêtres [1]. Parfois le délabrement du château contrastait avec l'aisance des demeures des paysans [2]. Il y avait en outre de nombreuses maisons seigneuriales, de construction moins ancienne, moitié fermes, moitié châteaux, où il n'y avait plus d'autres tours que celle du pigeonnier, où les fossés étaient convertis en viviers, et dont les murs ne servaient plus qu'à abriter des espaliers.

Il arriva même parfois qu'un habitant du bourg ou du village, plus riche que le seigneur, faisait construire une maison plus vaste et plus belle que le château. « On n'a plus la délicatesse de refuser, dans le style vulgaire, le nom de château, dit un jurisconsulte en 1727, à ces amas de matériaux somptueux et à ces appartements sans nombre et bien meublés que le luxe des gens d'un certain ordre élève plus haut que les montagnes après en avoir comblé les vallées. Il est pourtant vrai que dans les actes publics il ne seroit point permis à des possesseurs ignobles de domaines roturiers, d'appeler *châteaux* ces maisons, quoique construites magnifiquement, pendant que des masures, qui sont à peine les restes informes d'une construction noble et antique, con-

---

[1] *Mémoires d'outre-tombe,* I, 85, 127.

[2] Dreux du Radier préfère le sort d'un laboureur estimable, à celui « d'un petit écuyer, seigneur d'une petite métairie délabrée, qui nourrit avec peine et aux dépens de ses créanciers une femme et quelques enfants... » (*Récréations historiques,* 1747, II, 74.)

servent encore cette dénomination [1]. » Il resta aussi longtemps au propriétaire de ces masures le dédom- magement d'empêcher un vassal de construire un pigeonnier et de mettre des girouettes sur son toit, en prétendant avoir le droit exclusif des girouettes carrées, dont la forme rappelait la bannière seigneu- riale ; mais les parlements finirent par ne plus admettre ces vaines prétentions, et le privilège des girouettes, comme beaucoup d'autres plus sérieux, disparut par la force des choses [2].

[1] Brillon, *Dictionnaire des Arrêts*, VI, 92.
[2] Brillon, III, 488,

CHAPITRE II

L'INFLUENCE SEIGNEURIALE.

L'ancienne autorité du seigneur. — Son train. — Prise de possession d'une seigneurie. — Entrée de M.' de Voltaire dans
ses terres. — Le duc de Sully. — Patronage et parrainage. —
Familiarité entre seigneurs et paysans. — Tyrannie locale.
— Genspillehommes. — Plaintes aux États-Généraux. —
Grands Jours. — Insolence des vilains. — Violences des seigneurs. — Répression des intendants. — Procès. — Misère de
certains seigneurs. — Propriétaires nouveaux. — Attributions
des seigneurs. — Leur autorité morale. — Leur rôle dans la
communauté.

A mesure que le château se démantelait, le seigneur
se désarmait. Au xviiiᵉ siècle, il ne portait plus qu'une
épée légère, meilleure pour la parade que pour l'action ; de même, son autorité était devenue plus appa-
rente que réelle.

Longtemps il avait été souverain dans son village.
Au xviᵉ siècle, Montaigne le comparait à un roitelet.
Dans les provinces éloignées, comme la Bretagne, à
voir « le train, les subjects, les officiers, les occupa-

tions, le service et cérimonie d'un seigneur retiré et casanier, nourry entre ses valets... il n'était rien de plus royal... Il oyt parler de son maistre une fois l'an, » dit Montaigne, qui ajoute aussitôt : « A la vérité, nos lois sont libres assez ; et le poids de la souveraineté ne touche un gentilhomme français à peine deux fois en sa vie... car qui veut se tapir en son foyer, et sçait conduire sa maison sans querelle et sans procez, il est aussi libre que le duc de Venise [1]. »

Il l'était peut-être davantage ; car il n'avait pas, comme celui-ci, un conseil des Dix avec qui il dût compter. Le seigneur haut-justicier, même au XVIIe siècle, prenait possession de sa terre avec le cérémonial d'un souverain. En 1647, le chancelier Séguier, ayant acquis la baronnie de Villemaur, le bailli réunit les officiers de justice et les habitants dans l'auditoire du lieu, et les requit de reconnaître le chancelier pour vrai et légitime seigneur. Après avoir reçu leur serment, il se rendit à la geôle, dont il se fit présenter les clefs ; à l'église, où le doyen l'installa dans tous les droits honorifiques ; enfin à la porte principale du bourg, où les clefs lui furent remises en reconnaissance de la domination seigneuriale. De semblables formalités furent accomplies dans les huit villages qui dépendaient de la baronnie [2]. On en faisait moins à l'avènement d'un roi.

---

[1] *Essais,* liv. I, ch. XLII. La première édition des *Essais* est de 1580.

[2] Histoire de Villemaur, par Courtalon, p. 108. Manuscrit de la

Quand un seigneur arrivait pour la première fois dans ses terres, les habitants lui préparaient une entrée solennelle. En 1759, Voltaire prit possession de la seigneurie de Tourney, que lui avait cédée le président de Brosses. « On lui fit tous les honneurs possibles, dit une lettre du temps : canons, boîtes, grenades, tambours, fifres, tous les paysans sous les armes. Le curé harangua. M. de Voltaire lui dit : « Demandez ce que vous voudrez pour réparer votre cure, je le ferai. Les filles de la paroisse présentèrent des fleurs aux deux dames... La santé du nouveau seigneur fut portée au bruit du canon. Je vous jure, dit l'auteur de la lettre, que je suis persuadée qu'il n'a jamais été si aise [1]. »

Le grand seigneur, quand il habitait ses terres, y menait un train princier. Le duc de Sully, après la mort de Henri IV, se retira loin de la cour, avec un nombre considérable d'écuyers, de pages, de gentilshommes et de domestiques. Une compagnie de gardes et une compagnie de Suisses étaient attachées à sa personne. Lorsqu'il sortait, une grosse cloche appelait ses gentilshommes et ses gardes, qui faisaient la haie dans ses appartements et le suivaient à une distance respectueuse dans ses jardins. A table, il occupait le haut bout, assis, ainsi que la duchesse,

bibliothèque de Troyes, nº 2254. — Voir aussi la *Prise de possession du duché de Retz en octobre* 1780, par M. de Sourdeval. *Rev. des Soc. savantes*, 3e série, VI, 488-489.

[1] Foisset, *Le président de Brosses*, p. 147.

sur un fauteuil, tandis que ses enfants et les autres convives étaient placés sur des tabourets [1]. Un dais surmontait, dans la salle d'apparat, le siège où le seigneur haut-justicier donnait audience à ses vassaux. La résidence du grand seigneur dans son château était d'ordinaire une source d'aisance pour ses paysans ; son absence prolongée leur causait parfois plus de perte que les impôts [2]; mais, souvent, ils avaient à subir, non seulement son autorité, mais les exigences moins supportables de ses domestiques.

L'autorité du gentilhomme campagnard était plus directe : lorsqu'il était né dans le pays, il se formait entre lui et les habitants des relations empreintes d'une certaine familiarité qui n'excluait ni le respect ni l'affection. Le seigneur donne des secours de tout genre aux paysans ; il est leur conseiller, leur tuteur, quelquefois même leur médecin [3] ; les paysans, outre les redevances, lui apportent des présents continuels [4]. Le seigneur connaît tous ses vassaux par leur nom ; il prend parmi eux ses domestiques et ses serviteurs; il est le témoin de leurs mariages ; sa femme, ses fils, ses filles, tiennent comme lui leurs enfants sur les fonts baptismaux [5]. C'est surtout avant le XVIIIe siècle

---

[1] *Supplément aux Mémoires de Sully*, éd. 1769, VIII, p. 326 et suiv.

[2] Cahier de Longpont, élection de Mortagne. *Archives parlementaires*, V, 334.

[3] Tollemer, *Journal d'un sire de Gouberville*, 2e éd. p. 262-273.

[4] *L'Ami des Hommes*, I, 162.

[5] A. Ledru, *Urbain de Laval Boisdauphin*, *Revue hist. du Maine*, III, 402.

qu'on a signalé ces marques d'un patronage sympa-
thique exercé envers les vassaux ; au xviiie siècle,
soit que les seigneurs fussent plus souvent absents,
soit que leur protection fût moins recherchée, leur
nom figure plus rarement sur les registres de baptêmes [1]. Quelquefois le fils du seigneur, par récipro-
cité, avait pour parrain et pour marraine des paysans.
Montaigne raconte que son père le « fit tenir sur les
fonts à des personnes de la plus abjecte fortune, pour
l'y obliger et attacher [2]. » Montesquieu eut de même
pour parrain un simple paysan. Sa mère l'avait voulu
ainsi, « afin qu'il put mieux se rappeler, disait-elle, que
tous les hommes sont égaux devant Dieu [3]. »

En Vendée et en Bretagne, ces relations, empreintes
d'une familiarité affectueuse, subsistèrent jusqu'à la
Révolution. Le seigneur visitait souvent les paysans
dans leurs métairies, causait avec eux de leur position, du soin de leur bétail, prenait part à des accidents et des malheurs qui lui portaient aussi
préjudice ; il allait aux noces de leurs enfants et
buvait avec les convives. Le dimanche, on dansait
dans la cour du château, et les dames se mettaient
de la partie [4].

D'ordinaire, le fils du gentilhomme campagnard
était élevé avec les fils de ses vassaux. Souvent il

---

[1] Max Quantin, *Intr. à l'Inventaire des Archiv. de l'Yonne*,
p. 24.

[2] *Essais*, liv, III, ch, XIII. — Voir aussi : De Belleval, *Nos Pères*,
p. 99.

[3] Charles de Ribbe, *Les familles et la Société en France*,
p. 45.

[4] *Mémoires de madame de La Rochejacquelein*, 1815, p. 41, 42.

apprenait même à lire et à chiffrer dans l'école de la
paroisse [1]. Montaigne fut mis en nourrice dans un
pauvre village appartenant à son père, où il fut
« dressé à la plus basse et commune façon de vivre.»
On se rappelle Du Guesclin luttant avec les enfants
de son village, les molestant au point que les paysans
s'en plaignent, châtié par son père parce qu'il persiste dans ses jeux violents, et s'enfuyant de la prison
où il a été enfermé [2]. Malheureusement tous les fils
de seigneurs, en grandissant, ne devenaient pas des
héros ; ils n'allaient pas dépenser leurs forces contre
les ennemis de leur pays, et leurs vassaux devenaient
trop souvent les victimes de leurs caprices et de
leurs violences.

Rien n'est pire que la tyrannie locale ; personne
ne peut s'y dérober, parce que chacun est connu
personnellement du maître. Si le caractère du seigneur était vicié par l'ignorance et l'oisiveté, si son
tempérament était violent, ceux qu'il appelait ses
paysans ou *ses habitants* en souffraient à tous les
instants [3]. Au XVIe siècle, on croyait que les gentilshommes n'étaient plus ce qu'ils étaient autrefois et

---

[1] Coyer, *Développement du système de la noblesse commerçante*, 1757, II, 107. — Cahier du Tiers-Etat de Saintes. *Arch.
parlementaires*, V, 676.

[2] *Chronique de sire Bertrand Du Guesclin*, ch. I.

[3] Le Tasse, qui vint en France en 1571, reproche à la noblesse
son goût pour le village et son éloignement pour la vie citadine.
« Le noble, dit-il, élevé et passant sa vie au milieu des paysans
qui tremblent devant lui, n'y peut acquérir qu'une basse insolence. » (Lettre tirée des *Opuscule* et traduite par Grosley, *Observations sur l'Italie*, 2e éd., IV, 219.)

qu'ils avaient dégénéré. Au moment des guerres de religion, ils ne savaient plus protéger leurs vassaux, et trop souvent ils préférèrent s'associer aux pillards plutôt que de les combattre. Si l'on cite des gentils-hommes qui, comme le sire de Pavans, réunirent leurs paysans dans leurs châteaux pour repousser les gens de guerre qui dévastaient les campagnes [1], on en accusait d'autres d'appeler ces derniers « pour faire chastier et manger des meschans paysans » qui ne voulaient pas travailler gratuitement pour eux. Au siècle suivant, un sieur de Saint-Blaise fait occuper par deux régiments de cuirassiers que commandent ses fils trois villages dont les habitants résistent à ses exactions [2]. Combien de seigneurs, dit-on en 1614, ont envoyé les gens d'armes chez leurs voisins et quelquefois en leurs propres villages pour se venger d'eux, ou de corvées non faites ou de contributions non payées [3] ! Les habitants, sachant que les parle-ments limitaient les corvées seigneuriales, essayèrent de résister à des exigences qui leur paraissaient excessives. Ils travaillaient, tandis que le seigneur ne faisait rien, et le travail leur apportait l'aisance. Certains gentilshommes s'irritaient de leur prospérité; ils s'attribuaient leurs biens « par force, audace de coups de bâton et corruption de justice ; » ils allaient

[1] Au XVIIe siècle Henri de Campron s'interposa souvent en faveur de ses paysans pour les préserver de la licence des troupes de passage. (*Mémoires*, Ed. Janet. p. 276-277).

[2] Moulé, *Recherches sur les villages des environs de Vitry-le-François*. Soc. des Sciences et Arts de Vitry, IX, 418.

[3] Discours de Miron. *Des Etats Généraux*, 1789, XVII, 92.

jusqu'à leur arracher le pain de leur huche « pour se nourrir, eux et leurs demoiselles ; » et un curé de campagne se faisait l'écho des haines populaires en leur donnant les noms sanglants de *genstuehommes* et de *genspillehommes* [1].

Les plaintes des paysans se firent entendre aux États-généraux d'Orléans et de Blois. Les ordonnances, qui en furent la conséquence, essayèrent de remédier aux abus les plus criants. Les tailles arbitraires et les péages nouveaux furent interdits ; la faculté de chasser sur les terres ensemencées fut limitée ; il fut défendu aux seigneurs « de contraindre leurs sujets ou autres à bailler leurs filles, nièces ou pupilles, en mariage à leurs serviteurs ou autres, contre la volonté et liberté qui doit être en tels contrats. » Cette atteinte à la liberté individuelle était regardée comme si grave, que ceux qui s'en rendaient coupables étaient menacés d'être déchus de la noblesse et d'être punis comme coupables de rapt [2].

Les ordonnances des rois et les Grands Jours qu'ils firent tenir dans certaines provinces amenèrent, à partir de Louis XIV, des résultats efficaces. Il faut lire dans les *Mémoires* de Fléchier sur les Grands

---

[1] *Mémoires de Claude Haton*, p. 92, 713, 787. — Fauchet, *De la Milice*, p. 126.

[2] Ord. de 1560, art. 106 à 108. Ord. de 1579, art. 280 à 285. *Anc. lois françaises*, XIV, 90, 443. — A côté de ces faits, on pourrait citer des seigneurs dotant des jeunes filles, comme le duc de Nevers Louis de Gonzague et sa femme, Henriette de Clèves, qui fondèrent, en 1573, une rente destinée à doter tous les ans 60 jeunes filles, auxquelles on donnait le nom de *filles-madame*. (Portagnier, *Histoire du Châtelet. Trav. de l'Ac. de Reims*, t. LIV, p. 408.)

Jours d'Auvergne à quel degré de violence se portaient certains seigneurs, et de quels châtiments
exemplaires ils furent atteints : meurtres, emprison-
nements arbitraires, abus d'autorité furent poursuivis
et réprimés avec rigueur. Les paysans en furent tellement surpris qu'ils se crurent les maîtres, et que
plusieurs d'entre eux promirent leur protection aux
seigneurs dont ils avaient à se louer [1]. Si un premier
président au Parlement de Bourgogne se croit au-
dessus de la justice en exigeant de ses vassaux des
corvées et des redevances qui ne lui sont pas dues,
les vassaux pourront s'adresser au conseil du roi, qui
envoie sur les lieux un maître des requêtes et rend
un arrêt en faveur des paysans. Cet arrêt fut enregis-
tré au Parlement « pour servir d'exemple aux autres
seigneurs [2]. » Le conseil du roi devient la suprème
ressource des opprimés. Le vœu bien connu « si le
roi le savait » fut répété bien souvent par les habitants des campagnes dans les deux derniers siècles.

Lorsque les paysans sentirent que les seigneurs
n'avaient plus tout pouvoir sur eux, ils ne tardèrent
pas à leur témoigner moins de respect. Olivier de
Serres se plaint de l'arrogance et de l'insolence des
ouvriers ruraux, que la longueur des guerres civiles
avait habitués à l'oisiveté et au désordre. On en était
réduit, selon lui, à faire faire les moissons par des
femmes de mauvaise vie et des larrons [3]. A la fin du

---

[1] *Mémoires de Fléchier*, éd. Hachette, p. 160, 210, 212, etc.
[2] *Théâtre d'Agriculture*, éd. 1600, p. 39.
[3] Journal inédit de Gaudelet. Il s'agit d'une plainte des habitants

xviie siècle, des habitants de la campagne affectaient de ne pas saluer leurs seigneurs « comme ils y étaient obligés. » Les uns furent poursuivis pour les avoir regardés « fixement d'une mine nargante, fière et insolente ; » d'autres « pour avoir mis leurs mains dans leurs poches, au lieu d'ôter leur chapeau, et pour avoir envisagé un gentilhomme avec effronterie [1]. » L'insolence avait été longtemps réprimée sommairement par les seigneurs, qui ne se faisaient faute de coups de cravache ou de canne [2]; sous Louis XIV, on invoque la justice pour la punir ; plus tard, on la tolèrera, et le défaut de salut ne sera plus déféré aux tribunaux.

Au xviiie siècle, c'est à l'intendant que se plaignent paysans molestés et seigneurs outragés. Ces derniers signalent l'esprit de plus en plus indépendant des manants ; le mot de *mutinerie* revient souvent dans leur correspondance. Si le seigneur est influent, si ses réclamations paraissent justes, le mutin est arrêté et retenu en prison pendant quelque temps par mesure administrative. Il en est de même à l'égard des gentilshommes qui abusent de leur situation. Une lettre de cachet en fait justice. C'est ce qui arrive à un Normand violent qui avait cassé d'un coup de fusil le bras d'un de ses domestiques, estropié un collec-

---

de la Borde contre le président Brulard, en 1665. (Man. de la bibl. de Troyes, n° 686, fol. 87 bis,)

[1] *Inv. Arch. Aude*, B. 395, 410. 460.

[2] Le sire de Gouberville bat ses gens et ses vassaux quand ils sont en faute, mais il les soigne, s'ils sont malades, et les aime. (H. Baudrillart, *Un châtelain de Normandie au XVIe siècle.*)

teur, blessé un colporteur, et maltraité des voituriers
qui ne se rangeaient pas assez vite pour lui laisser le
passage libre[1]. Si le seigneur coupable résiste, l'intendant l'assiège dans son château et le fait mettre en
prison[2]. L'impunité était parfois acquise aux crimes
des grands, surtout quand ils étaient princes du sang.
Le comte de Charolais, rentrant de la chasse, avise
dans les rues d'Anet un bourgeois sur sa porte : par
bravade et par caprice, il le vise et le tue. Il alla demander sa grâce au régent, qui lui répondit : « Le
roi vous l'accorde ; mais il l'accordera plus volontiers
à celui qui vous en fera autant[3]. » La réponse était
spirituelle ; le châtiment insuffisant.

Heureusement, de pareils crimes étaient rares. Ce
qui était plus fréquent, c'étaient des violences commises par des gentilshommes. On leur reproche de ne
jamais montrer bon visage à leurs paysans, de ne les
payer que le plus tard possible et même de « les
contenter de bastonnades au lieu d'argent[4]. » Aux
environs de Paris, en 1789, « si un paysan qui n'a
qu'un cheval à sa voiture rencontre un équipage, on
le jette par-dessus le bord, au risque d'être écrasé et
renversé ; et on lui fait payer l'entretien du pavé[5]. »
Cependant les plaintes des vilains étaient parfois entendues, surtout dans la seconde moitié du XVIIIe siècle. En 1775, le subdélégué de Bar-sur-Aube fit

[1] *Inv. Arch. Calvados*, C. 384.
[2] *Mém. de N. J. Foucault*, p. 50.
[3] *Journal de l'avocat Barbier*, éd. Charpentier, t. I, 275.
[4] Olivier de Serres, p. 38.
[5] Cahier de Bry-sur-Marne. *Arch. parlementaires*, IV. 382.

arrêter par la maréchaussée et conduire aux prisons du baillage deux officiers, dont l'un était seigneur de village, accusés d'actes de violence. Un jour, le seigneur avait tiré l'épée dans l'église ; une autre fois, il avait couché en joue un vicaire ; enfin, chassant avec son ami, il avait maltraité des paysans, tué leurs chiens et gâté leurs récoltes. Les deux officiers furent d'abord condamnés à trois mois de prison et privés de leur emploi ; mais ils avaient des amis puissants : le ministre de la guerre, cédant aux sollicitations, les fit mettre en liberté, et menaça le subdélégué d'une punition exemplaire pour les avoir poursuivis. Celui-ci, soutenu par l'intendant, se défendit avec vivacité et plaida victorieusement sa cause, qui était celle des paysans molestés par leurs seigneurs [1].

Le paysan, se sentant protégé par la loi, résistait au seigneur : il lui intentait des procès ; il les soutenait avec une ténacité qu'aucun sacrifice n'ébranlait. Devant les tribunaux, il se sentait l'égal de son maître, et l'on pourrait citer de nombreux arrêts qui lui donnèrent gain de cause. « Aujourd'hui, dit-on sous Louis XIV, il faut qu'un gentilhomme ait droit et demi pour gagner son procès contre un paysan [2]. » Ce n'étaient pas les maîtres les plus durs qui étaient les plus tracassés par leurs vassaux. Olivier de Serres, tout en recommandant l'humanité et la douceur, ne voulait pas que l'on renonçât à la rigueur ; il rappelait le vieux proverbe :

[1] Arch. de l'Aube, C. 294.
[2] *Les soupirs de la France esclave*, Amsterdam, 1689, p. 15.

Oignés vilain, il vous point ;
Poignés vilain, il vous oint [1].

Les seigneurs débonnaires n'étaient pas toujours obéis et payés. Il existe une charmante lettre de madame de Sévigné, dans laquelle elle se plaint avec une spirituelle résignation d'être obligée de donner à ses fermiers le montant des arrérages que ceux-ci ne veulent ou ne peuvent pas lui remettre [2]. Souvent le seigneur, au milieu de terres mal cultivées et de tenanciers qui ne le paient pas, mène une vie de privations, et perd l'autorité et le prestige qu'il doit à son rang, malgré les droits honorifiques dont il jouit.

« A quoi servent, dit un auteur du xviiie siècle, ces marques d'honneur que l'indigence dégrade, ce banc distingué dans la paroisse où l'on devrait attacher un tronc au profit du seigneur, ces prières nominales que le curé, s'il osait, convertirait en recommandation à la charité des fidèles [3] ?... » Toutes ces marques de suprématie paraissent d'autant plus pesantes qu'elles ne sont justifiées par aucune supériorité. Quelle autorité possède sur un paysan un seigneur qui ne peut ni le contraindre, ni le payer ? C'est la situation de la plupart des gentilshommes

---

[1] *Théâtre d'Agriculture*, 1600, p. 39.

[2] Lettre du 15 juin 1680. *Lettres*, éd. Hachette, VI, 461. Voir aussi *Lettres inédites*, II, 162.

[3] Coyer, *La Noblesse commerçante*, 1756, p. 39. — Le dicton suivant nous atteste également la pénurie de certains seigneurs :

C'est un gentilhomme de Beauce,
Qui se tient au lit quand on refait ses chausses.

(Menault, *Angerville la Gate*, p. 336.)

campagnards. Las de traîner une existence précaire
au milieu de manants qui ne le respectent plus, souvent le noble vend ses terres et va chercher fortune
à la cour ou à l'armée. Il sollicite pour ses fils des
bourses dans une école militaire et des pensions
pour lui. L'acquéreur de ses biens est d'ordinaire un
bourgeois enrichi ou anobli qui veut placer son argent
d'une manière sûre, et qui met d'autant plus de
rigueur à recueillir les revenus de sa terre qu'il sait
combien elle lui coûte[1]. Mais le nouveau seigneur,
d'origine roturière, n'a pas, comme l'ancien, le prestige que donne la naissance, et les paysans se demandent s'ils ne pourront pas de même un jour, avec leurs
épargnes, acquérir l'influence qui dérive de la propriété du sol[2].

Aussi les nouveaux seigneurs enrichis, comme les
anciens nobles appauvris, exercent rarement, au
XVIIIe siècle, une influence sérieuse sur l'administration de la communauté. Les uns ne sont plus écoutés,
les autres n'inspirent pas une confiance suffisante à des
habitants qui les envisagent comme des propriétaires
ou des créanciers, et non comme des chefs. Quant
aux grands seigneurs qui avaient plusieurs terres et
qui y résidaient rarement, la plupart se désintéres-
saient entièrement de la direction des affaires locales,
et s'en déchargeaient sur leurs officiers de justice ou

---

1 *L'Ami des hommes*, 1756, I, 16⁵.
2 La noblesse se ruine et s'anéantit tous les jours, dit ailleurs le
marquis de Mirabeau, et le tiers-état s'empare des fortunes. (*Réponse aux objections sur les Etats provinciaux*, p. 120.)

sur leurs hommes d'affaires. L'intendant et ses subdélégués profitaient de cet amoindrissement de l'influence seigneuriale à tous les degrés pour accroître celle du pouvoir central, en favorisant, tout en les contenant, les droits des habitants.

A la veille de la Révolution, les redevances subsistaient; les services rendus par les seigneurs étaient oubliés. On pourrait citer cependant de nombreuses fondations charitables dues à leur libéralité; on pourrait s'étendre sur les bienfaits que répandaient autour d'eux des châtelains généreux et des châtelaines compatissantes; on pourrait, surtout dans la période qui précéda la Révolution, montrer les malades soulagés, les enfants instruits, les misères atténuées par des seigneurs qui savaient que leurs droits leur imposaient des devoirs[1]. Ces devoirs, sauf en ce qui concernait la justice, étaient surtout de l'ordre moral; quelques-uns dépendaient plutôt du caractère du seigneur que de son rang. Veiller sur la conduite et la tenue du curé, l'empêcher de causer du scandale, s'enquérir de la manière dont il remplissait ses fonctions pastorales, surveiller l'administration de l'église; toutes ces attributions ne pouvaient être exercées avec autorité et compétence que par un homme sage et vénérable. C'était une sorte de pouvoir patriarcal qu'un jeune seigneur, à moins d'une maturité précoce,

---

[1] M. H. Taine (*Les origines de la France contemporaine*, I, 42 et suiv.) en cite de nombreux exemples. J'en ajouterai un. Dans la disette de 1747, un homme de qualité donna le pain et le couvert à mille pauvres pendant six mois. (*L'Ami des Hommes*, I, 161.)

aurait eu mauvaise grâce à s'arroger. D'autres obligations étaient relatives aux convenances plutôt qu'à
l'administration ; ainsi, on recommandait aux seigneurs
de ne pas faire attendre le prêtre qui devait dire la
messe, d'assister aux offices avec modestie et piété ;
on les engageait à régler leurs dépenses pour avoir le
moyen de faire l'aumône, à entretenir les hôpitaux,
à les faire surveiller par le juge, à visiter les pauvres,
à les soulager. On les invitait aussi à se transporter
dans les paroisses les plus éloignées de leurs terres,
particulièrement les jours de fêtes et les dimanches,
où les assemblées d'habitants avaient lieu, afin de
reconnaître par leurs propres yeux le bien et le mal,
et par l'autorité de leur présence, d'affermir l'un et
de bannir l'autre[1].

Ces conseils édifiants, est-il besoin de le dire,
étaient rarement observés. Les monastères et les chapitres, où les traditions se perpétuaient, pouvaient
seuls exercer une surveillance incessante et régulière
sur les villages qui leur appartenaient. Les seigneurs
ecclésiastiques faisaient valoir leurs droits avec une
modération qui permettait aux populations de les
supporter plus facilement. Il n'en était pas toujours
de même des seigneurs laïques. Leur influence dépendait souvent de leur caractère, de leurs mœurs, de
la manière dont ils accomplissaient leurs devoirs.
C'était, dans les conditions les meilleures, celle d'un

---

[1] *Des devoirs des seigneurs dans leurs terres suivant les ordonnances de France*, 1668. Ce petit traité était attribué au duc de
Luynes. — Freminville, *Traité*, p. 615.

homme riche, instruit, dévoué, qui s'occupe des
intérêts de ceux qui l'entourent. Il intervenait auprès
de l'intendant, qui le traitait avec considération, lui
accordait souvent ses demandes, les refusait quelquefois. Il usait de son crédit pour soutenir les droits de
ses habitants, soit auprès de l'administration, soit
auprès de la magistrature. Dans ce rôle bienfaisant et
utile, il ne rencontrait pas toujours l'ingratitude.
« J'ai vu, dit le marquis de Mirabeau, des exemples
que je pourrais citer, de communautés qui se sont
rachetées de leur seigneur, qui voulait les vendre,
pour se rendre à lui[1]. » Quelques seigneurs se faisaient
gloire d'enrichir le village qui leur appartenait ; le
duc de Charost avait aboli la corvée sur ses terres,
fondé des hôpitaux, créé des ateliers, fécondé des
domaines incultes[2]; chez quelques-uns, la vanité
produisait autant de bien que le désir d'être utile. Ils
éveillaient l'industrie, ils amélioraient l'agriculture, ils
provoquaient le travail et répandaient l'aisance[3]. Mais
parfois leurs bienfaits même étaient mal interprétés,
et le paysan ne voyait en eux que des maîtres, dont
le luxe l'irritait, et auxquels il fallait payer les droits
féodaux.

Le règlement de 1787 appela le seigneur à prendre
part à l'administration municipale, en lui attribuant
la présidence du conseil des notables. En définissant
ainsi ses droits, on les limitait. Il était toujours le

---

[1] L'*Ami des Hommes*, I, 164.
[2] L. de Lavergne, *les Assemblées provinciales*, 2e éd., p. 52.
[3] *Lettres choisies de M*me* Rolland*, p. 322.

premier ; il n'était plus le maître. Auparavant, il était,
au-dessus des assemblées, que présidait le juge ; il
n'intervenait pas dans les discussions qui concernaient
les intérêts communs ; mais, par le droit de justice et
l'exercice de la police, qui pouvait rendre son influence
prépondérante, il représentait, dans la constitution
sociale du village, la tradition et l'autorité appuyées
sur la possession du sol.

———————

CHAPITRE III

LES DROITS SEIGNEURIAUX

Droits utiles. — Droits sur la propriété. — Censives, terrages, lods et ventes. — Droits sur les personnes. — Tailles. — Corvées. — Autres droits seigneuriaux. — Péages. — Banalités de moulin, de pressoir et de four. — Chasse. — Pêche. — Plantations. — Terriers. — *Droits honorifiques.* — Le banc. — Les litres. — L'eau bénite. — Le pain bénit. — Disputes de pré- séance.

Il n'y a point d'aristocratie héréditaire sans un régime particulier de la propriété. La possession de certaines terres ne donnait pas seulement aux nobles des droits lucratifs qu'on appelait des droits utiles, elle leur conférait des droits de justice et des droits honorifiques. A la fin de l'ancien régime, ces droits honorifiques n'étaient plus accordés que dans l'église ; les droits utiles avaient parfois diminué, mais ils pesaient lourdement encore sur les populations.

La plupart d'entre eux étaient d'autant plus insupportables qu'ils avaient perdu leur raison d'être, et

qu'ils s'étaient pour la plupart aggravés des impositions royales. Il y en avait de légitimes, qui dérivaient de la possession primitive du sol ; il y en avait
d'onéreux, qui avaient été créés pour rémunérer des
services publics que souvent le seigneur ne rendait
plus. C'étaient les droits seigneuriaux à proprement
parler.

Parmi les premiers, il faut citer les censives et les
terrages. A une époque, souvent immémoriale, le
seigneur avait cédé des terres à ses vassaux, à la
condition qu'une redevance annuelle en espèces lui
serait payée à perpétuité. Comme la valeur de l'argent
avait diminué, il se trouvait que les censives, dont
le taux était invariable, représentaient au xviiie siècle
des sommes insignifiantes. On payait, par exemple,
quelques deniers par arpent[1] ; mais dans certaines
coutumes, ce droit minime était imprescriptible et ne
pouvait être racheté. Le terrage, qui s'acquittait en
nature, était en rapport avec la valeur réelle des récoltes[2]. Mais outre ces droits qui ne se percevaient
pas sur toutes les terres de la seigneurie, il en était
d'autres, plus lucratifs pour le seigneur, plus durs
pour le paysan. Tel était le droit de lods et ventes,

---

[1] Je citerai un accencissement de 34 arpents consenti en 1505
par Philippe de Courcelles, seigneur de Saint-Liébault, moyennant
10 deniers de censive par arpent envers le seigneur, et 10 deniers de rente au profit des habitans. (Arch. de l'Aube, sect. jud.,
nº 1657.)

[2] Le terrage se substitua en Normandie, au xvie siècle, à la *fieffe*,
bail à perpétuité. (De Robillard de Beaurepaire, *Notes et documents
concernant l'état des campagnes dans la Haute-Normandie dans
les derniers temps du moyen âge*, 1865.)

qui était prélevé sur le prix de vente des propriétés
grevées de cens. Il s'élevait parfois au quart du prix
d'achat[1]. Quelque exorbitant qu'il fût, il semblait plus
supportable à l'époque où le seigneur était capable
de garantir la jouissance de la propriété et la validité
des contrats. Mais depuis que la justice royale décidait en dernier ressort et que les contrats des notaires
étaient assujettis à la transcription sur les registres
de l'insinuation, les lods et ventes ne paraissaient plus
être qu'un droit pécuniaire aggravé par celui que
percevait l'État.

Les tailles seigneuriales s'étaient de même augmentées des tailles royales ; mais elles s'étaient réduites peu à peu. Le paysan, taillable et corvéable à
merci dans certains pays, avait vu fixer par la jurisprudence la mesure de ce que le seigneur pouvait
exiger de lui. Au xve siècle, les moindres prétextes
suffisaient pour la levée d'une taille spéciale. Ainsi,
en 1411, l'évêque de Troyes veut faire achever « les
galeries par devers le jardin » dans son château
d'Aix ; il lève une taille sur les habitants. Si ceux-ci
résistent, on les emprisonne[2]. En Auvergne, en 1660,
le marquis de Canillac levait sur ses terres taille de
monsieur, taille de madame, taille des enfants ; douze
scélérats assuraient l'exécution de ses ordres arbitraires[3]. Les temps étaient changés ; le marquis de
Canillac fut poursuivi et condamné à mort pour les

---

[1] Il s'éleva jusqu'à la moitié. Arrêt du parlement de Paris, de
1572, en faveur de l'abbé de Cluny. Brillon, IV, 126.
[2] Arch. de l'Aube, G. 359, 831.
[3] *Mémoires de Fléchier*, p. 261.

exactions qu'il avait commises. Les arrêts des parlements avaient réduits au double du cens et des
droits seigneuriaux les tailles dont le taux n'était pas
fixé, ou en avaient laissé la fixation à l'équité des juridictions inférieures[1].

Les tailles déterminées tombaient aussi en désuétude. Le droit de *taille aux quatre cas* figurait sur un
assez grand nombre de titres, mais des quatre cas
dans lesquels cette taille était exigible, trois ne se
présentaient plus au xviiie siècle : c'étaient les cas de
chevalerie, d'outre-mer et de rançon. Depuis longtemps on ne se faisait plus armer chevalier[2]; on
n'allait plus en Terre-Sainte; on n'exigeait plus de
rançon des prisonniers de guerre. Restait le cas de
mariage de la fille aînée du seigneur. L'usage avait
réduit ce droit, à moins de convention contraire, au
double du cens[3], et nous venons de voir que le cens
était peu élevé.

La corvée à merci avait de même été réduite. Dès
le xvie siècle, la jurisprudence la limita à douze jours
par an. Les parlements de Paris, de Metz et de Toulouse décidèrent même, en outre, que les corvéables
seraient nourris par le seigneur. En 1679, l'intendant
de Lyon réduisit, dans le domaine du roi, les charrois
et manœuvres de corvées seigneuriales à cinq par an,

---

[1] La Roche-Flavin. — Brillon, VI, 490.

[2] *Code des seigneurs*, ch. 34. En Bourgogne, ce droit, qu'on
appelait le droit d'indire, était exercé assez souvent au xviiie siècle
et s'élevait à des sommes assez considérables.(*Inv. Arch. Côte-d'Or*,
série C.)

[3] Loysel, *Institutes coutumières*, éd. Laboulaye, n° 915.

lorsque les terriers parlaient au pluriel, à un seul,
quand ils s'exprimaient au singulier. A cette époque,
la corvée royale ne fonctionnait pas encore régulièrement ; ce ne fut qu'au siècle suivant qu'elle vînt lourdement aggraver les charges qui pesaient sur les
campagnes.

La corvée avait été rachetée en Provence, dès la
fin du XVIe siècle [1] ; elle ne pouvait s'appliquer aux
gens de métier ni aux gens de pratique, tels que les
notaires et les huissiers qui habitaient la seigneurie.
Bien avant la Révolution, elle était regardée comme
un *droit odieux* et n'entrait pas dans l'estimation
des revenus d'une terre [2].

Les droits de péage, qui existaient dans certaines
localités, avaient eu pour origine et pour but la construction et l'entretien des ponts et des chemins par
les seigneurs. Ils étaient devenus souvent sans objet
depuis que l'État s'occupait des routes, et qu'il con-
traignait, en cas de nécessité, les communautés à y
travailler [3].

Les banalités de moulin, de four et de pressoir
s'étaient expliquées au moyen âge, lorsque le seigneur seul disposait des ressources nécessaires pour
construire ces établissements utiles qui profitaient à
tous. Il paraissait naturel qu'il fit payer une redevance

---

[1] G. Lambert, *Essai sur le régime municipal en Provence au
moyen âge*, *Bulletin de l'académie du Var*, t. VIII, p. 368.

[2] Jacquet, *Traité des justices de seigneur*, p. 219. — *Code des
seigneurs*, p. 243 et suiv. — Freminville, *Pratique des terriers*,
II, 610.

[3] Voir plus loin, liv. IV, chapitre II.

à ceux qui en faisaient usage. Plus tard, lorsque les paysans acquirent leur part de liberté et de propriété, ils trouvèrent onéreux de ne pouvoir faire moudre leur blé, cuire leur pain, écraser leur raisin, comme ils l'entendaient. Ils réclamèrent plus d'une fois contre les prélèvements en nature auxquels donnait lieu l'exercice de ces droits. Ici l'on percevait pour le four banal le seizième du poids du pain ; ailleurs le vigneron devait livrer au propriétaire du pressoir le huitième de sa récolte. Les paysans plaidaient, et parfois, s'ils n'étaient pas les plus forts, ils se montraient les plus adroits. Les habitants de Pâlis, n'ayant pu obtenir des conditions moins dures de leur seigneur, arrachèrent leurs vignes et les replantèrent sur le territoire d'un village voisin, où il n'y avait pas de pressoir banal. Le seigneur s'adressa à l'intendant en invoquant l'ordonnance qui défendait de planter de nouvelles vignes. L'intendant ne crut pas devoir intervenir ; quoique le seigneur fût parent d'un premier commis de la guerre et, comme tel, homme à ménager, le subdélégué croyait qu'il était difficile d'empêcher les paysans de Pâlis de planter des vignes sur le territoire voisin, bien qu'il reconnût que, par ce moyen, « M. de Pâlis était précisément comme s'il eût perdu son procès [1].» L'excès des droits seigneuriaux était aussi nuisible aux seigneurs qu'aux cultivateurs. Ceux-ci avaient toujours la ressource d'émigrer, et les terres risquaient, dans ce cas, de rester incultes [2].

[1] Arch. de l'Aube, C. 1609.
[2] Cahiers de Colmar et de Schlestadt. *Arch. parlementaires*, III, 12.

La grande majorité des coutumes n'admettaient point la banalité de pressoir sans titres précis. Un seigneur, qui avait voulu faire détruire un pressoir qui avait été établi par trois paysans, éprouva une résistance unanime dans le village. L'intendant autorisa les habitants à plaider, en disant que « le bon sens et la raison s'opposaient à ce qu'une pareille servitude fût tolérée [1].» L'administration était la plupart du temps disposée à restreindre les charges féodales.

Dans quelques provinces, la possession immémoriale ne suffisait pas pour établir le droit à la banalité de four, parce qu'on la regardait comme « une servitude contraire à la liberté publique. » Le seigneur pouvait frapper d'une amende et faire confisquer le pain ou la pâte de ceux qui ne les portaient point à son four [2]. Ces droits étaient une source de procès et de récriminations.

Le droit de chasse excitait non moins de plaintes. Il était surtout intolérable dans les territoires dépendant des capitaineries pour les chasses royales. Le plaisir du roi ne souffrait aucun obstacle. On ne pouvait enclore ses terres sans autorisation ; on ne pouvait couper les orges avant la Saint-Jean, ni arracher de mauvaises herbes dans les champs avant la ponte des perdrix ; il était interdit de mener paître les bestiaux dans les héritages servant de retraite au

[1] Arch. de l'Aube, C. 239. Lettre de l'intendant de Champagne autorisant les habitants de Ville-sur-Arce à plaider contre leur seigneur, 1779.

[2] Jacquet, p. 212.

gibier [1]. Un champ voisin d'une grande forêt, comme celle de Fontainebleau, ne pouvait être défendu contre les ravages des bêtes fauves; les paroisses se ruinaient à construire, pour les écarter, des murs [2] et des entreillagements; si la chasse traversait leurs terres, les récoltes étaient perdues. « Un seul jour de plaisir, dit un cahier de 1789, prive la moitié de la province d'une année de subsistance [3].» En dehors des capitaineries, la chasse, qui était le privilège et la passion des seigneurs, amenait de nombreuses vexations. Quelques-uns, jaloux de leurs droits, faisaient enlever les fusils des paysans et tuer leurs chiens [4]. Les gardes, qui portaient d'ordinaire les armoiries du seigneur brodées sur leur baudrier, poursuivaient avec ardeur les braconniers. A plusieurs reprises, les lois avaient interdit la formation de nouvelles garennes. On n'en avait pas toujours tenu compte. Dans certains pays, le gibier pullulait; on le regardait comme un des plus terribles fléaux de l'agriculture. Les paysans réclamaient; quand leur

---

[1] Ordonnances et arrêts de règlements de 1624, 1640, 1658, 1660 1665, 1666, 1714.

[2] Le village de Croissy dépensa en 1780 une somme de 24,312 l. pour construire un mur du côté de la forêt du Vésinet. En 1790, la chasse devint libre, et le mur, dont on devait solder la dépense par annuités, n'était pas encore payé. (T. Campenon, *Histoire d'un village pendant la Révolution*; le *Correspondant*, t. XC, p. 1192.) Un arrêt du conseil de 1776 prescrivit cependant des mesures pour la destruction des lapins qui avaient pullulé dans les forêts du roi. (Guyot, X, 28.)

[3] Cahier de la noblesse de Melun. — Cahier de Drancy, *Arch. parlementaires*, IV, 489.— Cahier de Clamart, *Ibid.*, IV, 440.

[4] Cahier du Tiers-Etat de Chalon-sur-Saône, *Ibid.*, II, 609.

cause était juste, l'intendant les autorisait à plaider[1].
Même si le seigneur ne chassait pas, il empêchait de
chasser. En 1789, les habitants d'un village de
Flandre demandaient qu'il lui fût enjoint de détruire
son gibier, sinon qu'on leur en accordât la permission[2].
Il n'en était pas partout ainsi. En Bretagne et en Vendée,
les paysans chassaient avec le seigneur. Lorsque de
grandes battues avaient été annoncées au prône par
le curé, « chacun prenait son fusil et se rendait avec
joie au lieu indiqué[3].»

Le droit de pêche était exercé avec une égale rigueur ; les délinquants, poursuivis devant la juridiction
des eaux et forêts, étaient condamnés à l'amende et
à la confiscation du filet[4].

Il serait trop long d'énumérer tous les droits,
tantôt étranges et iniques, tantôt légitimes et logi-
ques, qui frappaient les campagnes. Mais il faut bien
se garder de croire qu'ils étaient tous appliqués à la
fois dans la même province. On a pu dresser, au moyen
des traités des feudistes[5], des listes formidables de

---

[1] A Charmont, les lapins dévastent les récoltes. Le subdélégué, en
1760, est d'avis d'autoriser les habitants à plaider. Un arrêt de
1719 leur avait déjà donné gain de cause. (Arch. de l'Aube, C. 1308.)
— Le Cahier de la noblesse de Châteauneuf en Thimerais, qui demande la destruction des lapins, considère le gibier comme un des
plus terribles fléaux de l'agriculture.

[2] Cahier d'Etaing, bailliage de Douai, *Arch. parlementaires*, III,
237.

[3] *Mémoires de madame de Larochejaquelein*, p. 41.

[4] *Inv. Arch. Aveyron*, B. 85.

[5] On a pu représenter ainsi la situation du paysan, déjà suffisam-
ment pénible, sous des couleurs plus sombres que la réalité. Voir
sous ce rapport *Les paysans et la question des paysans en France*
par N. Karéiew, (Moscou, 1879), analysée par M. Maury. (*Journal
des savants*, 1880, p. 423-427.)

ces droits, dont les noms aussi bizarres que multipliés
frappent l'imagination. [1] En réalité, un grand nombre
d'entre eux n'étaient exigés que dans certaines localités.
Parmi ceux d'une application plus générale, je citerai
seulement le droit de plantation qui amenait souvent
des difficultés entre les seigneurs et les communautés.
A Dieupentale, dans le Languedoc, les habitants prétendaient qu'eux seuls pouvaient faire élaguer et
couper les arbres de la place publique et des carrefours [2]. En Flandre, des plaintes sont formulées
contre les *plantis* faits par le seigneur dans les rues
des cinq villages qui composent sa châtellenie, « de
sorte qu'en plein jour il y règne la plus grande obscu-
rité [3]. » Ailleurs, ce sont, au contraire, les habitants
réunis en assemblée générale qui prient le seigneur
de faire à ses frais sur les deux côtés de la route les
plantations prescrites par le roi ; ils allèguent qu'ils
sont dans l'impossibilité de les faire eux-mêmes, faute
de plants et d'argent pour en acheter ; ils lui aban-
donnent en conséquence le produit de ces plantations.
Cette transaction, qui date de 1771, indique nettement
comment le seigneur avait acquis sur ces arbres un
droit de propriété, qui, avec le temps, aurait pu devenir inexpliqué et paraître onéreux [4].

[1] Voir entre autres dans le *Journal officiel* du 12 février 1879 un
article de M. Eugène Pelletan, dont la deuxième édition du *Village
sous l'ancien régime* a été le prétexte.

[2] *Inv. Arch. Hérault*, C. 902.

[3] Cahier d'Etaing, *Arch. parlementaires*, III, 237.

[4] Arch. de l'Aube, sect. judiciaire, Saint-Benoît-sur-Vanne.— De
grandes discussions eurent lieu dans l'Anjou à ce sujet en 1788. Les
seigneurs finirent par abandonner leurs droits. (L. de Lavergne,
2ᵉ éd. p. 179.)

Le droit de plantation dérivait aussi d'un droit que beaucoup de seigneurs possédaient ou s'arrogeaient sur les terrains vagues et les chemins dont la largeur était quelquefois très considérable. Pour concéder aux habitants la faculté d'y conduire leurs bestiaux, ils leur avaient imposé, sous le nom de blairie, une redevance annuelle payable, soit en argent, soit en nature[1].

Pour empêcher qu'on ne pût invoquer la prescription contre ses droits, le seigneur obtenait du roi de faire exécuter tous les trente ans, et même plus souvent, le terrier de sa seigneurie. Les lettres-patentes, qui l'y autorisaient, étaient lues à trois reprises différentes au prône ou à la porte de l'église. Elles obligeaient tous les habitants de la seigneurie à venir déclarer, d'une manière exacte, au notaire ou au commissaire désigné par le seigneur, la nature de leurs terres et la quotité de leurs redevances. Les frais de la rédaction du terrier, parfois élevés, étaient à la charge des vassaux. Plusieurs cahiers de 1789 en signalaient l'abus comme un fléau. « L'état de feudiste, disait-on, est devenu une profession très lucrative et très commune... Les reconnaissances à terrier sont devenues un vrai brigandage.» Souvent elles avaient pour résultat de faire réclamer des redevances ou des censives arriérées ; c'était une source de procès, qui ne profitaient d'ordinaire qu'aux gens de loi[2].

---

[1] Fremiaville, *Pratique des Terriers*, II, 548 et suiv.

[2] Arch. de l'Aube, G. 11, C. 204.— Cahiers du Tiers-Etat de Châtellerault; de Bar-sur-Seine, art. XLIII. *Arch. parlementaires*, II,

Ces droits contribuaient à accroître les revenus ou les jouissances du possesseur de la seigneurie, sans accroître son pouvoir dans les affaires purement municipales, où il est considéré seulement comme « le premier habitant. » Il est souvent mis à l'écart; il ne peut prendre part à la confection des rôles des tailles et des impositions. Il avait cependant, dans certains cas, le droit de justice qu'il n'exerçait pas directement. Si l'église avait été fondée par sa famille, il pouvait présenter, dans les quatre mois de la vacance, le prêtre qui devait y remplir les fonctions de curé[1]. Il avait aussi certaines prérogatives honorifiques qui rappelaient son ancienne suprématie, et qui s'exerçaient surtout à l'église.

Là, quelle que fût sa richesse ou sa misère, il était au premier et au plus haut rang. Un banc lui était réservé dans le chœur; souvent, malgré les édits[2], il prescrivait l'heure de la messe, et le prêtre l'attendait pour commencer l'office; il avait la préséance dans les processions; on l'encensait le premier; le premier, il allait à l'offrande et recevait le pain bénit; au prône, le curé le recommandait aux prières des assistants. Sa femme et ses enfants partageaient ses honneurs, et même en leur absence, à une certaine époque, leur valet ou leur chambrière s'installaient dans leur banc, se faisaient donner l'eau bénite

---

696, 259. — Cahier de Menus. Hippeau, *Le gouvernement de Normandie*, II, 137.

[1] Freminville, *Pratique des Terriers*, II, 5.

[2] Edit de 1571, art. 3.

et le pain bénit, « voire même la paix à baiser en cérémonie[1]. »

« C'est un des malheurs de notre siècle, disait un contemporain de Henri IV, que le rang n'est en lieu quelconque si opiniastrement recherché qu'en la maison de Dieu, où l'humilité nous est le plus commandée[2]. » Le seigneur ne se contentait pas d'y occuper la première place, dans un banc situé dans le chœur ; il y posait partout les marques de sa suprématie, qui, dans le cas de fondation ou de don, étaient aussi les témoignages de sa générosité. Non seulement ses armes étaient représentées sur son banc ; il en ornait les voûtes, les verrières, les autels et même les chasubles. A sa mort, on l'enterrait dans le chœur ; un tombeau orné de statues et garni d'épitaphes était destiné à rappeler sa mémoire ; l'édifice religieux portait longtemps les indices de son deuil. Une bande noire, décorée à certains intervalles de ses armoiries, était peinte à l'entour de l'église, à l'extérieur comme à l'intérieur. Ce droit, qui subsista jusqu'en 1790, s'appelait le droit de *litres*. On pouvait tendre aussi l'intérieur de l'église avec des bandes de damas et de velours noir ; mais il fallait les enlever au bout d'un an et un jour[3].

L'exercice de ces droits, auxquels la vanité des seigneurs attachait une grande importance, soulevait

---

[1] Loyseau, *Traité des seigneuries*, 1613, p. 155.

[2] Id., p. 148.

[3] Jean Bacquet, *Les droicts de justice haute, moyenne et basse*, 1621, ch. X, — Freminville, *Pratique*, t. II, chap. II.

souvent des difficultés et des procès. « Il n'y a,
disait un jurisconsulte du siècle dernier, qu'à par-
courir les registres des juges royaux et ceux des cours
souveraines, pour en trouver immensément [1]. » Plusieurs seigneurs, tels que le comte de Brienne [2],
voulaient que le curé leur présentât l'eau bénite avec
le goupillon ; les parlements, chargés de trancher
cette question, décidaient qu'à moins d'un usage bien
établi, ils la recevraient seulement par aspersion.
Dans tous les cas, elle devait leur être donnée avec
distinction et avec toute la décence convenable. Tous
les curés ne se soumettaient pas de bonne grâce, et
l'on en cite deux qui firent faire des goupillons
énormes, avec lesquels l'un noya la perruque neuve
de son seigneur, et l'autre jeta une si grande quantité
d'eau bénite sur une dame, qu'elle fut obligée de
sortir de l'église pour aller changer d'habits et de
linge. Ces excès furent sévèrement punis ; mais ils
prouvaient, dit l'écrivain sérieux qui les cite, la ma-
lice et l'insolence de certains curés de campagne à
l'égard de leurs seigneurs [3].

L'encens, comme l'eau bénite, suscitait de nombreux procès. Le seigneur, sa femme, ses enfants y
avaient-ils droit séparément ? Le prêtre devait-il les
encenser des marches de l'autel, ou à l'entrée de la
chapelle ou du banc où ils se tenaient ? Parfois il y

---

[1] Guyot, *Répertoire*, VI, 437.
[2] Arch. de l'Aube, G. 577.
[3] Renauldon, *Dictionnaire des fiefs*, I, 366. — Guyot, *Répertoire*,
au mot Droits honorifiques. Le premier même, d'après De Clugny,
aurait attaché une queue de cheval à son goupillon.

avait des seigneurs obstinés et des curés plus obstinés
encore. Un de ces derniers fit plaider pendant vingt-
six ans son seigneur ; après avoir été condamné par
cinq arrêts successifs, il ne consentit à l'encenser à
la messe que lorsqu'un sixième arrêt l'y eût contraint [1]. La présentation et la distribution du pain
bénit causaient aussi des contestations, qu'enveni-
maient la passion et la vanité. Pour y remédier,
on décida dans un diocèse qu'il serait posé sur une
table et que chacun, après l'office, irait en prendre à
sa guise [2].

Si la seigneurie du village était partagée entre deux
ou trois titulaires, les questions de préséance à l'église
donnaient lieu à des contestations qui se terminaient
devant la justice et même d'une manière plus tra-
gique. Le fondateur de l'église ou celui qui y exerçait
le droit de patronage prétendait avoir la première
place. Des querelles éclataient dans le sanctuaire
même ; et l'on cite un village où deux seigneurs,
s'étant pris de querelle à la messe paroissiale, se rendirent le jour même dans un champ voisin, où ils
mirent l'épée à la main et s'entre-tuèrent [3].

Ces droits honorifiques revendiqués avec tant de
passion rappelaient l'ancienne souveraineté du seigneur, qui ne s'exerçait plus réellement que par le
droit de justice.

---

[1] Guyot, *Répertoire*, VI, 459.

[2] *Statuts synodaux du diocèse de Limoges*, 1629, p. 293.

[3] Odard de Roffey et Jean le Lieur, en 1616. Courtalon, Histoire
manuscrite de Villemaur, p. 169. Bibl. de Troyes.

CHAPITRE IV

LA JUSTICE

Diverses sortes de justice. — Haute justice. — Pilori. — Fourches patibulaires. — Conditions de capacité des juges. — Licenciés en droit et avocats. — Praticiens. — Juges ignorants. — Partialité de certains juges. — Obstacles aux révocations. — Procès entre seigneurs et vassaux. — Appels des vassaux aux juridictions supérieures. — Multiplicité des appels et des gens de loi. — Procureurs, notaires, huissiers. — Auditoires. — Juges dessous l'orme. — Prisons seigneuriales. — Assises. — Baillis. — Cas royaux. — Juridictions royales. — Limites des juridictions. — Gages et émoluments des juges. — Le procureur fiscal. — Ses fonctions. — Police des cabarets. — Leurs abus. — Intervention de l'intendant. — Répression des actes arbitraires. — La maréchaussée. — Ses attributions et son action.

Le droit de justice était le dernier et le plus important attribut de la souveraineté du seigneur. Il était de diverses natures, selon l'importance des fiefs : on le distinguait en haute, basse et moyenne justice. La haute justice se reconnaissait aux fourches patibulaires et au pilori, qu'elle avait le privilège d'ériger. Le pilori se dressait sur la place publique ; il se composait d'un poteau aux armes du seigneur, et d'un carcan où l'on passait la tête et les mains du condamné que l'on exposait. Avant d'entrer dans la localité où était le siège de la justice, on apercevait les fourches patibulaires. C'étaient des colonnes qui supportaient des traverses en bois où l'on pendait les criminels. Le nombre de ces colonnes variait selon les provinces et les titres, mais augmentait selon la dignité du seigneur ; d'ordinaire les châtelains avaient droit à deux piliers, les barons à quatre, les comtes à six, les ducs allaient jusqu'à dix [1]. Étrange manière d'attester sa puissance et son rang !

Le droit de justice, d'apparence si formidable, ne consistait plus, au xviiie siècle, que dans la nomination du juge, et cette nomination ne pouvait se faire que d'après certaines règles qui en limitaient la faculté.

Au moyen âge, le seigneur jugeait lui-même. Dans les affaires importantes, il était assisté de ses pairs et de ses vassaux, qui devaient, dans certains pays, se rendre tous les quinze jours dans la cour où il tenait ses assises [2]. Souvent le seigneur jugeait seul. Tel était saint Louis, sous le chêne de Vincennes. Plus

---

[1] Loysel, n° 274. — *Les Coutumes de France.* — Renauldon, *Dictionnaire des fiefs*, I, 478. — Freminville, *Pratique des Terriers*, II, 334.

[2] Freminville, *Pratique des Terriers*, II, 348. — Le jugement par jurés se conserva dans certaines parties de l'Alsace jusqu'au commencement du xviiie siècle. Les jurés, tirés du lieu où le crime avait été commis et des villages voisins, étaient présidés par le prévôt seigneurial. (Krug-Basse, *l'Alsace avant 1789*, p. 126).

tard, la justice fut déléguée à des hommes versés dans l'étude des lois, et que n'absorbaient point les soins du gouvernement et de la guerre. Longtemps le seigneur les désigna selon son bon plaisir ou selon le profit qu'il en tirait. Mais lorsque l'autorité royale prit en main les intérêts de tous, des garanties de capacité furent exigées des juges seigneuriaux. Une information sommaire de bonne vie et mœurs, un examen, l'âge de vingt-cinq ans étaient requis pour leur nomination. Cette nomination, faite par le seigneur, ne suffisait pas pour conférer un caractère public; la réception par une juridiction royale seule le donnait. Si les aspirants aux fonctions judiciaires étaient appelés à exercer dans un duché ou dans une terre éminente, ils devaient non seulement posséder un diplôme d'avocat, mais avoir fait au moins pendant deux ans leur stage dans une cour [1].

Grâce à ces garanties, la justice seigneuriale fut exercée la plupart du temps par des magistrats capables et instruits. Dans le voisinage des grandes villes, où les hommes de loi étaient nombreux, il était facile de les recruter. Ils n'étaient pas tenus à la résidence, et souvent ils remplissaient les fonctions de juge, sous des titres différents, dans plusieurs seigneuries. Ils pouvaient être bailli dans un lieu, mayeur ou maire dans l'autre, prévôt dans un troi-

---

[1] Ordonnance de 1560. — Édits de 1693 et 1704. — Décl. de 1680.

sième, lieutenant dans un quatrième [1]. On rencontrait fréquemment parmi eux des avocats au parlement ; l'académicien Grosley était mayeur d'une abbaye et bailli de deux villages. « Ces fonctions, dit-il lui-même, convenaient à sa santé, par l'occasion qu'elles lui fournissaient de courir les champs à pied et de faire quelquefois cinq à six lieues dans la même journée [2]. »

Comme ces magistrats ne résidaient pas pour la plupart, il était nécessaire de les suppléer par des lieutenants. Ceux-ci étaient d'ordinaire des praticiens, qui expédiaient les affaires courantes. De même que les juges, ils présentaient au bailliage les lettres de provisions que leur donnaient les seigneurs, et prêtaient serment entre les mains du lieutenant-général.

Si l'on s'éloignait des villes, le recrutement des

[1] Je citerai, en 1788, l'avocat Collinet, qui était mayeur de Chapelle-Vallons, de Charmont, de Pont-Sainte-Marie, bailli d'Aumont, de Saint-Lyé, du Pavillon, prévôt de Lassicourt, mayeur foncier de Sainte-Maure et de Panais. Les avocats Boulland et Lefèvre exercent au moins dans autant de justices. (Procès-verbal des assises du bailliage de Troyes en 1788. Arch. de l'Aube.) — Il en est de même dans le Vivarais. (Roschach, *Hist. du Languedoc*, XIII, 1197. — Adrien Delahante est bailli dans huit justices du Vermandois de 1705 à 1736. (A. Delahante, *Une famille de finance au XVIIIe siècle*, I, 27-28.) — A Valenciennes, au siècle dernier, il y avait 47 avocats, parmi lesquels se recrutaient les juges de villages. (L. Legrand, *Senac de Meilhan et l'intendance de Haynaut*, p. 119.)

[2] *Vie de M. Grosley*, p. 126. — Un magistrat d'un ordre supérieur, conseiller au bailliage de Troyes, était en 1722 bailli de Maraye, qui ressortissait, il est vrai, à un autre bailliage, celui de Chaumont. (Reg. 20 des mandements du Roi. Arch. de l'Aube.)

magistrats était plus difficile. Les baillis des châtellenies et des justices supérieures étaient, dès le
xvie siècle, presque tous licenciés en droit et avocats ;
mais les prévôts, les lieutenants des basses justices
étaient d'ordinaire d'anciens tabellions, des praticiens
qui n'étaient jamais sortis de leurs villages, et qui
commettaient parfois d'étranges bévues. Au xviie siècle,
on citait un juge qui avait condamné une truie à
la potence pour avoir dévoré un enfant, et qui avait
cassé de sa pleine autorité un arrêt du Parlement,
en lui défendant de récidiver [1]. De pareils traits
d'ignorance étaient rares : la partialité des juges, la
lenteur des procès et la multiplicité des frais occa-
sionnèrent des plaintes plus sérieuses.

Le seigneur, qui nommait les juges, se préoccupait
moins parfois de leurs connaissances pratiques que
de leur dévouement à ses propres intérêts [2]. Les juges
faisaient l'instruction, et savaient en tirer des conclusions qui n'étaient pas toujours conformes à l'équité.
Lorsque la cause du seigneur était mauvaise, ils donnaient délais sur délais, et si l'on obtenait à toute
extrémité un jugement, il fallait plaider contre le
greffier pour obtenir la délivrance de l'acte et contre
le sergent pour qu'il le signifiât. Aussi le jurisconsulte, qui citait ces exemples en 1613, ajoutait-il :
« Les juges de villages prennent aujourd'huy cette

---

[1] Courtalon, Histoire manuscrite de Villemaur, p. 173. L'Alma-
nach de Troyes de 1783 (p. 65) reproduit un curieux jugement
rendu par le juge de Bouranton contre les souris qui dévastaient
les récoltes.

[2] Cahier du tiers-état de Bar-sur-Seine, art. XLII.

habitude de croire qu'ils ne sont établis que pour
servir leurs maîtres [1]. » Au commencement du
xviie siècle, on ne voyait d'autre remède à ces abus
que l'inamovibilité.

A défaut de la loi, la jurisprudence de plusieurs
parlements chercha à introduire ce grand principe
dans les juridictions inférieures. Malgré les prescriptions contraires des ordonnances d'Orléans et
de Blois, l'usage et la jurisprudence autorisaient la
vente des états de judicature [2]. C'était souvent une
sorte de propriété dont on ne pouvait être dépouillé
sans formalités. Le juge révoqué pouvait en appeler
à la cour, s'il l'était sans raison déterminée ou con-
trairement au libellé de ses provisions. Ainsi, un
bailli de Brienne fut maintenu par le Parlement en
possession de son office, et le comte de Brienne fut
condamné à lui en restituer les émoluments depuis le
jour de sa destitution [3].

La tendance des parlements était de protéger les
juges locaux, qui se rattachaient à la magistrature,
contre le caprice ou l'arbitraire du seigneur. Celui-ci,
en cas d'exactions ou de cruautés, pouvait être privé

[1] Loyseau, *Cinq livres du droit des Offices.*Liv. V, ch. IV.—Plus
tard, certains parlements réprimèrent avec sévérité leurs excès et
leurs denis de justice. En 1737, un juge, un procureur fiscal
et un greffier furent interdits pendant quatre ans et condamnés à
60,000 l. de dommages-intérêts pour avoir incarcéré arbitrairement
un bourgeois. (Freminville, *Dictionnaire de la Police*, p. 28.)

[2] Freminville, *Pratique des Terriers*, II, 206.

[3] Jacquet, *Traité des justices et seigneurs*, liv, I, chap. XXVII.
— Chenu, *Recueil des Reiglemens notables*, 1606, p. 587 et suiv.
— Freminville soutient la jurisprudence contraire. *Pratique des
Terriers*, II, 213.

pendant sa vie du droit de justice [1]. Au xvie et au
xviie siècle, les parlements appliquèrent plus d'une
fois cette jurisprudence. Les lois féodales avaient eu
une propension à favoriser le seigneur. Un ancien
adage, souvent cité, disait : « Un seigneur de paille,
de feurre et de beurre, vainc et mange un vassal
d'acier [2]. » En effet, dans le cas où la saisie féodale
avait lieu sur les biens du vassal, le seigneur jouissait du fief en litige, jusqu'à ce que la justice en eût
décidé. Mais cette maxime du moyen âge, comme
beaucoup d'autres, tomba en désuétude avant d'être
abrogée [3].

Au xiiie siècle, le vilain ne pouvait appeler du
jugement du seigneur à une juridiction supérieure. A
partir de l'établissement du Parlement de Paris,
tous les appels furent portés en la cour du roi [4].
Du jour où il y eut un tribunal devant lequel le
noble et le vilain étaient cités, l'égalité commençait.
Mais les lenteurs et les frais de la justice étaient
plus onéreux pour le second que pour le premier.
La fin du moyen âge fut marquée par une multiplicité de procès qui prouvait jusqu'à quel point
chacun tenait à faire reconnaître ses droits. S'ils
ruinèrent souvent les plaideurs, ils firent surgir et
vivre une quantité considérable d'hommes de loi,

---

[1] Freminville, *Pratique*, II, 258.
[2] Loysel, éd. Laboulaye, n° 653. Feurre, en vieux français,
signifiait foin.
[3] Guyot, éd. 1785, XVII, 471.
[4] Loysel, éd. Laboulaye, no 884. Le commentaire reproduit à ce
sujet l'opinion de Beaumanoir et de Fontaines.

non seulement dans les villes, mais dans les bourgs et les villages.

« C'est une chose épouvantable, disait un auteur du xvie siècle, que de voir aujourd'hui le nombre de procureurs et de solliciteurs[1]. » Les rois et les parlements essayèrent à plusieurs reprises d'en limiter le nombre[2]. Au xviie siècle, dans un bourg de trois mille âmes, on comptait, outre le bailli, le prévôt, le lieutenant et le procureur fiscal, six notaires, quatre sergents, douze procureurs et quatre greffiers[3]. Une petite paroisse du Nivernais renfermait, en 1789, six procureurs et six notaires. « Comme ils sont peu occupés, disait-on, le prix de leurs actes n'en est que plus considérable[4]. » En revanche, le prix de leurs charges était des plus minimes. Une étude de notaire dans un bourg se vendit, en 1730, avec les 19 liasses qu'elle renfermait, moyennant la somme de 24 livres, qui furent payées en quatre écus de six livres[5].

Ces hommes de loi formaient, depuis le xve siècle, une sorte de classe moyenne, qui tenait le milieu

[1] *La réformation de la justice,* attribuée au chancelier Michel de Lhospital.

[2] Ord. de 1493, art. 71. Chenu, page 482. — Une ordonnance de 1536 porte : « Pour ce qu'il y a nombre effréné de notaires et tabellions à la grande foule et oppression du peuple, sera ledit nombre resequé et restreint (*Anc. lois françaises,* XII, 525).

[3] Pierre de la Brosse, *Description de la terre et du marquisat des Riceys,* 1654, p. 96. — En Auvergne, on compte par chatellenie jusqu'à douze notaires nommés par le seigneur. (*Corr. des contrôleurs généraux,* I, n° 1648.)

[4] *Arch. parlementaires,* IV, 262.

[5] Documents particuliers.

entre le clergé, la noblesse et les habitants. Ils étaient
lettrés, ils s'occupaient des affaires des paysans ; ils
avaient leur confiance ; ils portaient la parole en leur
nom. Ils se recrutaient souvent parmi les plus riches
et les plus intelligents d'entre eux ; s'ils vivaient à
leurs dépens, ils leur rendaient aussi des services ; en
faisant valoir leurs intérêts, ils leur parlaient de leurs
droits : ils les leur firent souvent connaître.

Le roi et les seigneurs avaient intérêt à augmenter
le nombre des offices, parce qu'ils en tiraient des
revenus ; l'administration s'y opposait parfois. Un
subdélégué donnait ainsi son avis sur l'opportunité
de la création d'une charge d'huissier dans un village : « Je m'en suis rendu compte, et l'on m'assure
que cela ne fera qu'un fripon de plus dans la
paroisse [1]. » Néanmoins, le nombre des hommes de
loi était considérable en 1789 ; on est surpris du
nombre d'avocats au Parlement que l'on rencontre
dans les petites localités et dans les assemblées élec-
torales et administratives. Leur influence contribua
à faire insérer dans les cahiers les plaintes qui furent
émises contre les vices et les abus des justices seigneuriales.

On se plaignait alors, non seulement de l'incapacité des juges et de l'élévation des frais, mais des
défectuosités de l'installation des tribunaux. Un certain nombre de localités n'avait ni auditoire, ni prisons, ni archives [2]. La justice seigneuriale, d'origine

[1] 1751. Arch. de l'Aube, C. 1414.
[2] *Cahier de Bar-sur-Seine*, art. XLII.

patriarcale, s'était rendue primitivement sans formalités, à la porte du château ou de l'église, ou sous
l'orme qui s'élevait devant cette porte. Aussi appe-
lait-on les juges de village *juges dessous l'orme*, ou
dans quelques coutumes, *gros voyers* ou *simples
voyers*, parce qu'ils jugeaient sur la voie publique [1].
En 1673, un arrêt de règlement interdit aux juges
des seigneurs hauts-justiciers de siéger sous les porches des églises, dans les cimetières et dans les
cabarets. On leur interdit également de juger dans
leurs maisons ou dans une maison particulière. Chaque siège de justice dut avoir un auditoire « qui fût
en lieu public où chacun eût un libre accès. » Cet
auditoire était souvent une cabane couverte en paille,
semblable à celle des paysans et achetée à frais communs par le seigneur et les habitants [2]. Mais, malgré
la précision et le renouvellement des règlements, ces
salles d'audience ne se trouvaient pas dans tous les
villages, et l'on pouvait voir des affaires importantes
plaidées dans une grange, devant un bailli assis sur
trois gerbes de blé et assisté d'un greffier dont le
bureau était formé d'un cuvier renversé [3].

Le seigneur haut-justicier était tenu, en outre,
d'avoir des prisons au rez-de-chaussée, en bon état,
et de les faire garder par des geôliers qui sussent lire
et écrire [1]. Malgré les dispositions des ordonnances et

---

[1] Loyseau, *Traité des seigneuries*, ch. IX, 59. — Michelet, *Origines du droit français*, p. 302.
[2] 1576, Arch. de l'Aube, G. 2927.
[3] Renauldon, I, 90.
[4] Ordonnances de 1560 et de 1670, Règlement de 1717.

des arrêts, les prisons seigneuriales étaient trop souvent situées dans l'intérieur des châteaux, au fond de leurs tours, dans des lieux souterrains, humides, obscurs et malsains, dont la description fait horreur [1].

Au moyen âge, les détenus étaient jetés dans des fosses, dont les plus salubres étaient garnies de planches de chêne [2]. Le procureur du roi avait le droit, au xviiie siècle, de faire construire aux dépens du haut-justicier des prisons convenables, si les conditions de celles qui existaient étaient contraires aux règlements, ou lorsque les anciennes étaient tombées en ruine [3].

La surveillance des prisons appartenait aux procureurs royaux et fiscaux. Ils devaient s'y rendre une fois par semaine, pour y recevoir les plaintes des prisonniers et s'enquérir de la nourriture qui leur

---

[1] Renauldon, II, 277.

[2] Pour refaire tout à neuf le fons de la fosse de la prison de Saint-Lyé et refaire tout à neuf les chambres courtoises de la dite prison et la garnir de trappens, 13 l. 4 s. — 1403 — *Inv. des Arch. de l'Aube*, G. 417.

Je ne parle pas des oubliettes pour la raison suivante : « Dix-neuf fois sur vingt, a dit un auteur qu'en pareille matière on ne saurait récuser, ces oubliettes qui émeuvent les visiteurs des châteaux du moyen âge sont de vulgaires latrines, comme certaines chambres de torture sont des cuisines. » (Viollet-Leduc, *Dictionnaire raisonné de l'architecture française du* xie *au* xvie *siècle*, VI, 179.)

[3] En Languedoc, au xviie siècle, la plupart des prisons dans les villages sont en ruines et sans portes. (Roschach, *Hist. du Languedoc*, XII, 268.) — A Nitry, au xviiie siècle, la prison sert de toit à porc au fermier du seigneur, et n'est pas même couverte. Un homme arrêté pour homicide involontaire est enfermé dans une grande cuve renversée, et on lui met les pieds dans un trou avec quelques ferrements qu'arrange un maréchal. (Rétif de la Bretonne, *La Vie de mon Père*, I, 33.)

était fournie aux dépens du seigneur [1]. Si les condamnés en appelaient au Parlement, on les transférait
comme on pouvait. En 1768, une fille accusée d'in-
fanticide fut envoyée de la prison de Clairvaux à la
Conciergerie de Paris dans le panier du carrosse de
Bar-sur-Aube, avec les fers aux pieds et aux mains,
attachés par une chaîne aux traverses du panier [2].

L'insuffisance et le mauvais état des prisons de village, les frais d'entretien et de garde qu'elles entraînaient, portaient souvent les juges seigneuriaux à
condamner à l'amende plutôt qu'à la prison. L'a-
mende était à la fois plus facile à appliquer et plus
lucrative [3].

Les juges seigneuriaux ressortissaient aux présidiaux
ou bailliages royaux. Dans certaines provinces, ils se
réunissaient tous les ans au siège de la juridiction
supérieure où les grands baillis et les sénéchaux
tenaient les assises avec un certain appareil. On y
faisait la lecture des ordonnances ; parfois les plaintes
des justiciables y étaient entendues, les abus signalés
et corrigés, les malversations punies [4].

Le juge seigneurial était désigné, selon les provinces, sous les titres de juge châtelain, de maire,
de prévôt, de viguier ; il portait d'ordinaire celui de

---

[1] Ord. de 1670. Règl. de 1717. Freminville, *Pratique*, II, 235.
[2] Arch. de l'Aube, sect. judiciaire.
[3] Fernand Labour, *Une justice de village avant la Révolution*,
Revue de Champagne, IV, 421. — Dans le midi, on accuse des seigneurs de laisser évader des prisonniers pour ménager leur bourse.
Arch. parlementaires, VI, 275.
[4] Renauldon, I, 83.

bailli. C'est le bailli, qui paraît être, dans les comédies et les romans de l'époque, le véritable chef du
village, parce qu'il est investi d'une magistrature et qu'il
représente le seigneur. Il occupait en effet le premier
rang après lui ; car le syndic n'en avait pas. Il présida
longtemps les assemblées ; mais lorsque la séparation
des pouvoirs judiciaire et administratif devint plus
grande, lorsque l'intendant releva l'importance du
syndic en faisant de lui son agent, le bailli fut réduit
à ses fonctions judiciaires. Sous ce rapport, ses attributions étaient étendues, puisque dans toutes les
hautes justices, il pouvait juger les crimes entraînant
la peine capitale [1]. Mais au siècle dernier, un grand
nombre d'affaires criminelles étaient jugées par la
justice royale, qui se faisait rembourser de ses frais
par le seigneur, lorsque le condamné était insolvable [2].
Voltaire fut poursuivi par les officiers de justice de

[1] En voici un exemple inédit :
Charles Henry Boyer, seigneur d'Orfeuil et de Trouan-le-Grand en
partie avait « homicidé » le 31 décembre 1678 un habitant de Trouan. Il fut poursuivi, à la requête du procureur fiscal de Dampierre, qui déféra la cause à son bailli, « la qualité des faits et des
parties n'étant pas de la compétence du juge inférieur. » Le bailli
de Dampierre condamna le 13 juin 1679 l'assassin « à estre décapité
au lieu et place publique dudit Trouan par l'exécuteur des hautes
œuvres, *jusqu'à ce que mort s'en ensuive*, sinon effigié en un
tableau qui sera mis et apposé en ladite place par ledit exécuteur,
ses biens déclarés acquis et confisqués au profit du seigneur dudit
lieu ; sur iceulx préalablement pris la somme de 25 livres pour
être employée à faire prier Dieu pour le repos de l'âme dudit Gau-
thier (c'était la victime), et en celle de 300 livres d'amende sur
laquelle seront les frais du présent procès criminel pris préalablement... » Il est probable que le sieur Boyer ne fut exécuté qu'en
effigie. (Arch. de l'Aube, sect. judiciaire, n° 1523).
[2] Arch. de l'Aube, C. 1476 et 1827.

Gex, parce qu'un des habitants de sa seigneurie de Tourney ne pouvait payer les frais d'une condamnation qu'il avait encourue [1].

Un grand nombre de crimes, connus sous le nom de *cas royaux et prévôtaux*, étaient soustraits de droit à la haute justice ; tels étaient la rébellion, la fausse monnaie, l'hérésie, le rapt, l'incendie, le parricide. La moyenne justice surveillait les poids et mesures, faisait l'instruction des crimes commis sur son territoire, et ne pouvait frapper d'une amende supérieure à soixante sols parisis. La basse justice était encore plus restreinte. Mais les attributions de ces deux justices variaient tellement selon les traditions, les coutumes et les droits, que le jurisconsulte Loyseau les comparait au nœud gordien plus aisé à trancher qu'à dénouer [2]. Il y avait en outre des mairies foncières, qui consistaient à faire payer aux seigneurs les cens et les rentes foncières [3].

A toutes ces justices, il fallait ajouter les juridictions royales, qui s'exerçaient dans quelques villages, et ressortissaient, comme les autres, au bailliage ou à la sénéchaussée. Elles faisaient partie des grands fiefs réunis à la couronne ou de l'ancien domaine royal.

---

[1] Desnoiresterres, *Voltaire et J.-J. Rousseau,* 132 et suiv. — On me persécute, écrit Voltaire, de la part du conseil ; on veut que je sois haut-justicier ; on fait pendre, ou à peu près, de pauvres diables en mon nom. On me fait accroire que rien n'est plus beau que de payer les frais, et on va saisir mes bœufs pour me faire honneur. (Lettre du 17 mars 1760, *Œuvres,* éd. 1792, t. 86, p. 28.)

[2] *Traité des seigneuries,* 1613, p. 130.

[3] Renauldon, II, 66.

Elles auraient été plus nombreuses, si à de certaines époques beaucoup d'entre elles n'avaient pas été aliénées [1].

Les limites de toutes ces juridictions variaient à l'infini ; tantôt elles renfermaient un ou plusieurs villages ; tantôt elles ne s'étendaient que sur un quartier d'une localité, un hameau, une maison même ; on pourrait en citer qui n'avaient pas de justiciables [2]. Aux abords des villes, des groupes de quelques habitations avaient leurs juges. Dans les campagnes, les bornes de la juridiction étaient indiquées par des poteaux carrés, au sommet desquels étaient peintes les armes du seigneur sur les deux faces qui regardaient ses possessions [3].

Il y avait des conflits interminables, si le crime avait lieu sur un chemin qui servît de limite à deux juridictions [4]. Des paysans construisaient leurs maisons sur la limite même, de sorte qu'ils prétendaient, selon les besoins de leur cause, demeurer tantôt sur une justice, tantôt sur l'autre. Les juges devaient, dans ce cas, les sommer de se présenter devant leurs assises qu'ils tenaient tous les ans, à l'issue des messes

---

[1] Aux assises de Troyes, en 1620, on compte 46 mairies royales sans celles des fauxbourgs, et 69 mairies foncières ; en 1788, 42 mairies royales et 39 foncières.

[2] Et quant aux justices de Fontenne et du Vau et Bréau..., il n'y a aucun justiciable y demeurant, sinon audit Fontenne (Procès-verbal de la châtellenie de la Ferté la Loupière. Arch. municipales de Troyes, BB. 16, 1).

[3] Renauldon, II, 260.

[4] Duranton, *Turny et son château, Annuaire de l'Yonne*, 1854, p. 420.

paroissiales, afin de leur faire reconnaître la justice à
laquelle ils appartenaient[1].

La multiplicité des sièges, qui n'était pas sans
inconvénients, avait l'avantage de mettre la justice
à la portée des habitants. A des intervalles peu éloignés, les magistrats se transportaient dans chaque
localité, écoutaient les plaintes, rendaient des arrêts.
A une époque où les communications étaient difficiles, c'était une garantie pour que chacun pût faire
entendre ses griefs. Lorsque le juge résidait, il avait
l'œil sur tout, et les abus étaient ou prévenus, ou
aussitôt réprimés[2]. Malheureusement, dans certains
villages, il était difficile de trouver des juges et des
greffiers, et dans d'autres, le juge ne venait que deux
fois par an[3].

Les gages et les émoluments des juges variaient
selon les localités. Dans la Beauce, il se trouvait des
maires, qui avaient basse justice, et que les habitants
rémunéraient en nature. Ils avaient droit à un plat du
festin des noces, à un jambon de chaque porc que
l'on tuait, à la première pinte de vin qu'on tirait dans
le village. Ils relevaient d'ordinaire des églises, où ils
remplissaient à certains jours les fonctions de bedeaux[4].
Mais c'étaient là des exceptions. A la fin du moyen
âge, le seigneur affermait au juge le produit des
amendes et des exploits. Le greffe était amodié ou

---

[1] Freminville, *Pratique des Terriers*, II, 356.
[2] Rétif de la Bretonne, *La Vie de mon Père*, II, 59.
[3] Freminville, *Pratique des Terriers*, II, 342.
[4] Loyseau, *Cinq livres du Droit des Offices*, liv, II, ch, II, 51,

vendu [1]. Plus tard, le juge reçut d'ordinaire des gages
du seigneur et des honoraires ou vacations des plaideurs. Au xviii° siècle, le bailli du duché d'Aumont
avait 900 liv. de gages. Mais, malgré les prescriptions
de l'ordonnance d'Orléans et d'un édit de 1708, un
grand nombre de juges ne recevait pas de gages ou
en recevait de si modiques qu'il était nécessaire pour
eux de vivre aux dépens des justiciables [2]. Quelquefois
même ils étaient obligés d'exercer une industrie ; une
ordonnance du bailliage de Troyes, en 1693, leur
défend de tenir des cabarets ou des tavernes [3].

Auprès du juge seigneurial se trouvait le procureur
fiscal, qui remplissait des fonctions analogues à celles
du procureur du roi près des tribunaux supérieurs. Il
était à la fois l'organe du seigneur et du public ; il
s'occupait des intérêts des mineurs, de la poursuite
des crimes, du maintien de la police ; il surveillait la
perception des droits seigneuriaux et les actes des
garde-chasse ou des gardes des bois. Plus encore que
le juge, il était dévoué au seigneur, dont il était souvent le régisseur, l'homme d'affaires ou même le do-

---

[1] A Epineuil, en 1533, il est amodié 8 l. 10 s. (*Annuaire de
l'Yonne*, 1852, p. 336.)

[2] Renauldon, I, 492. — Freminville, *Pratique*, II, 205.

[3] *Annuaire de l'Aube*, 1848, p. 55. — Voir aussi le cahier du
clergé du même bailliage, de 1614, art. LXIX. *Société des Sciences
et Arts de Vitry-le-François*, IX, 248. — En revanche, on peut
citer des juges pour qui leurs charges sont volontairement onéreuses. Le grand père de Rétif de la Bretonne était prévôt de Nitry :
« L'audience se tenait chez lui et toujours à ses dépens ; il n'y
avait pas d'autre buvetier que le juge.» (*La vie de mon Père*, I,
23.)

mestique[1]. Il veillait à l'exécution des décisions du
bailli et le suppléait même en cas de besoin[2]. L'entretien de la voie publique, la taxe du blé, les règlements concernant les foires et les marchés[3], l'observation des ordonnances, étaient confiés à son zèle. Il
était aussi chargé spécialement de la police des cabarets.

On se plaignait déjà au xvie siècle des cabarets ; on
les signalait comme des causes de ruine pour les individus et les familles; on déplorait les blasphèmes
qui s'y disaient, le bruit et le tumulte qui s'y faisaient
et même les crimes qu'on y préparait. « Les hommes,
disait un cahier de 1576, dépensent le dimanche à la
taverne ce qu'ils ont gagné pendant la semaine, et la
femme et les enfants délaissés meurent de faim.» Un
autre cahier de la même époque allait jusqu'à demander la peine de mort et la confiscation des biens, tant
contre le tavernier que contre les domiciliés qui allaient
aux tavernes[4].

---

[1] Dans la majeure partie des villages, les procureurs fiscaux sont
les sujets des seigneurs, leurs agents d'affaires ou leurs domestiques,
n'exerçant leur charge qu'en ce qui regarde et intéresse le seigneur.
(Cahier de Neuvy-Sautour en 1789. Arch de l'Aube, B. 18.) — *Arch.
parlementaires*, IV, 264.

[2] Freminville, *Pratique des Terriers*, II, 226.

[3] A Noyen, la police des marchés était faite par deux agents
appelés *anges de police*. (*Ann. de l'Yonne*, 1854, p. 360.)

[4] Cahier des châtellenies de la Ferté la Loupière et d'Ervy, 1576.
Arch. de Troyes, BB. 15. Voici l'article du cahier d'Ervy : « Et
d'aultant que ès tavernes plusieurs personnes y consomment la
meilleure partye de leur substance, delaissans leurs femmes,
enfens et famille mourans de faim, et que illec se sont entreprinses
conspirations et meurtres et aultres delictz avec infinité de blas-
phesmes contre l'honneur de Dieu, bruitz et tumultes contre le repos

Des plaintes analogues étaient formulées au
xviii⁰ siècle. Vauban estimait que dans les 36,000
paroisses de France il y avait 40,000 cabarets [1]. En
1789, une paroisse du Nivernais, de 4 à 500 âmes,
en contient huit, sans compter les guinguettes [2]. En
vain l'on en faisait dépendre l'établissement de l'autorisation du seigneur et même de celle du roi [3]; on
finissait toujours par l'accorder, et l'on était réduit à
réglementer ce qu'on ne pouvait empêcher. On voulait permettre aux seuls étrangers de fréquenter les
cabarets. Le Parlement de Bourgogne interdit à tous
les habitants du pays de s'y rendre, sous peine de
50 liv. d'amende. Un arrêt du Conseil de 1724 se
borne à en ordonner la fermeture pendant la durée
des offices religieux, et le soir, à huit heures en hiver,
à dix heures en été [4].

public, et y est le bien inutillement consommé, et les vins et
vivres d'aultant enchéry au dommaige du public; qu'il soit ordonné
ayant égard aux précédentes deffenses cy devant faictes, dont on
ne tient aucun compte, que les dictes tavernes soient deffendues à
peyne de la vie, de confiscation de corps et de biens, tant contre le
tavernier que contre les domicilliers qui vont ès tavernes, estant
lesd. tavernes seulement permisses pour les forains passans et
repassans sans fraulde.» Le cahier de la Ferté dit de son côté : « Il se
trouve plus de monde aux tavernes pendant le (service) dyvin qu'à
l'Eglise. »

[1] *Dixme royale*, p. 114. — Le nombre des débits de boissons était
au 31 décembre 1875 de 313,529.

[2] *Arch. parlementaires*, IV, 262. — Voir aussi *Les cahiers de
Normandie*, II, 244.

[3] Ord. de 1577. — Dareste, *Histoire des classes agricoles*,
p. 251.

[4] Freminville, *Dictionnaire de police*, 99. — Il arrivait même que
la ferme des aides réclamait contre les fermetures de cabarets
prescrites par les évêques, et que le contrôleur général intervenait
pour faire restreindre le nombre de ces fermetures. (*Corr. des contr.
gén.*, I, n⁰ 409.)

Lorsque le juge ou le procureur fiscal étaient impuissants et incompétents, le seigneur s'adressait directement à l'intendant. Depuis qu'il ne lui était plus permis d'incarcérer sans formes de justice, il devait recourir à l'autorité supérieure pour faire enfermer les aliénés et les individus qu'il jugeait dangereux. En 1731, le comte de Brienne demande que l'intendant fasse enlever par les archers de la maréchaussée une fille de mauvaise vie et une folle, « pour en purger les endroits qui lui appartiennent[1].» En 1750, le seigneur de Fontaines écrit au subdélégué de Bar-sur-Aube : « Il y a un très mauvais sujet dans cette paroisse et maisme de toutes façon qui ne fait ny Pasque et qui ne s'approche point des sacrement ; il insulte souvent les prestre qui déserve la paroisse. Si vous voulié me permettre de le faire maistre en prison, je crois que cela serois très nessaissaire pour lexemple, d'autant plus qu'il y en a d'autre qui sont très mutin. Je vous en parle savamment et suis maisme seigneur de la paroisse...» Ce seigneur, qui parlait plus savamment qu'il n'écrivait, était gouverneur de Bar-sur-Aube ; le subdélégué donna un avis favorable à sa demande, dont nous ignorons l'issue[2]. Les intendants ne se faisaient pas faute de faire incarcérer les gens dangereux, mais il fallait que la communauté ou le seigneur payât les frais de leur emprisonnement. Une veuve, accusée par le curé et plusieurs habitants de faire des menaces d'incendie et d'insulter le curé,

---

[1] Arch. de l'Aube, C. 448.
[2] Mêmes archives, C. 576.

resta en liberté, parce qu'il ne se trouva personne
pour payer sa pension[1]. En revanche, les intendants
chargés de la haute police, réprimèrent plus d'une
fois l'arbitraire et la concussion. En 1782, un cavalier
de maréchaussée avait arrêté à tort et rançonné un
allemand. L'intendant de Champagne, sur le rapport
du subdélégué, fit casser et condamner à la prison le
cavalier par le ministre de la guerre[2].

Les premiers intendants avaient porté le titre d'intendants de la justice, et l'une de leurs prérogatives
consistait à en réformer les abus. Ils ne s'en faisaient
pas faute, et ils conservèrent, particulièrement sur
les juridictions locales, un droit de surveillance qu'ils
exerçaient dans l'intérêt public. Si le juge lésait la
communauté, l'intendant lui faisait restituer l'amende
perçue et le condamnait, ainsi que le procureur
fiscal, à payer une amende spéciale. Mais on ne
trouvait pas toujours d'huissiers pour signifier de pareilles ordonnances[3], et lorsque les sergents de justice
s'y refusaient, il était nécessaire d'employer les lettres
de cachet et de recourir aux cavaliers de la maréchaussée.

La maréchaussée fut instituée par François Ier pour
réprimer les excès des gens de guerre et des vagabonds
qui opprimaient « grandement son pauvre peuple »

---

[1] *Inv, des Arch. du Calvados*, C. 374.

[2] Cette affaire provoqua un conflit entre l'administration de la
guerre et l'intendant, qui soutint son subdélégué et lui fit donner
raison. (Arch. de l'Aube, C. 294.)

[3] *Inv. des Arch. de l'Aube*, C. 1992. — *Inv. des Arch. de l'Hérault*,
C. 1077.

des campagnes. Les prévôts des maréchaux eurent
bientôt le pouvoir de juger sans appel les meurtriers,
les voleurs de grand chemin, les sacrilèges, les faux-
monnoyeurs et les gens sans aveu. Leurs attributions
furent augmentées par les successeurs de François Ier.
Henry IV créa des conseillers assesseurs dans chaque
juridiction de maréchaussée pour rendre la répression
des crimes plus prompte et plus sûre. A la suite des
guerres civiles, ses « pauvres sujets avaient été tellement travaillés, pillés et réduits » qu'il ne leur restait
ni bestiaux, ni meubles, et qu'ils ne pouvaient payer
les tailles ; la plupart des bons bourgs et des villages
du royaume étaient « quasi tous désolez et dépeuplez[1]. »
La justice seigneuriale avait été incapable de les protéger ; la maréchaussée y suppléa dans les cas les
plus graves. Ses archers et ses cavaliers devinrent les
exécuteurs de la volonté royale. S'ils poursuivaient
avec énergie les malfaiteurs et les vagabonds, ils portaient aussi des contraintes aux habitants requis pour
la corvée ; ils arrêtaient les fuyards de la milice ; ils
étaient les auxiliaires actifs de l'administration et de
la justice[2]. Les seigneurs ne leur résistaient pas plus
que les manants. Si une grande dame, comme la
princesse de Nassau, dame de l'Isle-sous-Montréal,

---

[1] *La maréchaussée de France, ou recueil des ordonnances*, 1697.
Edit de décembre 1594, p. 292.

[2] En retour des services qu'ils rendaient, on mit, à la fin du
xviiie siècle, à la charge des communautés rurales les dépenses de
constructions des casernes de maréchaussée qui furent élevées dans
les villes et les bourgs de certaines élections. (D'Arbois de Jubainville, *l'Administration des intendants*, p. 121.)

leur fermait la porte de son château et faisait tirer
sur eux ses fauconneaux, ils revenaient avec le lieutenant criminel qui saisissait les fauconneaux et les
déposait à son greffe [1]. Plus redoutés et plus respectés
que le sergent du juge seigneurial [2], personnage sans
prestige, qui tenait le milieu entre l'huissier et le
garde champêtre, ils représentaient jusque dans les
villages les plus éloignés le principe tutélaire de la
justice royale, fondé sur l'égalité devant la loi.

[1] Arch. de l'Aube, C. 1833. On avait fait investir son château
en 1743, par 40 cavaliers de maréchaussée chargés de mettre à
exécution un arrêt obtenu contre elle. L'affaire n'était pas encore
jugée en 1746.
[2] Tocqueville (*L'ancien Régime et la Révolution*, p. 129) en cite
des exemples.

LIVRE IV

L'ÉTAT

CHAPITRE Iᵉ

LES IMPOTS

L'État, en protégeant la communauté rurale contre le seigneur et contre elle-même, n'avait pas seulement cherché à relever sa condition matérielle et sociale ; il avait voulu la mettre plus facilement à même de lui payer les impôts qu'il lui demandait et dont il l'accabla. « Le peuple, disaient les députés du tiers-état, en 1484, est devenu de pire condition que le serf, car un serf est nourri et le peuple a été

assommé de charges insupportables [1]. » L'ambassadeur vénitien Giustiniano constatait, en 1535, que
c'était sur les paysans que pesaient le plus rudement
les impôts et que toute charge nouvelle leur serait
insupportable [2]. Sous Louis XIII, Loyseau disait :
« L'excès des tailles contraint les gens de besongne
à cesser de travailler ; ils deviennent vagabonds et
mendiants [3]. » En 1680, Colbert écrivait : « Il faut
avouer que les peuples sont fort chargés et que depuis le commencement de la monarchie, ils n'ont
jamais porté la moitié des impositions qu'ils portent [4]. »
Les impôts, bien que Colbert les eût un instant dimi-
nués, ne cessèrent point après lui de s'accroître jusqu'en 1789, et il fallut une bien grande augmentation
de la richesse publique pendant le xviiie siècle pour
que les populations aient pu les acquitter, comme elles
le firent, sans s'épuiser.

Il y avait cette différence fondamentale entre les
impositions communales et les contributions royales :
c'est que les premières étaient discutées et consenties
par les habitants, qu'elles étaient acquittées par tous
sans exception et qu'il leur en était rendu compte ;
tandis que les secondes, inégalement réparties, étaient
déterminées sans leur consentement et dépensées
sans leur aveu.

Le principe de l'élection présidait au choix des

[1] Masselin, *Journal des Etats-Généraux*, p. 675.
[2] *Relations des ambassadeurs vénitiens*, II, 97.
[3] *Traité des ordres et simples dignitez*, 1613, p. 130,
[4] P. Clément, *Histoire de Colbert*, II, 63.

agents chargés de l'assiette et de la perception des
unes et des autres. Au début, il est vrai, les officiers royaux, après avoir relevé le nombre des feux
par paroisses et fixé d'après ce nombre le chiffre de
la contribution de chacune d'elles, désignaient les
asséeurs et les collecteurs. Mais, dès 1379, Charles V
leur enleva ce droit pour le donner aux habitants.
Les paroissiens firent eux-mêmes ou désignèrent
ceux qui devaient faire la répartition, la collecte et
le versement des fouages entre les mains du receveur de l'Élection [1]. Il semblait qu'en agissant ainsi,
l'État rendît la perception des impôts plus facile et
moins odieuse.

La principale contribution perçue dans les villages
était la taille. Il n'entre pas dans notre plan de nous
étendre sur le mécanisme et sur les diverses formes
de cet impôt, qui a été l'objet de travaux érudits et
nombreux. C'est uniquement au point de vue de la
part qu'y prenait la communauté rurale que nous
devons nous en occuper. Rappelons seulement que
la taille personnelle, la plus usitée dans les pays
d'élection, était un impôt sur le produit de la propriété, du travail et de l'industrie de chaque hâbi-
tant. Vexatoire et arbitraire, comme tous les impôts
sur le revenu, la taille n'aurait point existé pendant
quatre cents ans, si elle avait atteint toutes les
classes de la société. L'un de ses vices les plus
criants, l'inégalité, en assura la durée. Les grands et

---

[1] L. Delisle, p, 96. — Rivière, *Institutions de l'Auvergne*, I,
337,

les riches, s'ils en avaient éprouvé les abus, n'auraient pas manqué d'user de leur influence pour les faire réformer.

Lorsque le brevet de la taille, arrêté dans le conseil du roi, avait été envoyé dans les provinces, l'imposition était répartie entre les élections par les trésoriers de France ; entre les communautés de chaque élection, par l'intendant, un trésorier et les élus. Trop souvent les influences personnelles s'y faisaient sentir ; un seigneur puissant acquérait, en faisant dégrever sa paroisse, une facile popularité [1] ; des officiers de l'élection allégeaient la part des villages dont ils étaient seigneurs [2]. Dans les pays d'états, les députés des trois ordres intervenaient, et dans chaque diocèse du Languedoc, l'assiette était faite par les délégués des communautés [3]. Mais partout, la répartition était arrêtée dans chaque localité par des agents nommés par les habitants, tels que les asséeurs, qui étaient garants des non-valeurs vis-à-vis des collecteurs. Sous le règne de Henri III, les fonctions des uns et des autres furent réunies. Les collecteurs, dans les pays d'élections, furent chargés de la répartition de la somme imposée sur la paroisse ou la communauté. Boisguilbert traçait, en 1699, un triste tableau de leur partialité, de leur vénalité, de

[1] Boisguilbert, *Le détail de la France sous le règne Louis XIV* Ed. 1699, p. 27. — *Mémoires de N.-J. Foucault*, p. 144.

[2] En 1708, l'intendant de Champagne, apprenant des abus de ce genre, réprimande fortement les officiers et double les tailles des villages déchargés. (Manuscrits de Semilliard, III, 582.)

[3] Rossignol, *Petits-États d'Albigeois*, p. 51 et 80.

leur incapacité. Il les montrait déchargeant les parents et les fermiers des seigneurs, se laissant corrompre par les riches, se réunissant pendant trois mois au cabaret sans rien terminer, et soulevant les haines et les récriminations [1]. La loi, il est vrai, les protégeait contre l'influence du seigneur. Celui-ci, ainsi que le curé, ne pouvait intervenir dans la confection des rôles, ni par menaces, ni par faveur ; il était également interdit aux gentilshommes de retirer dans leurs maisons les fruits et les bestiaux des contribuables, sous peine d'être déclarés roturiers et de payer toutes les tailles de toute la paroisse [2]. Mais les ordonnances n'étaient pas toujours suivies ; les seigneurs et les riches influaient fréquemment sur la répartition, et en 1681, Colbert écrivait aux intendants pour les engager à réprimer strictement ces abus [3].

Lorsque le rôle était achevé et qu'il était vérifié par un officier de l'élection, il était publié un dimanche à l'issue de la messe, à la porte de l'église, afin que nul n'en ignorât le contenu [4]. Cette publicité était nécessaire pour empêcher les injustices trop graves qui auraient pu résulter de taxes fixées sur l'apparence plutôt que d'après la réalité. Le collec-

[1] *Le détail de la France sous le règne de Louis XIV*, p. 29.
[2] Ord. d'Orléans. Ord. de l'intendant de Champagne de 1712. Arch. de l'Aube, C. 1712.
[3] *Mém. de N. J. Foucault*, appendice, p. 467. — Les intendants pouvaient coter d'office ceux qui abusaient de leur crédit pour se faire décharger. (*Corr. des contrôleurs généraux*, t. I, no 1456.)
[4] Ord. de l'intendant de Champagne Lescalopier, 1722. Arch. de l'Aube, C. 1465.

teur, manquant de bases certaines, évaluait les biens du contribuable et le produit de son travail d'après une appréciation arbitraire et souvent inexacte. Parfois le paysan dissimulait son aisance et affectait la gêne pour éviter l'augmentation de sa cote. Pour remédier à ces inconvénients, plusieurs pays d'états firent dresser des cadastres [1], et établirent un mode de répartition plus équitable, basé sur la valeur des biens ; c'était la taille réelle [2]. Dans les pays d'élections, le gouvernement essaya à diverses reprises de réformer et d'améliorer la répartition. Quelques-unes de ces tentatives, comme la création des greffiers de tailles et des receveurs collecteurs à titre d'office [3], étaient surtout des expédients fiscaux pour vendre des offices et forcer les communautés, où ils ne trouvaient pas d'acquéreur, à les acheter elles-mêmes. Les greffiers et les receveurs furent bientôt supprimés et remplacés par d'autres agents, qui n'eurent point une existence plus prolongée [4]. La seule réforme sérieuse eut lieu dans quelques provinces vers 1740. Ce fut l'établissement de la taille *tarifée*, basée sur un tarif régulier, d'après lequel était fixé le montant

---

[1] Toutes les communautés avaient leur cadastre à la fin du quinzième siècle dans l'Albigeois. (Rossignol, p. 87.)

[2] Voir sur les avantages de cette taille : *L'Ami des Hommes*, IV, 153 et suiv.

[3] *Mém. de Claude Haton*, p. 820. — Max Quantin, *Histoire des impôts au XVIe siècle dans le comté d'Auxerre. Annuaire de l'Yonne*, 1874, p. 160.

[4] *Ordonnance des commissaires deputez par le Roy pour l'exécution de l'Edict de création des commissaires des tailles*. A Troyes, 1617.

de l'impôt. L'intendant chargeait des commissaires spéciaux d'évaluer la nature des biens-fonds et le prix de la journée de travail, selon les diverses professions, afin d'établir une sorte d'unité dans l'assiette d'une contribution, qui variait selon les provinces, les élections et les villages. Ces commissaires furent pris d'ordinaire parmi les officiers de l'élection, dont les attributions ainsi que celles des trésoriers de France avaient été réduites par les intendants. Il est singulier de voir avec quelle humilité certains Élus sollicitaient la faveur de régler un plus grand nombre de cotes pour les tailles tarifées. Ce système était un progrès réel, que le gouvernement aurait voulu, en 1768, introduire partout; et lorsqu'en 1787, on voulut le remplacer en donnant les attributions des commissaires aux membres des municipalités nouvelles, certaines assemblées provinciales en demandèrent avec insistance le maintien [1].

Le commissaire des tailles se rendait tous les ans dans les paroisses où il était chargé de faire la répartition. L'intendant ordonnait aux syndics, aux collecteurs et aux habitants de lui fournir tous les renseignements nécessaires pour la confection des rôles. Le

---

[1] La taille tarifée fut appliquée dans plusieurs provinces, la Champagne, l'Ile-de-France, l'Aunis et le Limousin. La Normandie avait un système mixte. (De Luçay, *les Assemblées provinciales* p. 65.) — Voir l'*Assemblée d'élection de Troyes*, 1873, p. 22 et suiv.; Arch. de l'Aube, C. 972 et 2298; *Introd. à l'inventaire des archives de l'Aube*; *Encyclopédie*, VII, p. 369 et suiv.; *Encyclopédie méthodique, Finances*, 1787, III, 652; D'Hugues, *Essai sur l'administration de Turgot dans la généralité de Limoges*, p. 44-71.

commissaire annonçait son arrivée et chargeait le
syndic de convoquer une assemblée d'habitants « de
pot en pot et au son de la cloche. » C'était publiquement qu'il recevait les déclarations sur les mutations
survenues depuis l'année précédente, dans les biens,
les facultés, les exploitations, le commerce, l'industrie
et les bestiaux de chacun [1]. Dans ces assemblées les
réclamations étaient entendues et, s'il y avait lieu,
appuyées par les habitants. Ceux-ci pouvaient réduire
les cotes de quelques-uns des agents de la communauté, comme indemnité des services rendus. Telles
étaient celles du maître d'école, du tambour, du serrurier chargé de l'entretien de l'horloge. Mais pour
être valable, la réduction devait être approuvée par
l'intendant [2].

Contre les rôles et les cotes trop élevés, les communautés comme les habitants avaient recours au
tribunal de l'élection et à la cour des aides. A des
intervalles réguliers, les élus devaient se rendre dans
chaque localité de leur circonscription ; ils établis-
saient le nombre des feux et recueillaient les renseignements nécessaires à la répartition. Les enquêtes
auxquelles ils se livraient étaient de véritables opérations de statistique [3]. Lorsque la gelée, la grêle ou

---

1 D'Arbois de Jubainville. *Intr. à l'invent. des Arch. de l'Aube*,
série C, p. 27.

2 Freminville, *Traité*, p. 241.

3 Dès 1375, on trouve une *cerche, tant des feux francs e
sers, comme de miserables, de bailliage de Dijon.* — D'autres
procès-verbaux plus récents ont été publiés, tels que l'*État des
paroisses... du bailliage d'Autun*, par M. G. Dumay, *Mém. de
la Société Eduenne*, 1876, p. 269. — M. Quantin nous montre un

l'incendie avaient frappé une localité, ils s'y transportaient. Dans leurs tournées, qu'on appelait chevauchées, parce que le mauvais état des chemins
ne leur permettait pas de les faire en voiture, ils
écoutaient les plaintes et en vérifiaient l'exactitude.
Ils constataient l'état des récoltes, des chemins, la
situation de l'industrie et du commerce, la nature du
sol [1]. Aussitôt qu'ils arrivaient dans un village, le
syndic, le procureur fiscal et les principaux habitants venaient à leur rencontre. S'il s'agissait de
constater les dégâts faits par la grêle, la gelée et les
inondations, ils désignaient de concert, pour en estimer la valeur, deux prudhommes domiciliés dans un
village voisin. Parfois même, les habitants les accom-
pagnaient, et le procès-verbal, arrêté d'un accord
commun, était emporté par l'élu pour servir à la prochaine répartition [2].

Un habitant, qui trouvait sa cote excessive, pouvait
en demander la décharge à sa communauté, et en
cas de refus, plaider contre elle. Mais que de lenteurs et de frais pour obtenir justice ! En 1776, un
habitant du village de Celles réclame un dégrèvement;
la communauté s'y oppose. L'intendant l'autorise à
plaider; elle perd. Elle appelle du jugement de l'élection à la cour des aides. Condamnée à rembourser
36 liv. 4 sous de principal au contribuable et à payer

élu du tiers-état de Bourgogne allant de maison en maison, inter-
rogeant les habitants et dressant un inventaire de leur mobilier,
(*Vermanton*, p. 47 et suiv.)

[1] Vers 1686-89. *Inv. des Arch. de la Drôme,* C. 921 à 927.
[2] Arch. de l'Aube, C. 1002, 620.

413 liv. de frais, elle s'y refuse, et c'est seulement
cinq ans après le commencement du procès que, sur
une assignation nouvelle, l'intendant ordonne aux
habitants de payer au réclamant tenace le principal et
les frais [1].

Les tribunaux d'élection, qui avaient eu longtemps
les attributions des intendants pour l'assiette et la
levée de la taille, jugeaient en dernier ressort les
réclamations en surtaux qui ne dépassaient pas
5 livres [2]. Le Parlement de Bourgogne était d'avis
que la justice devait toujours être appelée à se prononcer « à l'égard des impositions arbitraires, et
qui dépendaient de la volonté et de la passion des
hommes, » sinon, disait-il, les paysans choisis dans
les villages pour faire la répartition des tailles devien-
draient juges souverains dans leur propre cause et
dans celles de leurs parents [3]. Cependant le conseil du
roi décida qu'en Bourgogne les taillables ne seraient
admis à réclamer que lorsque leurs cotes auraient été
augmentées de plus d'un douzième dans un espace
de trois années [4].

La noblesse conférait l'exemption de la taille ; il
en était de même de certains offices, que les habi-

---

[1] Arch. de l'Aube, C. 107.

[2] Ord. de 1560, art. 134. *Anc. lois*, XIV, 95. — Ce taux fut
porté plus tard à 30 l. (Guyot, *Répertoire*, VI, 652.)

[3] C'était plus tard l'avis de M. de Montyon, lorsqu'il disait :
La répartition des impôts, quand elle a été faite par voie d'administration, a presque toujours été moins fautive et moins injuste
que quand elle a été livrée aux contribuables. (*Influence des
impôts sur la moralité des peuples. Mélanges d'économie politique*,
II, 460.)

[4] Arrêt de 1720. Freminville, p. 307.

tants enrichis s'empressaient d'acquérir, parce qu'ils
leur apportaient autant d'honneur que de profit.
Mais ces exemptions étaient au détriment des taillables, qui payaient d'autant plus qu'ils étaient moins
nombreux. Plus d'une fois, ils s'élevèrent contre
la multiplicité des offices [1] ; plus d'une fois, ils réclamèrent contre les usurpations de noblesse. Colbert
leur donna satisfaction, en prescrivant à ce sujet
des enquêtes sévères ; les intendants dressaient les
listes des faux nobles et les faisaient inscrire sur les
cotes de la taille ; mais tandis que les pauvres se
résignaient, les riches se pourvoyaient au conseil
d'en haut et finissaient par en obtenir des arrêts de
décharge [2].

Si l'on parvint à remédier à une partie des vices de
la répartition, ceux du recouvrement subsistèrent
jusqu'à la fin. A l'exception de l'essai qui fut tenté
sous Henri III, les collecteurs furent toujours désignés
par leurs concitoyens. Les officiers de l'élection
invitaient les syndics et les marguilliers des paroisses
à convoquer les manants et les habitants ; quelquefois
même ils les faisaient venir de plusieurs lieues pour
faire procéder devant eux à l'élection [3]. D'ordinaire,
cette nomination avait lieu au mois de septembre ou
d'octobre, dans une assemblée convoquée selon

[1] Cahiers des châtellenies et des villages du bailliage de Troyes
en 1576 et 1614. Arch. mun. de Troyes, BB. 15 et 16.
[2] Correspondance manuscrite de l'intendant Bouchu. Lettres
de 1668, II, f. 96 et 151. — Un règlement de 1634 avait réduit le
nombre des privilégiés à huit par paroisse. (*Corr. des contr. gén.*,
I, n° 1157.)
[3] Cahier d'Ervy, en 1614. Arch. mun. de Troyes, BB. 16.

la forme ordinaire, et tenue, comme de coutume,
au-devant de l'église, sous la présidence du syndic.
L'élection se faisait à haute et intelligible voix, et à
la majorité des suffrages. Si l'on ne pouvait s'entendre, si les candidats avaient un même nombre de
voix, ou si, ce qui arrivait parfois, tous les habitants
s'étaient nommés entre eux, les officiers de l'élection
désignaient le plus solvable de ceux qui avaient eu le
plus de voix [1].

Il arriva aussi, surtout à la fin du règne de Louis XIV,
que les habitants se lassèrent d'un droit de suffrage qui consistait surtout à conférer à un des leurs
une charge onéreuse et redoutée. Forcés de payer
des impôts auxquels ils ne pouvaient se soustraire,
il leur importait peu de les voir perçus par l'un plutôt que par l'autre. Dans une élection de Champagne qui comptait 200 communautés, 179 refusèrent
en 1710 de faire aucune nomination. En 1677, seulement 33 avaient agi de même [2]. Dans ce cas, le

---

[1] Arch. de l'Aube, C. 975. — Cohendy, p. 108.

[2] Voici quelques chiffres indiquant le nombre des communautés
qui refusèrent de nommer des collecteurs, dans l'élection de Troyes,
à diverses époques, de 1677 à 1710 : en 1682, 129 ; 1690, 49 ; 1701,
49 ; 1705, 44. Arch. de l'Aube, C. 975. — La liasse C. 1419 contient le procès-verbal suivant : L'an mil six cens soixante et dix
sept le troisiesme octobre est comparu en sa personne pardevant
le nottaires au duché d'Aumont Oudard Benoist coleteur du vilage
d'Isle qui nous a dit avoir faict assembler les habitans d'Isles au
son de la cloche au devant de l'auditoire d'Isle, à l'effet de faire
eslection et eslire ung colleteur pour la taille de la prochaine
année. Lesquels seroient comparus sçavoir Estienne Apvril (et
7 autres) lesquels habitans n'ont voullu faire aulcune eslection
ny nomination dont avons octroyé acte audit Benoist pour lur
servir ce que de raison. Fait à Isle led. jour pardevant le notaire
soubsigné.   *Signé* LEVESQUE.

syndic et plus souvent les Élus nommaient d'office
les collecteurs parmi les habitants de la paroisse dont
la cote était la plus élevée [1].

Il y avait aussi des habitants que l'on craignait,
et qui voulaient se faire nommer collecteurs pour
répartir la taille à leur fantaisie. Tantôt, on n'osait
les écarter, tantôt on demandait leur remplacement.
Ailleurs, les contribuables refusent, par crainte, de
signer l'acte d'élection des collecteurs [2].

L'administration fut obligée d'intervenir pour
rendre leur nomination plus facile et plus équitable.
Des tableaux de tous les contribuables furent dressés;
ils étaient divisés en trois colonnes ; dans la première étaient inscrits les plus forts imposés ; dans
la seconde, les moyens ; dans la troisième, les plus
faibles. Tous les ans, le récolement en fut fait par
les syndics. Le plus ancien de chaque colonne était
de droit nommé collecteur ; on répartissait ainsi,
successivement sur tous les habitants, les charges
de la collecte. Mais ceux-ci conservaient les appa-
rences de leur droit électoral ; convoqués de pot en
pot par les syndics, les marguilliers ou les collec-

[1] En 1686, le contrôleur général se prononçait contre ces nominations d'office, comme contraires à la jurisprudence relative aux
tailles. (*Corresp. des contr. gén.*, I, n° 336.)
[2] *Inv. des Arch. de la Seine-Inférieure*, C. 2001, 2010, 2018.
— En Languedoc, les collecteurs étaient primitivement tous
volontaires; ils se chargeaient de la collecte moyennant un droit
déterminé. (*Corr. des contr. gén.*, I, n° 637.) — En Bourgogne, la
perception des tailles était quelquefois adjugée au rabais, en présence du juge. (*Mém. par Pierre Chevillard*, 1760, p. 2. Chevillard
plaidait contre un concurrent qu'une minorité avait élu collecteur ;
était adjudicataire à huit deniers pour cent.)

teurs, ils devaient se réunir en assemblée générale pour donner leurs voix aux personnes désignées par l'ordre du tableau, « sans qu'il leur fût permis de les changer [1]. »

Nul taillable ne pouvait refuser la charge qui lui était conférée, à moins de privilèges ou de conventions. Le syndic, le marguillier et le maître d'école en étaient exempts d'ordinaire, pendant la durée de leurs fonctions. Les septuagénaires, les incurables, les mendiants, les pères de huit enfants mariés en étaient dispensés [2]. L'ignorance absolue, même à la veille de 1789, n'était pas un motif d'excuse. Les élus étaient assez disposés à admettre les raisons d'un collecteur qui ne savait pas écrire ; mais les habitants, qui étaient exposés à le remplacer, en appelaient à l'intendant, qui pouvait décider en leur faveur, si tous les collecteurs n'étaient pas illettrés [3].

On comprend la répugnance que causaient ces fonctions en songeant à la responsabilité qu'elles entraînaient. Celle-ci alla toujours en s'aggravant, surtout lorsque, à partir de 1775, les principaux contribuables de la paroisse ne furent plus solidaires pour le paiement de l'impôt [4]. Depuis longtemps, la loi protégeait le contribuable contre les excès des saisies ; les collecteurs ne pouvaient s'emparer de ses meubles

---

[1] Déclaration du 9 août 1723. Freminville, p. 300. — Ordonnance imprimée de l'élection de Troyes. (Arch. de l'Aube, C. 1290.) Cette ordonnance était encore en vigueur en 1780.

[2] Freminville, p. 304.

[3] Arch. de l'Aube, C. 98.

[4] Déclaration du 2 janvier 1775. *Anc. lois fr.*, XXIII, 127.

en dehors des formes légales, et il leur était interdit de faire enlever de son domicile les lits, les habits, les portes, les fenêtres, ainsi que les bœufs et les chevaux de labour [1]. Au xve siècle, tous les habitants d'un village, au nombre de six, pouvaient être conduits dans les prisons de la ville voisine, parce qu'ils n'avaient pu payer leurs impôts ; ils n'obtenaient leur liberté qu'en faisant l'abandon de leurs biens [2]. L'abandon des biens fut trop souvent la ressource suprême des contribuables et des communautés, taxés au delà de leurs moyens. On en cite de fréquents exemples dans le centre de la France, au xviie siècle, et même au xviiie. Les États d'Albigeois furent obligés, à plusieurs reprises, notamment après la disette de 1693, de prendre à leur charge les impôts afférents aux biens de certaines communautés ou de réduire par abonnements leurs contributions [3]. Mais plus souvent, lorsque les habitants ne payaient pas, c'étaient les collecteurs qu'on emprisonnait [4]. Quatre cent sept collecteurs de la taille et du sel furent enfermés dans la prison de Loudun de 1662 à 1663 [5]. On en comptait quatre-vingt-quinze incarcérés pour la même cause en 1785, dans une seule élection de Champagne [6]. Comme les *curiales* des cités romaines, ils

---

[1] Arrêt de la cour des aides, de 1712. Freminville, p. 251.

[2] *Inv. des Arch. de la Côte-d'Or*, B. 3026.

[3] Rossignol, *Petits Etats d'Albigeois*, 67 et suiv. — Voir aussi Roschach, *Hist. générale du Languedoc*, VIII, 164.

[4] Ils étaient même responsables des fonds détournés par leurs collègues. *Inv. des Arch. de l'Aube*, C. 1495.

[5] *Inv. Arch. Loudun*, FF. 2.

[6] *Procès-verbal de l'assemblée provinciale de Champagne en 1787*, p. 212.

étaient responsables dans leurs biens et même dans leurs personnes.

Comme la perception de la taille était une corvée des plus désagréables, dit Boisguilbert, les collecteurs ne voulaient la faire que réunis, et s'ils étaient au nombre de sept, on voyait sept personnes marcher continuellement dans les rues. En butte au mauvais vouloir des contribuables qui affectaient de ne les payer que sou à sou, ou se faisaient envoyer l'huissier, ils étaient rarement en mesure de verser dans les délais déterminés les fonds exigés aux receveurs des tailles, qui les accablaient de frais. Enfin, trop souvent les collecteurs, incapables de recouvrer entièrement le montant de leur rôle, étaient enfermés dans une prison de village, d'ordinaire mal conditionnée, d'où ils revenaient presque toujours malades de fatigue et de misère [1].

En Auvergne, la terreur qu'inspiraient les fonctions de collecteur était telle, que tous les hommes s'enfuyaient de certaines paroisses pour s'y soustraire; des femmes, presque toujours ignorantes et sans

---

Quantin, *Vermanton*, p. 79. Ces arrestations furent surtout nombreuses de 1709 à 1712. — Sa Majesté, écrivait Colbert aux intendants de 1679, veut que vous vous fassiez rendre compte tous les trois mois du nombre de collecteurs qui se trouveront dans les prisons et des causes de leur détention, et que vous travailliez toujours à les faire sortir et empêcher que les receveurs des tailles n'abusent en cela du pouvoir que les contraintes leur donnent. — *Mém. de Foucault*, appendice, 421. — L'intendant Foucault faisait en 1686 accorder des gratifications de mille livres à des receveurs des tailles « qui ménageaient leurs paroisses. » (Id. p. 159.)

[1] *Le détail de la France*, ch. VI. — Cahier du Tiers-État de Nemours. *Arch. parlementaires*, IV, 184

expérience, étaient obligées d'aller par les villages et les hameaux faire la levée des contributions [1].

Il n'était pas nécessaire de savoir écrire pour percevoir la taille. « Quand on connaît ce que c'est qu'un collecteur, disent les États de Languedoc, en 1720, on sait que le plus grand nombre ne sait ni lire ni écrire, et qu'ils ne donnent d'autres décharges au taillable que de barrer son article au livre de collecte sans autre formalité ny quittance [2]. » En 1651, des collecteurs n'avaient d'autres rôles qu'un bâton carré long de deux aunes et d'environ deux doigts de large sur lequel plusieurs crans taillés au couteau indiquaient le montant des sommes dues par les habitants et les paiements faits par eux [3]. Les tailles ainsi marquées sur des règles avaient donné leur nom à l'impôt lui-même.

Cet usage se conserva longtemps dans les Pyrénées. En 1784, l'intendant d'Auch ordonna à un consul de lui apporter les anciens registres de la taille. Il arriva suivi de deux charretées de bâtons appelés *totchoux*, sur lesquels les cotes étaient marquées en chiffres romains [4].

On trouve au XVIᵉ siècle un système plus sommaire

[1] Cohendy, *Mémoire historique sur les modes successifs d'administration dans la province d'Auvergne*, p. 42. — En Normandie, les bourgeois enrichis qui veulent s'établir à la campagne sont forcés de revenir en ville, parce que les paysans trop souvent en font des syndics, des collecteurs ou des corvéables. (*Dél. de la Soc. royale d'agriculture de Rouen*, 1767, II, 244.)

[2] Roschach, *Hist. de Languedoc*, continuation, XIII, 945.

[3] Feillet, *La misère au temps de la Fronde*, p. 298.

[4] Dussaulx, *Voyage à Barèges*, I, 86.

encore, mais moins usité. A Brienon, une certaine
taille, après avoir été répartie par des habitants élus
par la communauté, était marquée à la craie sur les
portes de chaque maison. Deux traits signifiaient deux
sous, trois traits trois sous, et ainsi de suite. Lorsqu'au bout de huit jours, la somme n'était pas payée,
un sergent venait démonter la porte, la mettait en
travers, et si l'on y touchait avant de s'être acquitté,
on pouvait être frappé d'une amende .

Les comptes des collecteurs, au XVIIIe siècle, étaient
rédigés par eux, d'après des règles fixes, et envoyés
par leurs soins aux receveurs des tailles ; mais l'indemnité qui était allouée aux collecteurs était insuffisante et ne compensait pas les risques auxquels ils
étaient exposés. Ils recevaient tantôt six deniers,
tantôt un sou pour livre du montant des impositions [2]. Leurs comptes comprenaient non seulement
les produits de la taille, mais ceux des contributions
accessoires, fixées au marc la livre de la taille. Telles
étaient la capitation et les impositions militaires,
dont les principales étaient l'ustensile et le quartier
d'hiver.

Un impôt plus équitable, mais également onéreux,
c'étaient les vingtièmes. Quand Vauban préconisait
la dîme royale, il voulait la substituer et non l'ajouter

---

[1] Et qui l'ouste ou repend doit 60 sous d'amende (1514). **Arch.
de l'Yonne**, G. 490. — *Inv. des Arch. de la Côte-d'Or* (1508), C.
2222.

[2] Si la taille était de 500 l., les collecteurs recevaient 12 l. 10 s.,
à six deniers pour livre. Sur une taille de 902 livres, ils reçurent
42 l. 15 s. (Arch. de l'Aube, C. 6 et 313.)

à la taille. C'est ce qui eut lieu pourtant en 1710, lorsqu'on établit les dixièmes. Du moins, comme plus tard les vingtièmes, ils frappaient également tous les citoyens, nobles et roturiers. Le clergé s'en racheta; certaines villes s'abonnèrent. Mais quoique l'impôt des vingtièmes, établi pendant la guerre et pour une période déterminée, ait fini par se perpétuer, il soulevait peu de réclamations. « C'est le seul impôt, disait-on en 1789, dont le titre et le principe aient quelque chose de raisonnable [1]. » Longtemps on se borna aux déclarations verbales des contribuables. En Champagne, à partir de 1749, des contrôleurs des vingtièmes se rendirent dans les villages pour dresser un état détaillé de la nature, de la valeur et du produit des propriétés ; les lieuxdits étaient indiqués avec la contenance de chacun d'eux ; les biens fonds étaient divisés en trois classes. A leur arrivée, les contrôleurs s'adressaient aux syndics, aux anciens et aux notables désignés par l'assemblée des habitants ; ils procédaient avec eux à la visite du territoire et rédigeaient d'après leurs informations la description topographique qui servait de base à l'assiette de l'impôt [2].

[1] Cahier du tiers-état de Nemours. *Arch. parlementaires*, IV, 118. — Les vingtièmes, il est vrai, étaient parfois doublés et même triplés. Le parlement de Bordeaux écrivait au roi en 1757 : « Votre peuple a payé en 1756 à titre de vingtième plus de quatre fois ce qu'il avait payé à titre de dixième jusqu'en 1717. » (Archives nationales, H. 509.)

[2] Arch. de l'Aube, C. 408. — D'Arbois de Jubainville, Introd. à l'*Inventaire des Arch. de l'Aube*, p. 29. — L'ingénieur Boulanger a donné le modèle de la manière dont se pratiquaient ces statistiques dans l'*Encyclopédie*, éd. 1778, VII, 369 à 380.

Les habitants et les autorités locales étaient également appelés à concourir à la levée des contributions indirectes. Ils étaient tenus de prêter assistance aux employés des fermes pour la perception des aides et des gabelles. On sait que chaque habitant, dans les pays de gabelles [1], était obligé de consommer chaque année une certaine quantité de sel [2]. Le tocsin devait être sonné contre les faux-sauniers, et l'on devait avertir les officiers du grenier à sel de leur passage. Mais comme rien n'était plus impopulaire que la gabelle, les habitants se montraient plutôt disposés à résister aux commis des fermes qu'à leur prêter main-forte [3]. Les collecteurs des gabelles étaient élus par les contribuables, comme ceux des tailles ; comme ces derniers, ils étaient responsables de l'exactitude et du recouvrement des rôles. Les grenetiers et les contrôleurs, dans leurs chevauchées annuelles, convoquaient les habitants pour leur faire connaître les ordonnances et réprimer les infractions à des règlements trop souvent onéreux et arbitraires [4]. A l'époque des vendanges, le fermier des aides faisait sommer les syndics d'assembler les habitants en la manière accoutumée pour déterminer, sur l'estimation des douze vignerons « les plus hauts à la taille, » le

---

[1] L'impôt du sel n'était pas perçu partout, et l'était également ; quelques pays en étaient exempts ou rédimés ; on divisait les autres en pays de petites gabelles et de grandes gabelles, selon l'importance de l'impôt.

[2] Voir sur les exécutions auxquelles donnait lieu cette contrainte l'*Anti-financier*, 1763, p. 56.

[3] Freminville, p. 330. — Arch. de l'Aube, C. 1783.

[4] Ord. juin 1517, art. 33. Guyot, III, 601.

produit moyen des vignes du territoire [1]. C'était un des éléments de la perception du *gros manquant* qui assujettissait, dans certaines provinces, les propriétaires non privilégiés, comme les débitants de vins, à des visites domiciliaires et à des perquisitions vexatoires. Aussi, réclama-t-on unanimement en 1789 l'abolition des droits d'aides, qui, plus d'une fois, avaient donné lieu à des procès entre la régie des fermes et les communautés.

Ces impôts, ajoutés aux autres, rendaient véritablement pénible la position des habitants des villages. Quelques provinces jouissaient, il est vrai, d'exemptions et de décharges ; mais partout l'on souffrait, et les habitants des pays d'états, qu'on enviait souvent avec raison dans les pays d'élections, enviaient eux-mêmes les habitants de ces derniers. « Les villages de ce département, dit le subdélégué d'une élection de Bourgogne en 1787, paient un tiers de plus que les villages voisins de la généralité de Chalons, moitié plus que les villages de la généralité de Paris [2]. » En 1789, la noblesse de Mirecourt réfute l'opinion d'après laquelle la Lorraine serait plus favorisée en matière d'impôt que la Champagne et le pays messin [3]. Partout, les impôts avaient suivi une progression cons-

---

[1] Arrêt du conseil de 1723, Brunet de Granmaison, *Dictionnaire des Aydes*, p. 326.

[2] Arch. de l'Aube, C. 9.

[3] *Arch. parlementaires*, IV, 5. — Ces réclamations locales sont contraires aux évaluations de Necker, dans son livre intitulé : *De l'administration des finances de la France*, ch. XI. D'après lui, l'habitant de la généralité de Nancy payait 12 l. 9 s. par tête, tandis que celui de la généralité de Châlons payait 26 l.

tante depuis 1698 jusqu'à 1789 [1] ; sans doute l'augmentation de la prospérité et la diminution de la
valeur de l'argent y avaient contribué. Mais en
revanche, quoique des phénomènes économiques
semblables se soient produits depuis cent ans, l'impôt
foncier actuel est de beaucoup inférieur aux droits
royaux et seigneuriaux que les villages acquittaient
avant 1789. La monarchie, avec des intentions meilleures que ses actes, ne comprit pas que le moyen le
plus sûr d'assurer la prospérité des campagnes, ce
n'était pas de les protéger avec passion, c'était d'alléger le fardeau qui les accablait sans mesure.

16 s. Cette moyenne est estimée par lui à 19 l. 3 s. pour la
Bourgogne, à 13 l. 14 s. pour la Franche-Comté, à 64 l. pour l'Ile-
de-France.

[1] D'Arbois de Jubainville, *Voyage paléographique dans le département de l'Aube*, p. 37. — Quantin, *Vermanton*, p. 124. En 1687,
à Vermanton, on paie 7,897 l. ; en 1780, 12,761 l.

CHAPITRE II

LA CORVÉE DES CHEMINS.

———

Entretien des ponts et des chemins à la charge des seigneurs et des habitants. — Péages. — Sully grand voyer. — Enquêtes. — Corvées au XVIᵉ et au XVIIᵉ siècle. — Principe de l'entretien des routes. — Généralisation de la corvée royale. — Ordres donnés aux habitants des villages. — Dénombrements par les syndics. — Exemptions. — Réfractaires et garnisaires. — Travail médiocre des corvéables. — Rachat de la corvée. — Contribution représentative. — Plaintes à ce sujet. — Luxe des grandes routes. — Mauvais état des chemins vicinaux. — Entraves dans certaines provinces. — Corvées bourgeoises. — Leur destination. — Opposition à ces corvées. — Ateliers de charité.

Jusqu'à la fin du XVIIᵉ siècle, l'État ne demanda aux habitants des villages que des impositions en argent; lorsque leurs ressources pécuniaires parurent épuisées, il leur demanda leur temps et leur travail par l'établissement des milices et des corvées. L'État se substituait au seigneur, qui avait exigé pendant longtemps de ses vassaux le service militaire et la corvée à merci.

Au moyen âge, il était difficile de distinguer l'in-

térêt général de l'intérêt local pour la confection et
l'entretien des ponts et des chaussées. Dans les villes
bateices comme nous l'avons vu, tous les habitants
concouraient aux dépenses qu'ils exigeaient [1]. Le plus
souvent, pour y subvenir, les seigneurs, qui se disaient propriétaires des chemins, avaient établi des
péages. Les ordonnances des rois, principalement
sous Louis XIV, en réprimèrent les abus et en régle-
mentèrent l'usage [2]. Ces péages, dont les tarifs étaient
inscrits sur des pancartes d'airain ou de ferblanc,
timbrées des armes royales, n'étaient point d'ordinaire à la charge des habitants, mais des marchands
et des voituriers étrangers. On reconnaissait aux voisins et aux passants le droit de contraindre le seigneur à réparer les ponts et les chaussées [3] ; mais ce
droit n'était pas toujours exercé, et plus d'une fois
le produit des péages fut détourné de sa destination.
Les transports étaient entravés ou arrêtés par la
rupture d'un pont ou le mauvais état d'une route.
Pour y remédier, les habitants demandaient à l'autorité de leur procurer le concours des localités voisines.
En 1576, la petite ville de Méry voulait faire réparer

---

[1] Dans l'Albigeois, les communautés concouraient à l'entretien
des chaussées pour une somme déterminée ; c'est ce qu'on appelait
vers 1600 le préciput des communautés. Le diocèse fournissait le
surplus. (Rossignol, *Petits Etats d'Albigeois*, p. 151.)

[2] Ordonnances du 31 janvier 1663 et de 1669. La plupart des
péages furent supprimés au milieu du XVIII° siècle. Voir la liste des
péages de la généralité de Champagne publiée par M. Varin.
(*Arch. de la ville de Reims. Statuts*, III, 388 et suiv.)

[3] Freminville, *Pratique*, IV, 85, 89, 95. Des enquêtes étaient
faites par les officiers des eaux et forêts, pour constater la nécessité
de réparer les chemins.

ses ponts aux frais des villes importantes de la province, vers lesquelles se dirigeait la route qui passait sur ces ponts [1].

A la même époque, on réclamait un règlement « sur le fait des grands chemins, » afin qu'il fût plus facile d'y passer, et l'on demandait que les baillis, astreints désormais à des chevauchées annuelles, eussent le pouvoir d'ordonner sur les réparations des routes [2].

Ce soin ne tarda pas à être attribué plus spécialement aux officiers des élections, sous la direction des trésoriers de France [3]. Sully essaya, en se faisant attribuer le titre de grand-voyer de France, de donner aux travaux publics entrepris dans les localités l'unité et l'impulsion qui leur manquaient [4]. Il avait pour agents dans les provinces les voyers du roi, qui existaient depuis longtemps dans certaines villes, et les présidents de l'élection. C'est à ces derniers que s'adressaient les seigneurs, par l'intermédiaire de leurs procureurs fiscaux, pour obtenir des secours des villages voisins. Le président et le voyer se transportaient sur les lieux, visitaient les ponts rompus et les chaussées endommagées, estimaient la valeur des réparations et la quantité de

[1] Cahier de Chappes et de Méry-sur-Seine. Arch. de Troyes, BB. 15.

[2] Cahiers d'Ervy et de Pont-sur-Seine. Mêmes archives.

[3] Cahier du clergé du bailliage de Troyes, en 1588. Arch. de l'Aube, 10, G. 13.

[4] Vignon, *Etudes historiques sur l'administration des voies publiques en France aux dix-septième et dix-huitième siècles*, I, 51.

corvées qu'il fallait demander aux habitants des communautés les plus rapprochées. Cet exemple, que l'on peut signaler à Villemaur en 1601 [1], n'était sans doute pas isolé; il atteste que, dans la première partie du xvii° siècle, avant l'établissement régulier des corvées royales, ce mode de travail était usité.

Dès l'époque romaine, des prestations en nature avaient été exigées pour l'entretien des routes [2]. Au moyen âge, l'une des corvées les plus fréquentes consistait dans la réparation du château ; plus d'une fois le paysan, corvéable à merci, fut aussi employé à l'entretien des routes ou à la construction des ponts [3]. En 1543, les villages des environs de Troyes fournirent pendant plusieurs mois des corvéables pour la construction des murailles de la ville [4]. Lors du passage des souverains et des princes, ils étaient requis de remettre les chemins en état [5]. En temps de guerre, on demandait aux paysans des chevaux et des chariots [6]. Sous Louis XIV, où une vive et efficace impulsion fut donnée aux travaux des routes, les répa-

---

[1] Arch. de l'Aube, C. 1106. 19 communautés situées dans un rayon de deux lieues du bourg de Villemaur furent désignées pour envoyer des corvéables. Voir Pièces justificatives, § VII.

[2] Les *magistri pagorum* exigeaient ces corvées. (Siculus Flaccus, éd. Goes, p. 9, cité par Lecesne, *les Administrations municipales des campagnes dans les derniers temps de l'empire romain*. Mém. de l'Académie d'Arras. 1874, p. 457.)

[3] Dans le Bigorre, ces corvées se nommaient *arroade*. (De Lagrèze, p. 111.)

[4] Boutiot, *Histoire de Troyes*, III, 388.

[5] Vignon, I, 77 et 78.

[6] Caffiaux, *Essai sur le régime économique... du Haynaut*, p. 205 et 396.

rations par corvée furent assez fréquemment usitées. On pourrait montrer les trésoriers de France, à qui l'on avait rendu le titre de grands voyers, et les officiers des finances, placés sous leurs ordres, se déplaçant, rédigeant des procès-verbaux pour constater les réparations nécessaires, et faisant des réquisitions dans les villages[1] ; on pourrait indiquer une ordonnance du grand bailli de Troyes, qui prescrit, en 1693, aux paysans de réparer les ornières des grands chemins deux fois par an[2]. La municipalité de cette ville obligeait même les communautés de sa banlieue d'entretenir les routes qui venaient aboutir dans ses murs ; elle ordonnait aux procureurs syndics et aux marguilliers, tantôt d'envoyer des charrettes et des tombereaux, accompagnés de manœuvres pour réparer une chaussée rompue par les grandes eaux, tantôt de faire conduire au lieu et à l'heure marqués par le voyer de la ville tous les hommes capables de travailler aux routes. En 1708, trente communautés étaient sommées d'obéir à une injonction de ce genre, sous peine de dix livres d'amende contre les syndics et de trois livres contre les manouvriers défaillants[3].

---

[1] *Corr. des contr. gén.*, 1693, t. I, n° 1255.

[2] *Annuaire de l'Aube de* 1848, p. 52. Des ordonnances forçaient les habitants des villages situés à deux lieues de la ville à curer les fossés et les bras de la Seine qui la traversaient. (*Inv. Arch. Aube*, C. 2230.) Voir aussi Pièces justificatives, § VIII.

[3] Ordonnances des maire et échevins de Troyes, des 9 mai 1702 et 26 novembre 1708. Placards. Arch. de Troyes, p. 2 et 3. — En 1684, l'intendant de la Franche-Comté prescrit aux habitants des communautés situées dans un rayon d'une lieue autour de Gray d'aller chercher aux carrières et d'apporter des pavés dans cette ville. (Arch. municipales de Gray, BB. 31.)

En Normandie, à la fin du xviie siècle, des sentences de voirie prescrivent, tantôt à tous les habitants d'une paroisse de travailler à l'entretien d'un chemin désigné, tantôt aux riverains de réparer la chaussée qui touche à leurs héritages[1].

Ce système, qui tendait à se généraliser de plus en plus, reposait sur le principe d'après lequel le propriétaire riverain ou le *bordier* était tenu d'entretenir la partie du chemin qui touchait à son héritage[2]. Les travaux de nécessité première devaient être exécutés aux frais de la province, de l'État ou des communautés[3]. La jurisprudence variait pour les bordiers. En Normandie, ils ne devaient contribuer à l'entretien que dans le cas où leurs propriétés seraient closes, parce que, dans ce cas, les voituriers ne pouvaient passer à travers champs, à droite ou à gauche de la route, pour éviter les mauvais pas. La nécessité d'un règlement se faisait sentir, non moins que celle de contraindre les bordiers à s'acquitter régulièrement de leur tâche ; car la négligence ou l'abstention d'un seul pouvait rendre vains tous les efforts des autres. D'après l'auteur d'un mémoire adressé au régent, le roi aurait fait les dépenses nécessaires pour les ponts et les pavés, tandis que les bordiers y auraient contribué pour une somme à peu près égale[4].

---

[1] *Inv. Arch. Seine-Inférieure*, C. 1342 et suiv.

[2] Un arrêt de l'assemblée générale de Provence, de 1667, mettait à la charge des communautés les réparations des chemins allant d'un lieu à un autre. (Freminville, *Pratique*, IV, 411.) — Arrêt du Conseil souverain de Tournay de 1671. Caffiaux, p. 270.

[3] Vignon, I, 75.

[4] Gautier, *Traité de la construction des chemins,* 1721, p 165 et suivantes.

Le système de la corvée royale existait donc en principe comme en réalité dans plusieurs provinces, avant d'être généralisé en 1737 par le contrôleur général Orry, qui le réglementa par une simple instruction ministérielle. La nécessité ne justifiait pas l'extension de cet impôt personnel, si onéreux et si vexatoire, qui fut exigé avec rigueur et réparti d'une manière arbitraire[1]. Des progrès sérieux avaient transformé les routes, sous l'impulsion énergique de Louis XIV. Madame de Sévigné écrivait : « C'est une chose extraordinaire que la beauté des chemins..., ce sont des mails et des promenades partout[2]. » Les anciens procédés avaient suffi pour amener ces résultats. Cependant le ministre Orry, qui avait eu déjà recours à la corvée dans son intendance de Soissons, n'hésita pas à l'employer partout, non seulement pour entretenir les grandes routes comme par le passé, mais pour en augmenter le nombre, sans accroître les dépenses de l'État.

Il suffisait d'un ordre de l'intendant, en effet, pour diriger, sur un point donné et pendant un temps fixé arbitrairement, toute la population valide d'un village. Sans doute on murmura, mais on ne résista pas. Un annaliste obscur, résidant dans une ville, se fit l'écho de plaintes que l'administration ne voulait point entendre. « On forçait, disait-il en 1726, les

---

[1] *Essai sur les ponts et chaussées, la voirie et les corvées*, 1760.

[2] Chéruel, *Dictionnaire des Institutions*, I, 184. Cette lettre est du 20 sept. 1667. « Les intendants ont fait des merveilles, dit Mme de Sévigné, et nous n'avons cessé de leur donner des louanges. »

habitants des villages à faire de nouveaux grands
chemins à leurs dépens ; il y en avait qu'on envoyait
jusqu'à quatorze lieues ou davantage. Les hommes
n'en étaient exempts qu'à 70 ans, les femmes à 60.
Quand il n'y avait pas assez d'hommes pour y aller,
on prenait deux femmes pour un homme. On faisait
relayer les travailleurs au bout de deux jours et
plus [1]. » Ce fut bien pis, lorsque le système de la
corvée fut appliqué à la majorité des provinces. Si
dans certaines d'entre elles, on exigeait six jours de
travail, dans d'autres, on allait jusqu'à cinquante. Ce
ne fut qu'au bout d'un certain nombre d'années que
la moyenne de douze journées fut adoptée à peu près
partout [2].

Au commencement de chaque année, les syndics
étaient tenus de faire un dénombrement exact de
tous les habitants et des animaux sujets à la corvée.
En Champagne, ils inscrivaient sur un tableau imprimé
les noms des laboureurs et *laboureuses*, de leurs fils
et de leurs valets, des conducteurs de bêtes de somme,
des manouvriers et des exempts ; ils y ajoutaient le
nombre des chevaux, vaches ou bœufs *tirants*, que
possédaient les laboureurs [3]. Quinze jours avant la
date désignée pour les travaux, les syndics recevaient l'ordre de se trouver dans un lieu déterminé,
avec un nombre prescrit de manouvriers et de voitu-

---

[1] Manuscrits de Semilliard, III, 923. Bibliothèque de Troyes.
[2] Vignon, III, p. 19 et 20. — *Inv. Arch. Seine-Inférieure*,
C. 888 et 890. — Elle fut même abaissée en Normandie à 8 et à
6 jours (*Ibid.* C. 893).
[3] Arch. de l'Aube, C. 313.

res attelées. Si les travailleurs ne pouvaient retourner chez eux, on leur fournissait le gîte, avec de la paille fraîche pour les hommes et de la litière pour les bêtes [1].

Les charges qui pesaient ainsi sur les classes laborieuses des campagnes étaient d'autant plus lourdes que les habitants de la plupart des villes et un certain nombre de privilégiés en étaient exempts. « Le peuple, disait un intendant de Roussillon, se prête avec assez de soumission à ce qu'on exige de lui pour cette partie de l'administration ; mais il faut alléger son fardeau en diminuant le nombre des exemptions [2]. » Ces exemptions étaient arbitraires et variaient selon les provinces, comme la durée, l'époque et la distance des corvées. Il était interdit de s'en racheter à prix d'argent ; les enfants au-dessus de douze ans, dans certains pays, y étaient astreints ; l'âge seul de soixante ans en dispensait [3].

Si les paysans refusaient de se rendre aux ordres des intendants et des ingénieurs, ils étaient poursuivis avec une rigueur parfois excessive [4]. Les cavaliers de la maréchaussée étaient envoyés dans les villages ; ils s'y installaient à titre de garnisaires, menaient de force les réfractaires sur les routes, et en cas de résistance les conduisaient en prison. A une certaine époque, cette mission de contrainte et de répression

[1] Vignon, III, p. 9.
[2] *Inv. des Arch. des Pyrénées-Orientales*, C. 1192.
[3] Vignon, III, p. 16.
[4] René d'Argenson, *Mémoires*, éd. Janet, V, 192.

fut confiée aux grenadiers royaux et aux soldats de milice ; mais ils étaient moins redoutés que les cavaliers de maréchaussée[1], et c'était à ces derniers qu'on recourait le plus souvent. En 1771, on comptait 408 réfractaires dans l'élection de Bar-sur-Aube[2]. Tandis qu'on les condamnait à des amendes, quelquefois exorbitantes[3], les communautés devaient payer aux cavaliers leurs frais de déplacement et de séjour, que le subdélégué était dans certains cas obligé de réduire[4].

Les habitants étaient commandés pendant la durée des travaux, soit par leur syndic[5], soit par un d'entre eux que désignait l'intendant et qui portait le titre de voyer. Le voyer était exempté par sa charge de la corvée, et comme son exemption entraînait celle de ses chevaux, les habitants aimaient mieux voir exercer ces fonctions par un manouvrier que par un laboureur[6]. Mais souvent, les corvéables, mal dirigés, peu stimulés, travaillaient mal et avec une mauvaise volonté signalée ; on remarquait que leur travail était plus lent et coûtait plus cher que celui

[1] Arch. de l'Aube, C. 784. — *Inv. des Arch. des Pyrénées-Orientales*, C. 1195.

[2] Arch. de l'Aube, C. 784.

[3] A 6 liv. d'amende. en 1757. Arch. de l'Aube, C. 1468, — Voir aussi le marquis de Mirabeau, *Réponse à la voierie*, p. 71.

[4] En 1783, la maréchaussée de Vendeuvre réclame 180 liv. pour avoir averti et surveillé les réfractaires de quatre communautés. Le subdélégué fait consentir le prévôt à réduire sa réclamation à 80 liv. (Arch. de l'Aube, C. 291.)

[5] 8 journées sur les routes à commander les corvées, 8 liv. — Extrait du compte d'un syndic. Arch. de l'Aube, C. 1408.

[6] L'intendant de Champagne, sur l'avis de l'ingénieur, décide dans ce sens en 1758. (Arch. de l'Aube, C. 1318.)

d'ouvriers salariés ; et un intendant de Touraine pouvait démontrer, en 1749, que des corvéables, dont le salaire était évalué à 17,500 liv., n'accomplissaient pas une tâche plus considérable que celle qu'aurait produite une adjudication de 6,700 liv.[1].

L'opinion ne tarda pas à s'émouvoir de l'arbitraire et de l'iniquité de ces travaux forcés auxquels étaient périodiquement assujettis les habitants de la campagne; certains parlements, certains publicistes[2] s'élevaient avec force contre de tels abus, tandis que les administrateurs en supputaient les inconvénients et cherchaient à y remédier. On ne songea pas, il est vrai, à revenir à l'état de choses antérieur; on s'efforça, comme le fit Turgot, dans son intendance de Limoges, d'y substituer une imposition répartie sur tous les propriétaires et les habitants de la communauté[3]. On sait que, devenu ministre, Turgot voulut supprimer les corvées, et devant quelles résistances il échoua. Mais le coup était porté; le rachat de la corvée fut admis en principe, et il était appliqué dans un grand nombre de communautés[4], lorsque l'édit de 1787 vint remplacer cet impôt personnel par une contribution pécuniaire.

[1] *Invent. des Arch. d'Indre-et-Loire*, C. 177.

[2] Entre autres, le marquis de Mirabeau dans sa *Réponse à l'Essai sur la voierie*. Duclos, l'auteur de l'*Essai*, répondit dans un volume in-12 de 400 pages, intitulé *Réflexions sur la corvée des chemins*. Il défendait la corvée, et Grimm lui donna raison (*Correspondance littéraire*, éd. 1878, V, 85).

[3] Condorcet, *Vie de Turgot*, 1786, p. 42.

[4] *Inv. des Arch. de l'Aisne*, C. 503 et suivants. — *Inv. des Arch. Seine-Inférieure*, C. 899 et suiv. — En 1786, Fontvannes et Dier-

Mais le paysan aimait mieux parfois donner son temps que son argent. La contribution représentative de la corvée venait s'ajouter aux tailles, aux aides et aux vingtièmes, et si dans la Haute-Guienne la noblesse et le clergé avaient offert de prendre part aux dépenses que nécessitaient la confection et l'entretien des routes[1], dans le reste du royaume, ces dépenses frappaient exclusivement sur les taillables[2] ; les communautés, qui avaient des revenus propres, pouvaient obtenir d'en employer une partie à acquitter cet impôt nouveau[3] ; mais celles qui n'avaient aucunes ressources en étaient accablées. Les trois ordres du bailliage de Villiers-la-Montagne demandaient avec instance le rétablissement de la corvée en nature, dont la suppression avait donné lieu « à des réclamations vives et générales[4]. » Des assemblées d'élection avaient formulé des plaintes non moins sérieuses. La contribution représentative, selon l'une d'elles, était perçue « entre les sanglots de l'indigence, » et mécontentait à la fois « les voyageurs et les entrepreneurs de routes[5]. » Ce n'étaient pas seulement les paysans qui en souffraient par l'augmentation de leurs charges

rey-Saint-Père passent un marché pour l'exécution de leurs corvées moyennant une somme de 824 liv. pour chacune d'elles. (Arch. de l'Aube.)

[1] Hippeau, *Le gouvernement de Normandie*, V, 243.

[2] La noblesse, il est vrai, payait une partie de la taille, par la contribution qui frappait l'industrie de ses fermiers. Voir Grosley, *Londres*, 1re éd., III, 177.

[3] *Inv. des Arch. de l'Aisne*, C. 310.

[4] *Arch. parlementaires*, II, 248.

[5] *L'assemblée d'élection de Bar-sur-Aube*, p. 24. — Voir aussi *Les cahiers de 1789 en Normandie*, II, 221, 365, 473, 487, 514.

pécuniaires, c'étaient aussi les routes qui dépérissaient. « Depuis la suppression de la corvée, dit un cahier de village, les routes sont négligées pour ne pas dire totalement abandonnées. Il serait avantageux de rétablir les corvées sur l'ancien pied, en payant les laboureurs et les manouvriers proportionnellement à leurs travaux. » On demandait aussi qu'elle fût remplacée par des péages sur les chevaux et les voitures, et par un droit sur les équipages des grands seigneurs[1].

Si du moins la corvée royale avait toujours été employée à des travaux utiles pour les villages, on pourrait concevoir les regrets qu'elle inspirait à quelques-uns. Le tiers-état de Caen a beau s'écrier en 1789 : « Que l'on évite l'abus des grandes routes trop multipliées, qui passant par des villages protégés, éloignent le voyageur des villes et ruinent le commerce[2] ; » les routes droites ouvertes au XVIIᵉ et au XVIIIᵉ siècle laissaient d'ordinaire en dehors de leur tracé les villages, même les plus importants, et leurs interminables avenues, plantées d'arbres, étaient surtout destinées à relier Paris aux capitales des provinces et les grandes villes entre elles. Si l'on ouvrait des voies de communication entre les petites villes, on les faisait si larges qu'il était impossible de les entretenir[3]. Le tiers-état de Châtellerault disait avec raison : « Les habitants des campagnes se sont épuisés pour cons-

[1] Cahier de Rosson, art, 3 ; **Cahier de Rhèges,** Arch. de l'Aube, **B. 18.**

[2] *Les cahiers de Normandie,* 1, 248.

[3] *L'Ami des Hommes,* I, 185.

truire des grandes routes dont ils sont souvent éloignés, et dont la plupart ne retirent aucun fruit, tandis que l'état de dégradation des chemins vicinaux est
pour eux une véritable source de misères[1]. »

Les grands chemins, en effet, étaient superbes.
« Toutes les routes sont refaites, écrivait une étran-
gère en 1739; elles sont pour la majeure partie aussi
bien pavées que les rues de la capitale, et plantées
d'arbres des deux côtés comme les routes de Hollande[2]. » « Les routes sont d'admirables travaux, »
dit Arthur Young en 1787, surtout lorsqu'il parle de
celles du Languedoc[3]. Les chemins vicinaux et les
rues des villages formaient un triste contraste avec
l'état des grandes voies publiques. » « Les rues et les
abords de la plupart des villages sont impraticables,
écrivait Turgot; les laboureurs sont obligés de multiplier inutilement et dispendieusement les animaux de
trait pour tous les charrois qu'exige leur exploita-

[1] *Arch. parlementaires*, II, 697. — Voir aussi le cahier de Braye-
en-Laonnois. (Fleury, *Bailliage de Vermandois. Les élections de*
1789, p. 219.)
[2] *Lettres de lady Montague.*
[3] *Voyages en France*, tr. Lesage, t. I, p. 52 et 57. Voir aussi sur
la beauté des chemins, p. 25, 29, 87, 162. — D'autres témoignages
confirment les précédents. Les chemins en Auvergne sont fort beaux,
parfaitement bien faits et fort bien entretenus, dit le *Procès-verbal
de la tournée faite par M. Meulan, receveur général des finances
d'Auvergne... en* 1740. *Mém. de l'Académie de Clermont*, 1860,
p. 263. La qualité des chemins variait selon les provinces. D'après
un récit de voyage de 1779, ils sont beaux en Champagne, durs
dans l'Orléanais, très doux dans l'Angoumois, très rudes dans la
généralité de Bordeaux; ceux du Languedoc sont les plus beaux du
royaume, etc. *Lettres de Madame de G*****, p. 15, 67, 236. — Voir
Patte, *Monuments érigés en France à la gloire de Louis XV*,
p. 9.

tion[1]. » Ces chemins souvent n'étaient pas entretenus ; et pour faciliter la circulation, on les faisait
d'une largeur telle qu'il fût possible de se détourner
de côté ou d'autre pour éviter les profondes ornières[2].
L'entretien de ces chemins, comme celui des ponts,
était à la charge des communautés. Des voyers en
réunissaient les habitants dans certains cas pour les
appeler à se prononcer sur les réparations nécessaires[3].
Les élus généraux de Bourgogne enjoignaient, en 1722,
aux communautés de réparer leurs chemins, sous
peine de voir augmenter leurs impositions ou rejeter
leurs demandes en décharge[4]. Mais l'autorité paralysait parfois la bonne volonté des campagnards. On
eut à une certaine époque la mauvaise politique d'empêcher les communautés de se cotiser pour faire les
travaux publics qui pouvaient les intéresser. On croyait
à tort que ces dépenses particulières des villages nui-
raient au paiement des impôts[5]. Elles auraient, au
contraire, profité à la prospérité publique et privée.

Cependant, dans certaines provinces, notamment
dans les généralités de Metz[6] et de Châlons, les intendants accordaient ou imposaient aux habitants des
villages, pour la réparation de leurs rues et de leurs
chemins ruraux, quelques jours de corvées pris sur
ceux de la corvée royale ou ajoutés à cette corvée. On

---

[1] *Œuvres posthumes*, p. 37.
[2] Freminville, *Pratique*, II, 553.
[3] Jugement du grand maire de l'église de Troyes, en 1487. Arch.
Aube, G. 2916.
[4] Freminville, *Pratique*, IV, 402.
[5] Turgot, *Œuvres posthumes*, p. 38.
[6] Vignon, III, 102.

appelait ce travail particulier la *corvée bourgeoise*.
En 1770, elle était de quatre jours environ [1]. La tâche
à laquelle elle était appliquée était déterminée par
l'intendant, sur l'avis de l'ingénieur, d'après la demande des habitants ou du seigneur. Les rues de
beaucoup de villages étaient dans un état déplorable ;
ici, la chaussée est si dangereuse que le curé a failli
succomber dans une fondrière en portant le viatique [2] ;
là, l'eau y séjournait ; elle y croupissait et engendrait
des maladies [3]. Ailleurs, la voie était ravinée ou enva-
sée ; il était impossible d'y passer en voiture, et les
fumiers des habitants restaient dans les cours [4]. L'ingénieur faisait un devis, estimait la quantité de manœuvres et de chevaux qu'exigeaient les travaux, et
concluait au mode d'exécution, qui se faisait sous la
direction d'un employé des routes ou du syndic. Si
les travaux étaient considérables, l'intendant pouvait
augmenter le nombre des journées de la corvée bourgeoise ; s'ils intéressaient plusieurs communautés,
elles étaient appelées à y travailler, et elles devaient

[1] Arch. de l'Aube, C. 784, 1366, 1371, 1411, 2322. L'intendant
impose aux habitants de Balnot et Vaudron trois jours de corvée
bourgeoise, sans préjudice de la corvée royale... C. 340.

[2] Arch. de l'Aube, C. 1260. On comptait pour réparer les rues de
ce village, qui s'appelait Bourdenay 1,089 journées de manœuvres
et 2,100 de chevaux. Sur le mauvais état des rues des villages, voir
une pièce intitulée Mémoires, observations et réclamations des municipalités, curés et particuliers de l'élection de Troyes, sur lesquels il n'a pas été fait droit. (Mêmes archives. C. 1182.)

[3] *Inv. Arch. Seine-Inférieure*, C. 884.

[4] Arch. de l'Aube, C. 1408. — Ailleurs, le subdélégué prescrit de
faire combler par corvée la mare d'un village, (*Ibid.* C. 1290) ou
de régler l'écoulement des eaux. (Mordillat, *Hist. de Bassuet*,
p. 39-40.)

contribuer à fournir les matériaux des ponts dont l'utilité commune était constatée[1].

Les paysans se montraient parfois récalcitrants, surtout si les travaux avaient été demandés par le seigneur. En 1785, les habitants d'un village se refusèrent obstinément à en réparer les rues. La maréchaussée vint les sommer d'exécuter l'ordonnance que l'intendant avait prise à cet égard. Ils répondirent avec énergie qu'ils s'étaient réunis et qu'ils avaient décidé, d'une unanime voix, que leurs rues étaient en état et qu'elles n'offraient aucun danger. Le cavalier de maréchaussée insista ; mais il dut se borner à dresser procès-verbal devant l'attitude des paysans qui réitérèrent leur refus en termes grossiers[2]. Les déplacements de la force armée amenaient toujours des frais pour les communautés, qui les payaient pour les corvées bourgeoises comme pour les autres[3].

La corvée bourgeoise, par sa fonction et sa destination, ressemblait à la prestation en nature, qu'il fut nécessaire d'établir après la Révolution et qui est encore usitée de nos jours ; elle était parfois insuffisante, et dans ce cas, il fallait recourir, soit à une imposition spéciale, soit aux fonds dont l'État pouvait

---

[1] En 1765, les trois communautés de Doches, le Mesgnil et Laubressel concourent à la réfection de la chaussée de Doche, parce qu'elles s'en servaient pour exploiter leurs bois usagers.(Arch. de l'Aube, C. 1366.)

[2] Droupt-Sainte-Marie, Arch. de l'Aube, C. 1371. Voir aussi C. 401.

[3] Aux cavaliers pour les corvées bourgeoises... Comptes de la communauté de Mailly en 1788. Arch. de l'Aube, C. 1492.

disposer en faveur des ateliers de charité[1]. Déjà, en 1686, le roi avait fait ouvrir des ateliers publics pour faire travailler les pauvres aux chemins, au moyen d'allocations faites aux provinces[2]. Les ateliers de charité, établis en 1770 par l'abbé Terray pour donner du travail pendant une disette aux ouvriers sans ouvrage, furent appliqués principalement à la réparation et à l'ouverture des chemins vicinaux[3]. Les allocations de l'État étaient proportionnelles aux fonds versés par les communautés et les seigneurs[4] ; elles produisirent d'heureux résultats[5]. Malgré d'inévitables abus[6], la création de ces ateliers introduisit, sous le couvert de la charité, un principe salutaire et nouveau, celui de l'intervention de l'État pour subvenir à l'insuffisance des ressources locales dans les dépenses communales.

[1] En 1787, l'ingénieur estime à 2,353 livres la réparation des rues d'Amance. Les habitants demandent des secours sur les fonds de charité. (Arch. de l'Aube, C. 313.)

[2] *Mémoires de N. J. Foucault*, p. 154.

[3] *Instruction générale sur l'ordre à suivre à l'égard des travaux de charité...* 1786. Arch. de l'Aube, C. 293. — *Assemblée provinciale de Champagne, en* 1787, p. 200.

[4] Arch. de l'Aube, C. 293. En Normandie, la proportion était du double ou des deux tiers. (Hippeau, *Gouvernement de Normandie*, V, 239.) L'Etat donnait en 1789, 1,911,000 liv. La Champagne n'y était comprise en 1787 que pour 91,200 liv.

[5] *Inv. Arch. Seine-Inférieure*, C. 883 et 884. — On n'a pu qu'être saisi d'admiration, dit un rapport de l'assemblée provinciale de la Haute-Guienne en 1786, en voyant ce grand nombre de routes vicinales traverser et vivifier nos campagnes jusqu'à présent inaccessibles. (L. de Lavergne, p. 97.)

[6] Quelques propriétaires puissants faisaient employer à la confection de leurs avenues les fonds des ateliers de charité. (*L'assemblée d'élection de Bar-sur-Aube*, p. 18.—Filon, *Hist. des États d'Artois*, p. 99.)

CHAPITRE III

LA MILICE

Le service féodal. — Guet et garde. — Guet du mont Saint-
Michel. — Immunité du service militaire. — Contre-coup de
la guerre. — Dévastation des campagnes. — Passages et séjours
des gens de guerre. — Leurs déprédations. — Guerres de religion et Fronde. — Louis XIV. — Étapes et logements militaires.
— Demande d'une armée nationale. — Levées sous Louis XIII.
— Paysans armés. — Essais d'une réserve. — Francs-archers.
— Ban et arrière-ban. — La milice. — Recensement. — Élection des miliciens. — Établissement du tirage au sort. — Son
fonctionnement. — Appréhensions qu'il inspire. — Service de la
milice. — Indemnités. — Charges imposées par la milice aux
communautés et aux syndics. — La milice et les cahiers de 1789.

C'est principalement sur les habitants des campagnes que pesaient les tailles ; exclusivement ils supportaient les corvées. Lorsque Louis XIV établit le
service forcé de la milice, plus que les habitants des
villes ils en subirent l'atteinte [1].

Au moyen âge, le service militaire avait été une
redevance obligatoire ; à l'époque de la renaissance,

[1] Le service de la milice fut imposé plus tard aux villes, mais
dans des proportions inférieures à celles des campagnes.

il devint un métier; à partir de Louis XIV, sans cesser d'être un métier pour beaucoup, il devint pour quelques-uns un impôt.

Dans le système féodal, l'*ost* et la *chevauchée* étaient demandés aux paysans; mais la durée du service qu'ils devaient aux suzerains était souvent limitée à peu de jours. Les paysans remplissaient d'ordinaire auprès du seigneur les fonctions de serviteurs ou de sergents. En tout temps, ils étaient astreints à la garde du château, comme à l'entretien de ses murs, qui les protégeaient en temps de guerre. Le roi Charles V ordonnait aux habitants des villages voisins du fort de Saint-Lyé d'y faire guet et garde jour et nuit, parce qu'il était en tel état de défense que les habitants pouvaient venir s'y réfugier[1].

Cette obligation suscita, au xve siècle, de nombreuses difficultés entre les seigneurs et les habitants. Un règlement de 1479 chercha à les résoudre. Il fut permis aux hommes de s'exempter de ce droit en payant 5 sous tournois par an; et le nombre des gardes fut fixé à deux nuits par an[2].

Les intendants s'efforcèrent de supprimer partout cette obligation, qu'ils qualifiaient de « pure vexation et de sujet de rapine et de concussion. » Sous Louis XIV, certains seigneurs prétendaient faire réparer leur château par les habitants de leur village, en invoquant cet ancien droit[3]. Au xviiie siècle, il

---

[1] *Mandements du roi Charles V*, publiés par M. L. Delisle, no 908.

[2] *Anciennes lois françaises*, X, 809.

[3] Correspondance manuscrite de l'intendant Bouchu, II, fo 166 ro.

subsistait encore dans quatre paroisses dépendant de l'abbaye du Mont-Saint-Michel. « Ce service militaire, disait l'intendant de Caen en 1768, est inutile et ridicule. Les habitants un peu aisés font faire cette corvée pour 8 sous par jour ; mais les pauvres journaliers la font eux-mêmes. Elle est répartie par tête ; le pauvre est aussi chargé que le riche ; il perd une journée, et après avoir passé la nuit sur des pierres pour lit de camp, il n'est guère en état de travailler le lendemain ; s'il manque à la garde, on l'envoie chercher par quatre fusiliers, il paie une amende et est condamné à huit jours de prison. » L'intendant soutint les habitants dans un procès qu'ils engagèrent à ce sujet avec les religieux ; il défendit d'autant plus les premiers qu'ils étaient assujettis en outre au service de la milice garde-côte, et en 1780, il se prononçait hautement, auprès du ministre, contre « un usage barbare, ridicule et vexatoire, qui avilissait les sujets du roi[1]. »

Le service militaire féodal était depuis longtemps tombé en désuétude. Seuls le ban et l'arrière-ban, qui appelaient les nobles et les possesseurs de fiefs à servir le roi en temps de guerre, furent conservés jusqu'à la fin du xviie siècle. Les roturiers avaient pu se racheter, à certaines époques, du service militaire ; il

---

— En 1669, Bouchu a jugé un procès entre les habitants d'Autricourt et leur seigneur relativement aux prétentions de celui-ci. Il réclame un arrêt du conseil pour en prévenir d'autres. Dans certaines seigneuries, le droit avait été converti en corvées ou en redevances. (Freminville, *Pratique*, II, 375.)

[1] *Inv. des Arch. du Calvados*, C. 473 à 475.

finit par ne plus leur être demandé[1]. Depuis la guerre
de cent ans jusqu'à la fin du règne de Louis XIV, le
paysan, l'artisan, ne furent pas contraints, sauf de
rares exceptions, à prendre les armes pour défendre
leur prince ou leur pays. Mais s'ils n'étaient pas exposés aux dangers de la guerre, ils contribuaient à ses
dépenses; ils en ressentaient d'une manière lamentable le contre-coup, lorsque les armées traversaient
leur territoire.

On put le voir pendant la guerre de cent ans. Français et Anglais, Bourguignons et Armagnacs passaient
tour à tour, comme des bandes de pillards, dévas-
tant les maisons, brûlant les villages, ruinant les campagnes. Les terres restaient incultes; pendant de
longues années, les propriétaires ne touchaient ni leurs
redevances ni leurs fermages[2]. Les amis n'étaient pas
moins à craindre que les ennemis; et depuis le
XIVe siècle, les rois ne cessèrent de renouveler des
ordonnances pour réprimer les violences et les excès
des compagnies de gens de guerre ou de soudards. Les
paysans furent autorisés à s'armer et à s'assembler au
son de la cloche, pour les repousser par la force; on
prescrivit de mettre les châteaux en état pour abriter
les habitants des communautés[3]. Cent ans après, les
mêmes excès subsistaient, et l'impuissance de la ré-

---

[1] Boutaric, *Institutions militaires de la France,* liv. IV et V.
[2] D'Arbois de Jubainville, Introd. à l'*Inventaire des Arch. ecclésiastiques de l'Aube.* — Max Quantin, *Épisodes de l'histoire du
XVe siècle aux pays Senonais et Gâtinais,* 1866.
[3] Ord. de 1355 et de 1367. — Voir aussi ord. de 1439, *Anc. lois
françaises,* IX, 57.

pression était aussi grande. « Le povre laboureur,
disait-on aux États de Tours en 1484, paye et soul-
doye ceux qui le batent, qui le deslogent de sa maison, qui le font coucher à terre, qui luy ostent sa
substance[1]. » Mais ce fut surtout à l'époque des
guerres de religion et de la Fronde que les déprédations des gens de guerre furent funestes aux villages. Pour les guerres de religion, les mémoires de
Claude Haton et les cahiers des campagnes du bailliage de Troyes en contiennent des exemples na-
vrants. « On ne voudra croire, dit Haton, les torments
qu'on enduré les pauvres gens des villages en leurs
corps, esprit, âme, biens, bestial et aultres choses,
tant les hommes que les femmes, et par gens de leurs
propres nations[2]. » Les gens de guerre s'installaient
comme en pays conquis, se faisaient livrer par les habitants tous les vivres et le vin dont ceux-ci pouvaient
disposer, s'emparaient de leurs bestiaux, emportaient
leurs meubles les plus précieux et les chargeaient sur
des chariots auxquels ils attelaient les chevaux de
leurs malheureux hôtes. Pour éviter de pareilles déprédations, auxquelles s'ajoutaient souvent des violences
contre les personnes, les principaux habitants allaient
quelquefois au devant des compagnies, et leur offraient des sommes considérables pour les détourner
de leurs villages. Il se trouvait des capitaines assez
dépourvus de tous sentiments d'honneur pour pren-

---

[1] Masselin, *Journal des États-Généraux*, p. 672.
[2] *Mémoires*, p. 813. — *Mémoires de Carorguy* (1582-1595)
p. 138.

dre l'argent et piller ensuite les habitants[1]. « Le
pauvre bonhomme, » comme on appelait parfois le
paysan, rançonné, battu et dépouillé, n'avait d'autre
ressource que de s'enfuir avec sa famille et ses troupeaux dans les villes voisines, dont les murailles
étaient à même de le protéger. En 1576, les rues de
Provins étaient si remplies des habitants des environs
et de leurs bestiaux, « qu'il n'estoit possible d'y passer à son ayse. » « C'était une chose fort pitoyable,
dit le curé Haton, d'ouyr le cry, hurlement et besle-
ment de tant de bestes[2]. » Les villages sont désertés
à tel point que les gens d'armes sont réduits à la disette et demandent au roi de forcer les paysans à revenir dans leurs maisons. Le roi, tout en ordonnant
à ces derniers de le faire, les autorisa à résister aux
reîtres et aux compagnies qui n'étaient pas munies
d'une commission régulière. Dans certaines provinces,
les manants se liguèrent avec les nobles et avec les
bourgeois des villes, et parvinrent ainsi à repousser
les bandes de pillards qui·les menaçaient[3]. Mais ce ne
furent que des résultats partiels, et le mal persista,
même après les guerres civiles. Sous Louis XIII, on
demandait encore de protéger les villages contre les
excès des gens de guerre, qui s'y logeaient et les traversaient[4].

---

[1] Cahiers d'Isles et de Virey-sous-Bar. Arch. de Troyes, BB. 15·
[2] *Mémoires*, p. 601 et 852. — Voir aussi Noël Du Fail, *Baliverneries*, ch. III.
[3] Haton, *Mémoires*, p. 1059, 954 et suiv.
[4] Cahiers des châtellenies du bailliage de Troyes en 1614. Arch.
de Troyes, BB. 16, 1. — Ord. de 1629, 1637, 1641. — *Ennuis des
paysans champestres adressez à la Royne regente*, 1614, p. 4.

A l'époque de la Fronde, ces excès furent plus violents, plus terribles que jamais ; en Champagne, les
villages sont pillés et incendiés. On maltraite les curés ;
à Braux, on tue le seigneur[1]. Ailleurs, une bourgade
fortifiée résiste. 1,500 cavaliers y entrent par la
brèche, tirent des coups de pistolets dans les rues,
dans les maisons, dans l'église même, tuent trente habitants, en blessent soixante[2]. C'est encore Louis XIV
qui établit une discipline sévère dans les troupes et
assura la sécurité des villages[3], comme il avait ramené l'ordre dans leur administration.

Les communautés ne furent point, il est vrai,
exemptées des charges des logements militaires ; mais
ces charges furent réparties plus équitablement ; les
rapports des officiers municipaux avec les troupes
furent déterminés d'une manière précise. Des entrepreneurs furent chargés de fournir aux soldats en
marche les vivres et les rations dont ils avaient besoin[4] ; des impôts spéciaux furent levés sur les com-

---

[1] Arch. de l'Aube, série G, 537, 539, 569, 573, 591, 606, 624, 635,
688, 746, 802, 818, 827, 863, 952, 957, 974.

[2] Inv. des Arch. de l'Yonne, p. 266. — Voir aussi : C. Port,
Inv. des Arch. d'Angers, Documents, p. 470. — Mémoires de Oudard Coquault, bourgeois de Reims, I, 193 et autres. — Les Horribles cruautés faites dans les provinces de France par les gens
de guerre d'Erlach et autres, 1649. — La Champagne désolée par
l'armée d'Erlach, 1649. — S. Desponts, Un village de Gascogne
pendant les guerres de la Fronde. Revue de Gascogne, VIII. — De
Carné, Les États de Bretagne, I, 236-237.

[3] J'avais voulu avant tout, dit Louis XIV, que les troupes ne logeassent que dans les villes et les bourgs fermés, comme étant les
lieux où mes règlements se pouvaient observer plus exactement.
(Mémoires de Louis XIV publiés par Ch. Dreyss, I, 247.)

[4] Dictionnaire militaire, 1745, t. I, 442.

munautés pour en rembourser les dépenses. Déjà,
sous Henri II, l'impôt du taillon avait été créé pour
subvenir à leurs besoins; mais comme on a pu le
voir, le produit de cet impôt avait été détourné de sa
destination et les campagnes continuèrent à être op-
primées par les troupes de passage. La fourniture des
vivres par réquisitions et les charrois par corvées mis
à la charge des communautés par le code Michaud ne
produisirent pas des résultats plus heureux. Mais
lorsque la police des logements militaires fut confiée
aux intendants, les communautés villageoises, malgré
l'augmentation de leurs impôts, purent respirer en
paix.

Sous Louis XV, les officiers municipaux ou les syndics [1] devaient faire une revue exacte des soldats qui
venaient prendre leurs logements dans la localité; ils
en dressaient la liste; ils l'envoyaient en double au
ministre de la guerre, avec les certificats des fournitures faites aux étapiers pour la nourriture des
troupes. Le prix de ces fournitures était avancé à ces
derniers par les communautés [2], qui étaient postérieu-
rement remboursées par l'État [3], au moyen des impositions spéciales, connues sous le nom de subsistance, de quartier d'hiver et d'ustensile [4]. Les charges

[1] Dans les communautés qui servaient de gîtes d'étape ordinaire
on nommait parfois, outre le syndic paroissial, un syndic militaire
qui était chargé de s'occuper de toutes les questions relatives aux
logements. (Arch. de l'Aube, C. 448).

[2] Ordonnance du 13 juillet 1727. Freminville, *Traité*, p. 393.

[3] D'Arbois de Jubainville, l'*Administration des Intendants*, p. 80
à 82.

[4] L'ustensile consistait dans les fournitures que l'hôte devait au

nouvelles qu'elles imposaient aux communautés étaient
moins lourdes que celles dont elles les délivraient.

Malgré l'insolence de certains officiers et de certains soldats, qui allaient jusqu'à insulter et frapper
les échevins et les syndics[1], on n'eut plus à déplorer
un système de pillage général comme celui qu'on signale pendant les guerres de religion et pendant la
Fronde. Les Allemands, les Italiens, les Espagnols,
qui composaient alors une grande partie des troupes,
se comportaient dans les villages comme en pays
conquis ; seuls, les Suisses étaient qualifiés de « gens
traictables et de bonne foy ; » mais les violences et les
rapines des étrangers étaient si fortes que les habitants des campagnes demandaient leur expulsion et
la levée d'une armée indigène. Ils voulaient faire choisir les soldats soit par « les premiers en chacune
ville, villages et bourgade, » soit par les châtellenies
ou les provinces[2]. En 1574, Charles IX avait essayé
de faire une levée générale. Dans chaque village, les
hommes qui étaient en état de s'équiper devaient se
tenir prêts à servir le roi, mais cette mesure prise à
une époque de guerre civile, ne fut pas régulièrement
exécutée. Louis XIII tenta aussi, à plusieurs reprises,
de recourir à l'enrôlement forcé des habitants des
campagnes. Les élus des états de Bourgogne vou-

soldat ; lit garni de linceuls, le pot, le verre, l'écuelle, la place au
feu et à la chandelle. Voir ord. de l'intendant d'Auvergne de 1727.
Freminville, p. 391.

[1] Art. 39 de l'ordonnance de 1727.

[2] Cahier de la châtellenie d'Isles, 1576. Cah. de Jaulcourt, de
Saint-Phalle, de Méry. Arch. de Troyes, BB. 15, 2.

lurent s'y opposer, « attendu que telle nouveauté ne
sçaurait estre qu'extremement préjudiciable audit
païs et de dangereuse conséquence. » Les communautés étaient tenues de fournir à chaque soldat un
chapeau, un bas-de-chausses, une paire de souliers,
une épée, un mousquet et dix livres d'argent pour sa
subsistance d'un mois. A la même époque, on levait
pour l'artillerie du Languedoc des pionniers qui devaient être entretenus aux frais de l'élection [1]. En 1639,
les gentilshommes soumis au ban et à l'arrière-ban
étaient obligés de fournir chacun deux hommes de
pied, armés de mousquets, de piques, de corselets et
de hausse-cols, et de les envoyer servir pendant la durée de la campagne [2].

Quoique de nombreuses ordonnances eussent interdit aux vilains de porter des armes, dans certaines
occasions on les y autorisait. Sous Louis XIII, on ordonnait même aux habitants des villages de s'assembler à l'approche de l'ennemi, et de prendre toutes les
armes qu'ils pourraient se procurer pour s'opposer à
son passage [3]. Pendant la guerre de la succession
d'Espagne, on leva des compagnies de paysans vo-

---

[1] *Inv. des Arch. de Saône-et-Loire*, C. 472 et 694. — Une affiche
du 2 octobre 1636, constate que les villages de l'élection de Troyes
ont dû fournir 270 hommes pour l'augmentation du régiment de
Vivarais, et que sur ce nombre il se trouve de 120 à 140 déserteurs.
Arch. de Troyes, p. 2. — Voir aussi J. Caillet, *L'Administration
sous Richelieu*, II, 134.

[2] Ord. du 14 mai 1639. Reg. des mandements du Roi, n° 6, fol. 54.
(Arch. de l'Aube.)Les élus de Troyes sont tenus de lever 800 h. dans
le parcours de l'élection. (Mêmes archives, C. 2231.)

[3] *Inv. des Arch. de Saône-et-Loire*, C. 472.

lontaires chargés de battre la campagne [1]. Ailleurs, les paysans armés viennent prêter main-forte aux archers pour les aider à conduire des prisonniers de guerre [2]. La guerre terminée, on revenait aux interdictions de porter les armes. En 1716, on ne voulait pas que les habitants des bourgs et des villages se réunissent en armes, à l'instar des compagnies d'arquebusiers, pour tirer des prix [3], et cependant on allait chercher parmi ces habitants les soldats de la milice. Les longues guerres forcèrent la monarchie à imposer d'une manière permanente le service militaire aux villages, qui longtemps n'avaient été contraints que de lui fournir de l'argent.

Charles VII déjà, en instituant les francs-archers, avait voulu former à la fois une réserve et une armée nationale. Les francs-archers furent successivement choisis par les officiers royaux et les habitants; et comme à cette époque la qualité de soldat conférait certains privilèges, il était recommandé de n'avoir égard ni à la faveur, ni à la richesse pour les désigner [4]. Mais les francs-archers cessèrent d'être employés à la fin du xvi⁰ siècle; l'armée continua à se renforcer par l'adjonction de régiments étrangers. Dans les jours de danger, on avait recours au ban et

---

[1] *Inv. des Arch. du Gard.* — En 1707, des bandes de paysans conduits par leurs seigneurs et leurs curés harcèlent dans les défilés de l'Esterel l'armée en retraite du prince Eugène. (Textor de Ravisi, *Annales de la Soc. d'agr. de la Loire,* 1877, p. 98.)

[2] Manuscrits de Semilliard, III, 543.

[3] Ord. du gouverneur de Champagne. *Revue de Champagne,* I, 108.

[4] Ord. de 1448. *Anc. lois,* IX, 169.

à l'arrière-ban, qui comprenaient tous les nobles et les possesseurs de fiefs en état de porter les armes. Servant souvent à contre-cœur, peu aguerris, mal exercés, très souvent indisciplinés, les cavaliers de l'arrière-ban nuisaient plus à l'armée qu'ils ne lui étaient utiles. Au moment où l'on se disposait à renoncer à cette institution, on faisait appel aux habitants roturiers des campagnes. Pour accroître la force de la marine, Colbert assujettit les matelots des côtes à l'inscription maritime [1]; pour augmenter les ressources de l'armée, Louvois, en 1688, établit les milices.

Le recrutement des milices eut lieu d'abord par l'élection. Les habitants, réunis en assemblée générale, étaient appelés à désigner ceux qui devaient en faire partie « en la forme usitée pour la nomination des collecteurs. » Le recensement de tous les célibataires de la paroisse, dont la taille atteignait au moins cinq pieds de hauteur, était fait d'une manière sommaire, le dimanche à la sortie de la messe, par le syndic ou le marguillier. Plus tard, on prescrivit pour la validité de cette opération la présence du juge, du curé et de quatre principaux habitants; et le rôle

---

[1] Édit de 1673. *Anc. lois françaises*, XIX, 116. Les consuls ou marguilliers des paroisses devaient présenter aux commissaires les rôles des habitants, avec l'indication de ceux qui faisaient profession de naviguer. Nous ne parlerons pas des milices gardes-côtes, qui se rattachaient à l'inscription maritime, et formaient en 1740 cent douze capitaineries, composées d'environ 200,000 hommes, chargés les uns d'un service militaire, les autres d'un service d'observation dans les paroisses. — (Lemau de La Jaisse, *Sixième abrégé militaire*, 1740, 3e partie, p. 105.)

complet des célibataires et des veufs sans enfants fut
envoyé aux intendants par les soins des syndics ou
des marguilliers[1].

L'élection du milicien était encore un hommage
rendu au principe d'après lequel les communautés
pourvoyaient par elles-mêmes à l'acquittement des
charges qui leur étaient imposées. Pourvu qu'elles
payassent, on leur laissait le choix du mode de
paiement. Cette méthode avait longtemps réussi pour
l'assiette et la perception des tailles ; elle était employée pour la désignation des agents de la communauté. Elle ne put se maintenir pour le recrutement
de la milice. Il était difficile de nommer contre son
gré un jeune homme qui envisageait avec plus d'ap-
préhension que d'entraînement le service militaire
qu'il devait faire pour la communauté. Sa nomination
donnait lieu à des brigues, à des abus d'influences, à
des marchés. Pour faire cesser ces difficultés, trois ans
après l'établissement de la milice, le tirage au sort
fut substitué à l'élection[2].

Le tirage au sort, c'était la contrainte ; et, s'il était
inspiré par un principe de justice reposant sur l'égalité du hasard, il était contraire à la liberté individuelle qu'il atteignait d'une manière inexorable. Aussi
ne cessa-t-il de soulever, jusqu'à l'époque où il fut
aboli sous l'influence des idées de 1789, des répul-
sions et des critiques passionnées. La corvée et le

[1] Voir sur les milices, mon travail sur le *Recrutement territorial
sous l'ancien régime. Étude sur la milice dans la Champagne
méridionale*, 1877. *Revue de Champagne*, t. Ier et II.

[2] Ordonn. du 10 décembre 1691.

tirage au sort de la milice, venant s'ajouter aux
charges seigneuriales et aux impôts dont souffraient
déjà les campagnes, contribuèrent à leur faire oublier
une partie des bienfaits que leur avait apportés la
tutelle royale.

L'intendant, ses subdélégués ou ses commissaires
présidaient au tirage au sort de la milice. Le nombre
des miliciens fut toujours restreint ; sauf pendant la
guerre de la succession d'Autriche, il ne dépassa
point soixante mille hommes [1] ; et comme le maximum de la durée du service fut de six ans, c'est seulement un contingent de dix mille hommes que l'on
demandait à toute la France. Ce nombre était bien
inférieur à celui des communautés ; aussi les plus
peuplées furent-elles d'abord les seules que l'on
astreignit à fournir un milicien ; plus tard, on les
réunit en groupes pour le tirage au sort. Au jour fixé,
les syndics amenaient les garçons et les veufs sans
enfants de vingt à quarante ans au chef-lieu de l'élection ; ils assistaient aux opérations du tirage, dont ils
signaient le procès-verbal avec le milicien désigné, si
celui-ci savait écrire. Après l'appel nominal des garçons, on mettait devant eux dans un chapeau autant
de billets qu'il y avait de noms ; un billet écrit ou noir
était mêlé aux autres, qui étaient blancs ; celui qui le
tirait était milicien.

Les exemptions étaient nombreuses, quelquefois

---

[1] Il fut même réduit à 30,000 hommes par l'ordonnance du 20 novembre 1736. (Lemau de La Jaisse, *Sixième abrégé de la carte
générale du militaire de France*, 1740, 3e partie, p. 148.)

mal justifiées, parfois iniques. Les villes, qui avaient
des remparts à la garde desquels elles devaient veiller, en furent primitivement exemptes ; certaines
provinces, certaines élections étaient plus chargées
que d'autres. Les hommes assujettis au tirage cherchaient souvent à s'y soustraire ou ne s'y soumettaient qu'avec répugnance. En Normandie, ils dé-
ployaient pour y échapper « tout ce que la plus fine
chicane pouvait inventer[1]. » Les uns se hâtaient de
se marier ; mais si le nombre des célibataires était
insuffisant, on allait chercher les jeunes gens mariés
pour les faire tirer avec eux. Les autres quittaient
les campagnes, et en revêtant la livrée d'un noble
ou d'un prêtre, échappaient à l'obligation du tirage.
D'autres, frappés de terreur, disparaissaient. On les
qualifiait de fuyards ; on permettait aux miliciens
qui les atteignaient de se faire remplacer par eux ;
on les condamnait à rester dix ans sous les drapeaux[2].
Les jeunes gens, que les syndics menaient au tirage,
avaient souvent peine à se contenir ; animés d'émotions
diverses, ils se laissaient aller de l'abattement à la
colère[3] ; des scènes tumultueuses, des émeutes
même[4] se produisaient, et le subdélégué, pour rétablir le calme, usait du droit qui lui était reconnu

[1] *Mémoires de N.-J. Foucault*, p. 251.

[2] On cite quelques exemples de résistances individuelles, surtout
sous Louis XIV. (*Inv. Arch. du Tarn*, B. 951... *du Lot*, C. 574,580, etc.)

[3] *Réflexions sur la milice et sur les moyens de rendre cette
partie de l'administration uniforme et moins onéreuse*, 1760.

[4] En 1769, il y eut des émeutes lors du rétablissement du tirage.
(*Procès-verbal de l'assemblée provinciale de l'Isle de France*, 1787,
p. 187.)

de nommer miliciens d'office les plus récalcitrants.
Le service de la milice n'était cependant point assez
pénible pour justifier de pareilles appréhensions. La
durée en fut portée de deux à quatre ans, puis à six
ans. Mais, comme c'était un service de réserve, en
temps de paix il était plus nominal que réel. Si
pendant la guerre les bataillons de milice étaient
envoyés dans les places fortes, si l'on recrutait parmi
eux les compagnies d'élite des grenadiers royaux, les
miliciens, pendant la paix, étaient seulement assujettis à des réunions ou bien à des revues périodiques
de courte durée, qui ne nuisaient en rien aux travaux
de l'agriculture. Laissés dans leurs foyers, ils ne pouvaient quitter leur village plus de deux ou trois jours
sans permission, ni se marier, sans une autorisation,
que l'intendant accordait seulement sur un certificat
de remplacement. Le remplacement, interdit par diverses ordonnances, fut autorisé à certaines époques
et facilité même par l'administration [1].

Quelques compensations étaient accordées par
l'État au milicien. Pendant la durée de son service,
quelques-unes de ses impositions étaient diminuées.
Après avoir reçu son congé, il pouvait être exempté

---

[1] Le remplacement s'appelait la substitution (Tit. VI de l'ord.
du 4 août 1771, Guyot, XVI, 343). Dans la généralité de Paris, les
bureaux de l'intendance, sur un versement de 200 l., se chargeaient
de procurer un remplaçant au milicien. Cahier de Nemours. (*Arch.
parlementaires*, IV, 120.) — Dans la généralité de Dijon, la communauté achetait parfois un remplaçant. Chevigny le paie' 80 l.
(*Inv. Arch. Côte-d'Or*, C, 490.) — MM. de Tocqueville et Boutaric
ont affirmé à tort, d'une manière absolue, que le remplacement était
interdit dans les milices. (*L'Ancien régime*, p. 120; *Institutions
militaires*, p. 464.)

des tailles pendant un an. En outre, au moment du tirage, il recevait d'ordinaire de la communauté ou de ses camarades une somme d'argent, qu'en certains pays on appelait *convention*. Cette indemnité, qui avait pour objet de consoler le jeune homme des rigueurs du sort, fut tour à tour interdite et tolérée par l'administration. Les interdictions restaient d'ordinaire sans effet, parce que cet usage était inspiré par un sentiment de justice et de confraternité ; l'administration en était réduite à modérer l'abus qu'elle ne pouvait empêcher. Le ministre de la guerre écrivait en 1731 à l'intendant de Champagne : « Vous avez très bien fait de réduire à dix écus la gratification de 150 livres que le garçon avait prétendu recevoir de sa paroisse pour servir à la milice. Il est important de réprimer de pareils abus, qui tourneraient à la ruine des communautés [1]. »

La milice avait en effet accru les charges de la communauté. On ne se contenta pas, à l'origine, de lui demander un homme ; on exigea d'elle, non seulement qu'elle l'équipât, qu'elle lui fournît sa solde, et qu'elle le nourrît pendant le quartier d'hiver [2], mais aussi qu'elle contribuât aux frais généraux du bataillon dans lequel il était incorporé. Une taxe spéciale fut levée sur les villages, en 1689, pour « l'entreten-

---

[1] Arch. de l'Aube, C. 1061. Voir aussi C. 320. — Turgot permit la gratification dans la généralité de Limoges. (Condorcet, *Vie de M. Turgot*, p. 47). — *Inv. Arch. Lot*, C. 188.

[2] Lettre de l'intendant de Moulins, mai 1695. (*Correspondance des contrôleurs généraux*, I, n° 1428.) L'intendant de Montauban se plaint des grands frais que les milices causaient aux communautés. (*Ibid.*, n° 935.)

nement et la subsistance des officiers, ainsi que pour la seconde paye des sergents. » Cette contribution était de 18,950 livres pour la province de Champagne. En 1787, le budget de son assemblée provinciale portait au chapitre des dépenses une somme de 30,000 livres pour les frais de la levée, qui, cette année, n'avait coûté que 7,420 livres [1]. Cette charge, qui, en 1763, était de 4,491 livres pour l'élection de Bar-sur-Aube, venait s'ajouter aux impositions de l'ustensile de l'infanterie et du quartier d'hiver, que payaient déjà les taillables.

La communauté, outre ces frais, avait primitivement fourni au milicien un chapeau, un justaucorps, des culottes et des bas de drap, et de bonnes chaussures. Sous Louis XV, l'uniforme fut donné par l'État ; mais le chapeau, les frais de tirage et de conduite restèrent à la charge des communautés. C'était pour elles un nouveau sujet de plaintes ; c'était aussi pour les syndics une nouvelle et lourde charge. Ils étaient obligés, non seulement de conduire les miliciens au tirage, mais de les mener au quartier d'assemblée, quelquefois situé à vingt lieues du village [2]. Ils recevaient, pour ces déplacements, de minimes indemnités, et s'ils négligeaient quelques prescrip-

---

[1] Necker évalue à 800,000 liv. les frais d'équipement et de levée des régiments provinciaux. (*De l'administration des finances*, II, 312.) — Un arrêt du conseil de 1782 fixe à 412,570 l'imposition pour les dépenses des milices. (Arch. nationales, H. 1046.)

[2] Requête d'un syndic, chirurgien-accoucheur, demandant à être déchargé de la conduite des miliciens. (*Inv. des Arch. de la Seine-Inférieure*, C, 761.)

tions des ordonnances sur les levées, ils étaient
frappés d'amendes exorbitantes.

.Toutes ces causes réunies, l'inégalité, les charges
pécuniaires, la contrainte, avaient fait prendre en
horreur aux habitants des campagnes un service militaire singulièrement restreint et limité, si on le
compare à celui qui n'a cessé d'être exigé en France
depuis 1793. Le sentiment de répulsion qu'il inspirait se retrouve dans la plupart des cahiers de 1789.
On entend de tous côtés s'écrier : « La milice est
plus ruineuse que tout autre impôt. C'est un terrible
fléau et inutile. — Le tirage au sort de la milice est
une espèce de servitude personnelle qui porte exclusivement sur le tiers-état. — Que le tirage de la
milice soit aboli comme contraire à la liberté des
citoyens [1]. » C'est la servitude qui paraît la plus
difficile à supporter ; car le servage n'existe plus, le
joug seigneurial a été allégé, la corvée a été abolie.
Il subsiste sans doute encore de lourds et d'injusti-
fiables abus ; les tailles sont accablantes pour les
communautés rurales, et pèsent presque uniquement
sur elles. Au point de vue économique, la situation
des villages était donc incontestablement mauvaise
et demandait des réformes sérieuses ; mais peut-on

[1] Cahiers du tiers-état du Quercy, *Arch. parlement.*, V. 498.
Cahiers de la noblesse de Colmar et Schlestadt. Cahier de Cor-
meilles, de Gonesse, etc., etc. Le cahier d'Avron (sénéchaussée
d'Aix) dit : « Il est injuste de forcer, malgré lui, un homme à em-
brasser un état périlleux... » (*Ibid.*, III, 7 ; IV, 463, 585 ; VI, 255.)
— On ne réclamait pas moins contre les milices garde-côtes
dans les paroisses de Normandie. (*Les Cahiers de 1789 en Normandie*, II, 462, 511.)

nier que leurs habitants n'eussent déjà le sentiment
et la réalité de la liberté, quand on les voit supporter
avec tant d'impatience la contrainte relativement mo-
dérée, qui était imposée à quelques-uns d'entre eux
par le service de la milice?

———

LIVRE V

LE BIEN PUBLIC

CHAPITRE Iᵉʳ.

L'ÉCOLE.

Concours de l'Église, de l'État, du seigneur et de la communauté pour le bien public. — Écoles rurales au moyen âge. — Les écoles au seizième siècle. — Comédies et dialogues dans les villages. — L'instruction obligatoire décrétée par Louis XIV et Louis XV. — Grand nombre des écoles primaires. — Efforts des évêques pour faire établir des écoles. — Rôle des habitants. — Choix des maîtres en assemblée générale. — Candidats. — Jurys d'examen. — Élections. — Traités avec les maîtres ou recteurs d'école. — Nature de leurs fonctions. — Rétributions et gages. — Approbation épiscopale. — Intervention de l'intendant. — Révocations. — Maisons d'école. — Écoles de filles. — Gratuité. — Ses effets. — État de l'instruction primaire. — Part qu'y prenait la communauté.

Les assemblées provinciales donnaient le nom de bureau du bien public à celle de leurs commissions qui s'occupait de l'agriculture, de la bienfaisance et de l'instruction. Nous avons également réuni sous ce titre les différentes institutions qui ont eu pour but d'améliorer la condition morale et matérielle des habitants des communautés rurales.

Le désir du progrès est une loi de la nature. Exposé à être souvent déçu, il n'en est pas moins la préoccupation constante des hommes. Tour à tour ou simultanément, chacun des pouvoirs qui ont agi sur la communauté a concouru au progrès. Le clergé, le seigneur, l'État ne se sont pas affranchis de ce devoir. Mais ce fut l'honneur de la communauté de s'aider elle-même, et de prendre une large part à l'entretien des écoles, à l'exercice de la charité, au défrichement du sol.

Les habitants et les communautés, en effet, n'ont pas hésité à s'imposer des sacrifices pour leurs écoles. Souvent ces écoles avaient été fondées par le clergé, assez fréquemment par les seigneurs [1] ; le pouvoir royal ordonna à plusieurs reprises d'en établir. Mais, au xviie et au xviiie siècle, sauf quelques exceptions, c'étaient les communautés qui construisaient, achetaient ou louaient les maisons destinées aux écoles, et qui subvenaient par des allocations annuelles à l'insuffisance des rétributions que les parents payaient chaque mois aux maîtres [2].

---

[1] Quantité de seigneurs, dit Renauldon, sont entrés dans les vues de Sa Majesté, en fondant dans les campagnes des écoles publiques. Il est vrai que l'instruction rend quelquefois le paysan raisonneur, qu'il emploie les lumières acquises pour faire le docteur de village, plaider le seigneur et le curé ; mais, d'un autre côté, les grands biens qui peuvent en résulter doivent encourager le seigneur à ne pas négliger l'établissement des écoles dans leurs terres. (*Dictionnaire des fiefs*, 1788, I, 374.)

[2] L'existence de nombreuses écoles dans les campagnes avant 1789 a été attestée par les récents travaux de MM. Fayet, de Beaurepaire, Maggiolo, Serurier, Quantin, de Charmasse, Merlet, E. de Barthélemy, de Fontaine de Resbecq, Édouard Schmidt, Mi-

De nombreux textes établissent l'existence d'écoles dans les campagnes au moyen âge ; les curés choisissaient des clercs pour enseigner les enfants, et recommandaient aux parents de les faire instruire. Mais c'est surtout à partir du xvi° siècle qu'on peut en signaler un grand nombre. Un ambassadeur vénitien déclarait, à cette époque, qu'il n'y avait personne en France qui ne sût lire et écrire [1]. Cette assertion est sans doute exagérée ; mais l'instruction primaire et secondaire est largement donnée ; on parlait « d'escholes et de collèges espanduz par toutes les villes et villages du royaume ; » le clergé ne cherchait pas à en augmenter le nombre, mais à. faire réduire le prix exagéré des pensions qu'exigeaient les « principaux et les précepteurs. » Il demandait aussi que leur enseignement fût soumis à la surveillance ecclésiastique, et ce qui prouve à quel point les exercices scolaires étaient partout en honneur, il ne voulait pas que l'on pût « faire représenter aux escholes des villes et villages aucunes comédies et tragédies, dialogues ou colloques, ni faire déclamer oraisons sans les communiquer et faire approuver par l'évesque ou ses grans vicaires, curés ou vicaires des lieux [2]. »

reur.M. E. Allain les résume dans son excellent livre sur l'*Instruction primaire en France avant la Révolution*, in-12, 1881. Nous avons constaté des faits analogues dans l'Aube, dans notre étude intitulée : *L'instruction primaire dans les campagnes avant 1789, d'après des documents tirés des archives communales et départementales de l'Aube*. Troyes, 1875, in-8o de 86 pages.

[1] *Relations des Ambassadeurs vénitiens*, I, 48.

[2] Articles des Remontrances... du clergé du bailliage de Troyes, en 1588. Arch. de l'Aube, 10 G. 13.

A la veille des guerres de religion, le clergé crai-
gnit de perdre la suprématie qu'il avait jusqu'alors
exercée sur l'enseignement. Il s'adressa au pouvoir
royal pour la conserver. Un édit de 1551 prescrivit
aux maîtres d'école de se faire approuver, avant
d'exercer, par ceux à qui il appartenait de le faire.
Cette ordonnance fut renouvelée par Henri IV, en
1606 ; par Louis XIV, en 1698. L'enseignement primaire, qui avait souffert des guerres civiles, se releva
vers le milieu du xviie siècle, sous l'influence de la
rénovation religieuse qui se produisit. Il profita
même de la propagande qui fut dirigée contre les
protestants, et l'on peut dire que le seul résultat bienfaisant de la révocation de l'édit de Nantes fut d'attirer plus que par le passé la sollicitude du gouvernement sur les écoles [1]. Louis XIV, pour faire élever
les enfants des protestants dans les principes du
catholicisme, n'hésita pas à décréter pour tous l'instruction primaire obligatoire. « Enjoignons, dit-il,
dans la déclaration du 13 décembre 1698, à tous
pères, mères, tuteurs et autres personnes qui sont
chargées de l'éducation des enfants, et nommément
de ceux dont les pères et mères ont fait profession de
la religion prétendue réformée, de les envoyer aux
dites écoles et au catéchisme, jusqu'à l'âge de qua-

---

[1] Dans l'intendance de Bordeaux, les fonds provenant des revenus
des consistoires et du reliquat des biens des fugitifs furent appliqués à la création de nouvelles écoles. (*Corr. des contrôleurs
généraux*, I, n° 919). Il en fut de même dans l'intendance d'Amiens
et dans le diocèse d'Autun *Etat de l'Instruction primaire dans
l'ancien diocèse d'Autun*, 2e éd. (A. de Charmassé, p. 33.)

torze ans... » Le roi ne se contenta pas d'enjoindre
aux parents de faire inscrire leurs enfants ; il voulut
leur en fournir les moyens, en provoquant l'établissement des maîtres et des maîtresses d'école dans les
paroisses où il n'y en avait pas. Il prescrivit à cet
effet aux communautés de s'imposer pour leur fournir
la somme qui manquerait pour leur subsistance, jusqu'à celle de 150 liv. par an pour les maîtres et de
100 liv. pour les maîtresses [1]. C'était le principe de
la dépense obligatoire pour l'instruction mise à la
charge des communes.

Les ordonnances des rois n'étaient pas toujours
exécutées [2]. La déclaration de 1724 réitéra les prescriptions de celle de 1698. Pour rendre efficace
l'obligation déjà décrétée, elle chargea les procureurs
fiscaux de se faire remettre tous les trois mois la liste
de tous les enfants qui n'iraient pas aux écoles, afin
de faire poursuivre les parents, les tuteurs et les cu-
rateurs chargés de leur éducation. Ces prescriptions
ne furent observées que dans les provinces où les
croyances protestantes avaient persisté [3] ; souvent,

---

[1] *Anciennes lois françaises*, XX, 317. On constata surtout en
Normandie la création de nombreuses écoles à la suite de cette
ordonnance (*Inv. Arch. Seine-Inférieure*, D. 334.) — Des arrêts du
conseil de 1665 et de 1741 forcent des paroisses à payer des maîtres. (Maggiolo, *Du droit public et de la législation des petites
écoles de 789 à 1808*, p. 27.)

[2] Le Parlement de Toulouse rendit cependant en 1699 un arrêt
portant qu'il serait tenu, sur des registres parafés par le juge,
un état des écoliers venant aux classes. (*Corr. des contrôleurs généraux*, I, n° 1857.)

[3] Maggiolo, *de l'Enseignement primaire dans les Hautes-Cé-
vennes avant et après* 1789. Nancy, 1879, p. 23.

elles auraient été inutiles. « Il y a peu de paroisses
qui n'ait un maître d'école[1], » écrivait-on sous
Louis XVI. Les écoles, il est vrai, étaient inégalement
réparties entre les diverses régions du royaume[2]. Elles
étaient plus nombreuses dans les régions de l'Est et
du Nord que dans les autres. En Lorraine, on dit,
en 1779, que « les bourgs et les villages fourmillent
d'une multitude d'écoles. Il n'y a pas de hameau,
dit-on, qui n'ait son grammairien. » Il en est de
même en Franche-Comté[3]. En Champagne, on peut
affirmer que toutes les paroisses étaient pourvues
d'écoles[4]. Il y en avait moins aux environs de Paris[5].
Le zèle des évêques et l'esprit public avaient plus
contribué à leur développement que les ordonnances
royales.

Les évêques montrèrent, au XVIIe siècle, une grande
sollicitude pour l'établissement et la discipline des
écoles rurales. « Nous ordonnons, écrit l'évêque
d'Autun en 1669, que les curés et les prestres tien-
dront de petites escoles ou choisiront avec les habi-

---

[1] Perreau, *Instruction du Peuple*, cité par Des Essarts, *Dictionnaire de Police*, VIII, 72.

[2] Voir sur cette répartition mon livre sur l'*École de village
pendant la Révolution*, 1881, p. 4 à 13.

[3] Maggiolo, *De la condition de l'Instruction primaire en Lorraine avant 1789*. — J. Sauzay, *Hist. de la persécution révolu-
tionnaire dans le Doubs*, X. 399. — E. Allain, *L'instruction primaire en France avant la Révolution*, 1881, p. 73.

[4] Sur 446 communes que renferme aujourd'hui le département de
l'Aube, nous avons constaté que 423 localités contenaient des écoles. (*L'Instruction primaire dans les campagnes*, p. 63. *L'École de
village pendant la Révolution*, p. 5.)

[5] Voir les cahiers du bailliage de Paris en 1789. *Arch. parlementaires*.

tans de la paroisse une personne de probité capable
d'enseigner les jeunes enfans[1]. » « Nous exhortons
les curés, disait l'évêque de Grenoble en 1690, de
s'appliquer à l'établissement des petites écoles dans
les paroisses par toutes les voies que la charité leur
inspirera[2]. » L'évêque de Châlons en établit partout[3];
celui de Castres les visite tous les deux mois[4]. Dans
leurs tournées annuelles, les évêques s'en occupent
avec régularité. Des témoignages du zèle et de la sollicitude qu'ils déploient en faveur de l'instruction se
trouvent dans leurs statuts synodaux, dans leurs
mandements, dans leurs règlements. Les statuts de
Toul et de Châlons recommandent aux curés d'employer leurs ressources à fonder ou à doter des écoles... Inspirez, disent-ils, à ceux qui veulent faire des
fondations au profit de l'Eglise de les attribuer à cette
bonne œuvre...[5]. « Les curés, écrit l'évêque de Saint-
Malo, remontreront à leurs paroissiens que s'il n'y a
point d'escole, la jeunesse nourrie en oisiveté apprend
l'art de mal faire... ils les exhorteront donc à establir,
diriger, dresser et entretenir des escoles ouvertes à
tous, pauvres et riches, par toutes les paroisses,
mesme y fonder et y bastir quelque maison en lieu

[1] Anatole de Charmasse, *Etat de l'Instruction primaire dans
l'ancien diocèse d'Autun pendant les dix-septième et dix-huitième
siècles*, 2e éd., p. 27.

[2] *Statuts synodaux de Grenoble*, 1690, p. 150.

[3] *La vie de Messire Félix Vialart de Herse*, 1738, p. 51.

[4] Lettre de M. de Maupeou, 1693. *Corr. des contrôleurs généraux*,
I, n° 1175,

[5] Maggiolo, *Du Droit public, et de la législation des petites
écoles*, p. 24.

convenable et voisin de l'église, si déjà il n'y en a [1]. »
En 1744, le premier évêque de Dijon, Jean Bouhier,
tout en constatant une situation plus prospère, voulait arriver à la complète diffusion de l'enseignement.
« S'il se trouve dans notre diocèse, disait-il,
quelques paroisses qui soient sans recteurs d'écoles,
nous ordonnons aux curez et vicaires desdites paroisses, de veiller à ce qu'il y en soit établi, à moins
qu'elles ne soient trop petites ou trop pauvres pour
fournir à la dépense que demanderaient ces établissements, auquel cas ils en confieront les fonctions,
de concert avec la communauté assemblée, à celui
d'entre les habitants qui paroitra le plus propre à s'en
bien acquitter [2]. »

Au milieu du XVIIIe siècle, l'Eglise, l'Etat, la Communauté concourent à la nomination des recteurs
d'école. L'Eglise approuve et surveille ; l'intendant
autorise et sanctionne ; mais c'est la communauté
d'habitants qui choisit le recteur et qui traite avec
lui. On ne peut imposer aux pères de famille un

---

[1] *Statuts synodaux de Saint-Malo*, 1620, p. 276.
[2] *Ordonnances synodales du diocèse de Dijon*, 1744, p. 77. —
Voir, parmi les règlements des évêques, les *Réglemens donnez par
Monseigneur l'évesque de Montpelier aux maistres et maistresses
d'école de son diocèse* (du 13 octobre 1687). Placard. — Ces règlements qui s'occupent de tous les points de la pédagogie, de la
tenue des classes et de la discipline, sont suivis d'une lettre du roi
qui félicite l'évêque de son zèle pour l'instruction des nouveaux
convertis. Il l'engage même à préposer un ecclésiastique pour visiter tous les maîtres d'école, examiner s'ils s'acquittent bien de
leurs devoirs et les aider de ses conseils. Au bas se trouve une
ordonnance de l'intendant qui menace d'amendes de 6 liv. et de
50 l., en cas de récidive, les pères et les mères qui n'enverraient
pas leurs enfants aux écoles.

maître qu'ils ne connaissent pas, et les pères de famille sont appelés à fixer les honoraires qu'ils paieront à l'homme chargé d'instruire leurs enfants. Lorsqu'on 1787 on établit des municipalités dans les villages, on crut d'abord qu'il faudrait leur attribuer la nomination des maîtres. Telle ne fut pas l'opinion de la commission intermédiaire de l'assemblée provinciale de Champagne. Nous la reproduisons en entier, parce qu'elle nous semble affirmer des principes justes sur cette question : « Les gages des maîtres d'école, dit la commission, sont généralement payés par chaque chef de famille ; tout habitant a un droit personnel pour voter sur la conservation, le renvoi ou le remplacement de ces hommes publics, et nous pensons que les délibérations des municipalités relatives à ces questions doivent être prises ou confirmées dans une assemblée générale des habitans... Ces assemblées, ajoute la commission en parlant des municipalités, ne sont pas assez nombreuses ni assez éclairées pour traiter des affaires les plus importantes, et il seroit dangereux de confier à trois ou à six personnes les intérêts généraux et particuliers de tous les habitans[1]. »

Les habitants des communautés nommèrent en effet leurs maîtres d'école en assemblée générale jusqu'à la Révolution. Le billet suivant, daté de 1789, l'atteste, en même temps qu'il nous montre comment était annoncée l'assemblée communale. « Je soussigné,

[1] Lettre du 17 juin 1788. Arch. de l'Aube, C. 1183.

écrit un curé, que le dix-neuf présent mois sur l'invitation de l'un des syndics, j'ai annoncé au prône de ma messe paroissiale qu'il y aurait le dimanche suivant, vingt-six aussi du présent mois, une assemblée générale des habitans à l'effet de procéder à l'élection d'un maître d'école, et que tous et un chacun des habitans étaient priés de présenter les sujets qu'ils croiraient capables de remplir le rectorat de la paroisse.[1] »

Il n'était pas toujours facile de trouver des candidats. A la fin du xviiie siècle, les notables d'une petite ville faisaient appel, dans les affiches du journal de la capitale de la province, à ceux qui voudraient remplir les fonctions de maître d'école. Ceux-ci, avant d'être proposés aux suffrages de la communauté, étaient examinés par le curé ou par les notables. C'était l'usage dans le midi, où un jury composé d'habitants instruits, les interrogeait[2]. A Vermanton, le procureur du roi et d'autres notables formaient une commission, qui se réunissait dans l'église et posait des questions au candidat[3]. Il ne pouvait en être ainsi dans les villages, où les hommes capables de juger du mérite d'un recteur d'école étaient rares. On s'en rapportait au curé, au recteur sortant, à la notoriété publique, à des services antérieurs. Si plusieurs candidats se présentaient, on les faisait chanter au lutrin, et souvent la force de leurs poumons et la

[1] Celles. Arch. de l'Aube, C. 11.
[2] Mireur, *Documents sur l'Enseignement primaire en Provence avant 1789. Revue des Sociétés savantes*, 7e série, III, 192-193.
[3] Max Quantin, *Vermanton*, p. 73.

sonorité de leur larynx déterminaient le choix des habitants [1].

Le syndic, le curé ou le procureur fiscal exposaient à l'assemblée des habitants les raisons pour lesquelles l'établissement ou le remplacement d'un maître était nécessaire. L'élection avait lieu à haute voix; si le vote était douteux, s'il suscitait des réclamations, l'intendant en était saisi, et d'ordinaire en appelait à une nouvelle assemblée. La nomination était consignée dans un acte, dont les termes étaient débattus et consentis par les habitants. Ce traité, rédigé par le juge, par un praticien ou par un notaire, était fait comme un bail, résiliable après trois, six ou neuf années, à la volonté des parties. Il stipulait le taux des rétributions fixes et éventuelles auxquelles avait droit le maître; l'exemption des tailles, et s'il y avait lieu, la subvention de la communauté, la jouissance de certains biens communaux ou des fondations affectées à l'enseignement; il déterminait en même temps la nature de ses fonctions et de ses services. Presque toujours sacristain et chantre, le maître d'école devait assister le prêtre dans les offices et dans l'administration des sacrements; souvent il était

---

[1] A Lucy-le-Bois, en 1782, le curé expose aux habitants assemblés au devant de l'église, que vu la démission du maître d'école, il a écrit à cinq ou six lieues à la ronde pour procurer un bon maître à la paroisse. Il se présente huit candidats. Deux seuls lui paraissent capables. Le curé fait aux habitants des recommandations très sensées. Ceux-ci demandent à entendre chanter les candidats, et suspendent leur jugement jusqu'après cet examen. (Max Quantin, *Histoire de l'Instruction primaire avant 1790 dans les pays formant le département de l'Yonne*, p. 38.)

chargé de la conduite de l'horloge ; il sonnait les cloches, non seulement pour l'angelus, mais contre les orages. Dans certains pays, il portait l'eau bénite le dimanche dans chaque maison[1]. Il était parfois le greffier de la communauté, et à l'issue de la messe paroissiale, c'était lui qui souvent était chargé de lire les actes de l'autorité.

Le traité déterminait aussi la nature de l'enseignement, le nombre des classes, la durée des vacances. Dans beaucoup de pays, l'école était ouverte seulement pendant les mois d'hiver. Aussi les enfants y restaient-ils souvent jusqu'à seize ou dix-huit ans. Le matin, on les conduisait à la messe. La lecture, l'écriture, l'arithmétique, étaient successivement enseignées par la méthode individuelle ; chacun allait épeler, auprès du maître, sur un livre latin ; chacun copiait sur une page blanche la ligne que le maître avait écrite en tête. Le *nec plus ultra* de l'instruction primaire, c'était la lecture des vieux manuscrits. Les paysans voulaient que le recteur sût les déchiffrer, afin qu'il pût leur faire connaître, en cas de besoin, le texte des anciennes chartes de la communauté.

Pour toutes ces fonctions, les recteurs d'école recevaient, à défaut de fondations, des gages payés

[1] Réponses faites par les instituteurs de l'Aube à un questionnaire envoyé en 1860 et 1872 par l'inspecteur d'Académie. (*L'Instruction primaire dans les campagnes.*) La sonnerie contre les orages fut interdite en 1784 par arrêt du Parlement. Elle était aussi en Lorraine une des charges imposées au maître d'école. (Ed. Schmidt, *l'Instruction primaire à la campagne en Lorraine il y a cent ans*, p. 25 et 26.)

par la communauté ou par les habitants, à raison
d'une somme déterminée par feu et d'ordinaire plus
élevée pour les laboureurs que pour les manouvriers.
L'assistance aux mariages et aux enterrements était
rémunérée séparément. La rétribution scolaire variait suivant l'enseignement donné, les localités et les
époques. Au xviiie siècle, chaque enfant payait par
mois de 3 à 5 sous pour apprendre à lire ; l'écriture
et le calcul coûtaient davantage. Dans certains pays,
on pouvait s'acquitter en nature. Si les cotisations
individuelles étaient insuffisantes, la communauté
attribuait aux maîtres des revenus sur le produit de
ses biens ou de certains droits ; à défaut d'autres
ressources, elle s'imposait pour leur payer les
150 liv. auxquelles la déclaration de 1698 leur donnait droit [1]. Comme les classes ne duraient généralement que pendant une partie de l'année, le maître
se livrait d'ordinaire à d'autres occupations, tantôt
libérales, comme celles de notaire, de chirurgien, de
praticien, tantôt plus humbles et plus subalternes.
Aussi, si les revenus de quelques-uns étaient à peine
suffisants [2], d'autres étaient dans une situation relativement bonne [3], en tenant compte de la valeur de

---

[1] En 1695, le roi subvenait à l'insuffisance des ressources des
communautés pour le paiement des gages des maîtres ; mais il
faut remarquer que son but, en agissant ainsi, était de parvenir
à l'exécution complète de la révocation de l'édit de Nantes. (*Corr.
des contrôleurs généraux*, I, no 1420.) — Sur les traités avec
les maîtres, voir : M. Quantin, p. 34-38 ; *Inv. arch. Côte-d'Or*,
série C.; D'Arbois, l'*Administration des intendants*, p. 109 à 112.

[2] Plusieurs curés réclament en 1788 une augmentation de trai-
tement pour leurs maîtres d'école. (Arch. de l'Aube, C. 1182.)

[3] Il n'y a qu'un maître d'école, dit le prieur de Lusigny en

l'argent; on en cite même, à titre exceptionnel, qui avaient acquis] pour près de 20,000 livres de biens pendant leur rectorat[1], et qui auraient payé une redevance à la communauté sur le produit de leurs rétributions scolaires.

Le recteur d'école choisi par la communauté devait, pour être approuvé par l'évêque ou par l'un de ses délégués, faire entre leurs mains une sorte de profession de foi. Il y fut obligé plus strictement que par le passé à partir de la fin du xviie siècle[2]. Avant de viser l'acte de communauté qui le nommait, le promoteur l'interrogeait sur les principes et sur les devoirs de la religion, sur la lecture, l'écriture, l'arithmétique et le plain-chant[3]. Le promoteur ou le doyen rural était tenu, en outre, d'assembler une ou deux fois par an tous les maîtres d'école du doyenné, afin de les former et de les instruire de leurs devoirs. Les évêques et les archidiacres ne manquaient pas de les interroger dans leurs tournées, et se faisaient présenter les enfants « pour connaître leur capacité et le profit qu'ils faisaient en leurs études[4]. » En cas de conduite scandaleuse et sur les plaintes des habitants, l'évêque révoquait les recteurs.

1783. J'ai décidé mes paroissiens à lui faire un sort avantageux... je crois que sa place vaut environ 700 l. (Arch. de l'Aube, C. 1483.) — Maggiolo, *Rev. des Sociétés savantes*, 4e série, IX, 311-312.

[1] Arch. de l'Aube, C. 1476.

[2] Cependant, en Provence, à partir du xvie siècle, l'approbation ecclésiastique n'est demandée que par exception. (Mireur, *Rev. Soc. savantes*, 7e S., III, 192.)

[3] *Ord. synod. de Dijon*, 1744, ch. X, 11. — *Stat. synod. de Troyes*, éd. 1729, p. 170.

[4] *Statuts et règlements*, Troyes, éd. 1688, p. 69.

L'intendant intervenait pour homologuer les traités passés par les communautés, et à partir du milieu
du xviiie siècle, pour sanctionner les nominations.
L'administration empiète de plus en plus sur le domaine ecclésiastique. A la veille de la Révolution, ce
sont les procureurs syndics des assemblées d'élection qui font des enquêtes sur les plaintes portées
contre les maîtres et qui, au besoin concluent à la
destitution.

Les habitants exercent de leur côté une surveillance sur le recteur qu'ils ont choisi et qu'ils paient.
Les plaintes formulées contre lui n'étaient point, il
est vrai, toujours justes et pouvaient être suscitées
par des hostilités personnelles. On lui reprochait parfois de ne pas donner une instruction suffisante. En
1772, un recteur d'école est cité devant une assemblée d'habitants parce qu'il « ne recorde pas les enfants comme il faut, et même qu'il a dit, lit-on dans
le procès-verbal, à quelqu'un d'eux, qu'il sorte de
son école, ce qui est contraire aux devoirs de sa
charge. » On lui déclare qu'on diminuera ses gages,
s'il continue, et on lui rappelle ses obligations. Quelquefois, le recteur, destitué par les habitants, ne veut
pas sortir de la maison d'école; il faut s'adresser à
l'autorité pour « le faire déguerpir, » en le menaçant
de faire jeter ses meubles sur le carreau [1].

Un grand nombre de villages possédaient des maisons
d'école. Quelques-unes avaient été données par des

[1] Arch. de l'Aube, C. 696 et 1453.

seigneurs, des curés ou des personnes généreuses ; plusieurs étaient fournies par les fabriques ; mais la plupart avaient été édifiées ou achetées avec les seules ressources de la communauté. Comme pour la nef de l'église, comme pour le presbytère, elle avait été souvent contrainte de s'imposer pour construire ou réparer la maison d'école. L'intendant intervenait pour les devis, les adjudications, les approbations de travaux, les autorisations d'acquisitions. Quoique ces maisons fussent semblables d'ordinaire à celles des paysans, leur édification et leur entretien imposaient aux habitants des sacrifices d'autant plus méritoires que leurs ressources étaient restreintes.

Les ordonnances avaient prescrit l'ouverture d'écoles de filles ; les conciles et les évêques avaient interdit les écoles mixtes ; mais il n'y a pas de loi contre la force des choses, et les évêques ne furent pas plus écoutés que les rois, parce qu'il était impossible à la plupart des communautés de payer des maîtresses d'école. Les évêques même autorisèrent, au xviiie siècle, sous certaines conditions, les écoles mixtes qu'avaient proscrites leurs prédécesseurs [1].

Il s'établit cependant un certain nombre de classes de filles ; dans le Maine, elles auraient été même plus nombreuses que celles de garçons [2]. Beaucoup

[1] Une vignette de la *Vie de mon père*, imprimée en 1779, représente une école de village, où les garçons sont rangés d'un côté, les filles, de l'autre. Le maître d'école, dont Rétif fait connaître les vertus et l'influence, est assis devant une table, au fond d'une humble chambre, dont le seul ornement est un tableau religieux.

[2] Armand Bellée, *Recherches sur l'Instruction publique dans le département de la Sarthe*, p. 14.

d'écoles de filles furent tenues par des sœurs appartenant à des congrégations religieuses [1], tandis que dans la plupart des provinces les maîtres étaient presque tous laïques [2]. Des fondations charitables confiaient aux sœurs, dans certaines localités, le soin des malades et l'enseignement des petites filles indigentes. Cet enseignement était d'ordinaire gratuit.

La gratuité était l'exception pour les garçons. Elle ne pouvait être que le résultat des libéralités privées, car les communautés rurales n'étaient pas assez riches pour l'établir. Il n'en était pas de même dans les villes. « L'éducation y est gratuite, » dit un cahier de village en 1789. « Pourquoi ne le serait-elle pas dans les campagnes où il y a beaucoup moins de ressources [3] ? » Et cependant un auteur se plaignait en 1760 de l'instruction gratuite, qui rendait le paysan orgueilleux, insolent, paresseux et plaideur, et nuisait ainsi à la population et à l'agriculture. « On a la manie, disait-il, de ne plus engager aucun domestique qui ne sache lire, écrire et calculer ; tous les enfants de laboureurs se faisant moines, commis des fermes ou laquais, il n'est pas surprenant qu'il n'en reste plus pour le mariage ou pour l'agricul-

---

[1] *L'Instruction primaire dans les campagnes avant* 1789, p. 48. — La plupart de ces congrégations furent établies au XVIIᵉ siècle.

[2] Plusieurs contrées du centre et la Normandie formaient exception à cette règle. (Ch. de Beaurepaire, *Recherches sur l'instruction dans le diocèse de Rouen avant* 1789, II, 407.)

[3] Cahier de Bessancourt, Ile-de-France. *Arch. parlementaires,* IV, 354.

ture[1]... A la même époque, un autre auteur se plaint
de « la multiplicité des écoles publiques et gratuites
qui sont répandues dans le royaume. » Il en signale
les inconvénients; il montre le fils d'un cultivateur
s'élevant au-dessus de sa position et ne pouvant s'en
faire une autre. « Il n'y a d'autre état pour lui, dit-
il, que de grossir le nombre des religieux, ou de ces
célibataires, solliciteurs d'emplois, dont la France
fourmille[2]. » Des griefs semblables étaient dirigés
contre l'éducation secondaire qui était donnée dans
de petites villes, même dans les bourgs, où les
paysans pouvaient faire leurs humanités. A Marcigny,
le principal du collège était tenu d'enseigner gratuitement douze enfants pauvres. L'intendant Amelot
blâmait ce genre d'établissement, qui « donnait occasion de faire de mauvais prêtres ou des procureurs,
des sergents ou autres engeances de même espèce[3]. »
L'Etat, signalant la multiplicité des collèges particuliers, « répandus partout, » voulait y apporter un

---

[1] *Essai sur la voierie*, cité dans la *Réponse à la voierie*, *L'Ami
des hommes*, V, p. 164 et 192. La gratuité, réclamée au XVIe siècle,
comme l'atteste un écrit latin de Pierre Boulenger en 1566, était
regardée en 1765 comme ayant de dangereuses conséquences, par
Maubert de Gouvest, qui voulait cependant qu'en France l'éducation fût générale. (*Le Temps perdu ou les Écoles publiques*,
Amsterdam, 1765, p. 36 et 38.)

[2] *La noblesse telle qu'elle doit être*, 1758, p. 173. — En 1746,
l'abbé Terrisse lisait un mémoire à l'Académie de Rouen sur cette
question : *Est-il avantageux ou préjudiciable au bien de l'État
que les gens de la campagne sachent lire et écrire?* Il conclut
en faveur des avantages de l'instruction. (*Précis des travaux de
l'Académie de Rouen*, I, 181-188.)

[3] *Inv. Arch. Saône-et-Loire.* D. 28. — Voir aussi : Guyton de
Morveau, *Mém. sur l'instruction publique*, p. 50 ; Coudriet et Cha-
telet, *Hist. de Jussey*, p. 101-102.

meilleur ordre [1]. Ces témoignages relatifs à la gratuité et au trop grand nombre des collèges prouvent d'une manière saisissante combien l'instruction était répandue et comme elle était mise à la portée de tous sous l'ancien régime [2]. Sans doute l'enseignement primaire était inférieur à ce qu'il est aujourd'hui ; le nombre de ceux qui savaient lire et écrire était moins considérable [3] ; dans certaines provinces, les écoles étaient moins nombreuses [4] ; les maîtres ne recevaient pas dans des écoles normales une sérieuse éducation pédagogique. Mais, si de grands progrès restaient à réaliser, de grands efforts n'avaient-ils pas été tentés ? Chaque pouvoir dans sa sphère n'y avait-il pas contribué ? et les plus méritoires de ces efforts, n'était-ce pas à la communauté d'habitants qu'on les devait ? Qui d'ordinaire entretenait les écoles, qui salariait les maîtres, sinon les habitants, sinon les pères de fa-

---

[1] Edit de février 1763. *Anc. lois françaises*, XXII, 391.

[2] On sait que depuis 1719 les collèges de Paris donnaient l'instruction secondaire gratuite. (*Anc. lois françaises*, XXI, 173.)

[3] Nous avons établi d'après des statistiques sérieuses que dans les régions qui forment aujourd'hui le département de l'Aube, le nombre des hommes sachant lire avant 1789 était de 72 pour cent, et celui des femmes de 22. (*L'Instruction primaire dans les campagnes avant* 1789, p. 58.) — M. Maggiolo sur un total de 344,220 mariages célébrés en France de 1786 à 1789 a trouvé 47/45 pour cent de signatures d'époux et 26, 28 de signatures de femmes. Voir l'*Ecole de village pendant la Révolution*, p. 3, 4, 179, 180, 185 à 188.

[4] Ainsi, dans la généralité de Moulins, Freminville, bailli de la Palisse, se plaint, en 1753, de l'ignorance extrême qui règne dans les villages et même dans les bourgs (*Pratique*, III, 547). Turgot, en 1762, gémissait de l'excès d'ignorance dans la généralité de Limoges, et invitait les curés à s'occuper des moyens de répandre un peu plus d'instruction dans les campagnes. (*Œuvres de Turgot*, I, 641.)

mille? Ils connaissaient la valeur et le prix de l'instruction, puisque, malgré les charges dont ils étaient
accablés, ils n'hésitaient pas à s'en imposer de nouvelles pour y satisfaire ; ils comprenaient leurs devoirs de pères et de citoyens, quand ils faisaient des
sacrifices pour assurer à leurs enfants l'enseignement
primaire; et qui peut dire, s'ils n'avaient pas puisé
ces sentiments généreux dans ces fréquentes assemblées de paroisse, où sous les arbres séculaires, au
sortir de l'église, ils délibéraient et agissaient sous
l'inspiration multiple de la religion, de la famille et
de la patrie, dont la communauté était pour eux l'i-
mage ?

CHAPITRE II

L'ASSISTANCE PUBLIQUE.

Hôpitaux, hospices, maladreries dans les villages. — Substitution des administrateurs laïques aux religieux. — Reddition des comptes. — Enfants trouvés. — Pauvres. — Mendiants. — Police des mendiants. — Taxes des pauvres. — Bureaux de charité. — Inégalité des secours. — Sœurs de charité. — Distribution de remèdes dans les campagnes. — Répartition des boîtes de remèdes. — Envoi de médecins. — Epidémies. — Louve enragée. — Chirurgiens de campagne. — Sages-femmes. — Leur nomination. — Cours d'accouchement — Inondations et incendies. — Bureaux des incendiés. — Bienfaisance au dix-huitième siècle.

L'assistance publique fut longtemps l'apanage du clergé et des seigneurs. Même si la religion ne lui en eût pas fait un devoir, le seigneur ne pouvait laisser sans secours le serf infirme ou malade, qui, lorsqu'il était valide, avait travaillé pour lui. Il contribua donc avec le clergé à la fondation d'établissements hospitaliers dans les campagnes. La foi religieuse les multiplia. Au XIIIᵉ siècle, on comptait dans le territoire, qui forme aujourd'hui un seul départe-

ment, au moins soixante-deux hôpitaux et maladreries. Vingt et un d'entre eux se trouvaient dans des
communes rurales, qui n'ont pas semblé assez importantes pour être érigées en chefs-lieux de canton. Un
seul hôpital subsistait au xviii° siècle dans ces communes, et de nos jours le département n'a conservé
que neuf hospices ou hôpitaux, tous situés dans les
villes [1].

Les hospices et les maladreries, dont étaient dotés
au moyen âge d'humbles et de pauvres villages, recevaient les malades et les voyageurs. A cette époque,
où les voies de communication étaient mauvaises
et souvent dangereuses, on exerçait envers les voyageurs, et surtout envers les pèlerins, tous les devoirs
de l'hospitalité [2]. Des maisons s'étaient fondées dans
les pays les plus déshérités pour leur servir d'asile et
de refuge. Au nord du Rouergue, au milieu d'une
contrée âpre et sauvage, on entendait la nuit tinter
une cloche qu'on appelait la cloche des perdus, et
briller sur la paroi d'un rocher une lanterne qui servait de phare ; c'était la maison d'Aubrac, où douze
chevaliers étaient prêts à escorter les voyageurs, où
des frères lais ou clercs les soignaient, où des dames
de qualité dirigeaient des servantes chargées de leur
laver les pieds et de faire leurs lits [3]. Les hospices de

[1] D'Arbois de Jubainville, *Voyage paléographique dans l'Aube*,
p. 264.

[2] Léon Maitre, *Histoire des hôpitaux de Nantes. Annales de la
Société académique de Nantes*, 1873, p. 138.

[3] Viallet, *Documents sur l'histoire des hôpitaux.... ayant
existé ou existant dans le Rouergue. Mém. de la Société Ac. de
l'Aveyron*, IX, 316.

village étaient plus humblement dotés, et n'avaient
pas un personnel aussi nombreux. Ils contenaient
quelques lits, soit pour les malades de la localité, soit
pour les pèlerins. On pourrait en citer qui destinaient
une chambre aux pauvres qui allaient en pèlerinage
à Rome [1]. Dans un autre bourg, l'hôpital se composait de deux pièces, dans l'une desquelles habitait le
concierge [2].

Dès le XIIIe siècle, les maladreries étaient admi-
nistrées dans certaines villes par des prudhommes
désignés par l'évêque ou par le seigneur [3]. Plus tard,
lorsque la foi devint moins vive, lorsque les seigneurs
sentirent moins l'obligation de veiller sur les serfs
qu'ils avaient affranchis, les prêtres et les religieux
chargés des soins des hôpitaux s'approprièrent trop
souvent la meilleure partie des revenus qu'ils devaient consacrer au soulagement des pauvres et des
malades [4]. Parfois détournés de cette pieuse destination, les établissements confiés à leur garde servaient
d'asile à des fainéants, à des hommes ou à des femmes
de mauvaise vie [5]. Les ordonnances de François Ier et
de ses successeurs [6] essayèrent de remédier à ces
graves abus, en remettant l'administration des hôpitaux entre les mains des laïques. Un édit de
Charles IX décida, en 1561, que les hôpitaux seraient

---

[1] *Inv. des Arch. des Pyrénées-Orientales*, G. 1138.
[2] D'Arbois de Jubainville, *Voyage paléographique*, p. 309.
[3] Beaumanoir, éd. Beugnot, II, 327.
[4] Édit d'avril 1561. *Anc. lois françaises*, XIV, 105.
[5] *Statuts synodaux de Limoges*, 1629.
[6] *Anc. lois franç.*, XII, 841, 920, XIII, 355.

désormais régis et administrés par des gens de bien,
résidants et solvables, nommés tous les trois ans, soit
par les personnes, qui d'après les titres des fondations avaient droit de présentation, soit par les communautés des villes, des bourgades et des villages. A
partir de cette époque, à moins de stipulations contraires, la communauté partagea légalement avec le
curé, le seigneur et bientôt l'État, les devoirs de l'assistance publique.

Les soins hospitaliers continuèrent presque partout
à être donnés par des religieux ou des religieuses ;
mais l'administration temporelle des hôpitaux fut
confiée à des laïques comme l'était celle des églises.
Leurs comptes devaient être rendus annuellement
devant le juge et les principaux habitants, au nombre
de quatre au moins ; le curé n'y était appelé qu'à
titre de principal habitant[1]. Le seigneur présidait;
mais la réception des comptes ne pouvait avoir lieu
qu'à la majorité des suffrages.

Le seigneur haut-justicier avait conservé, comme
une conséquence de sa part de souveraineté, le devoir de nourrir et d'élever les enfants trouvés. Mais
souvent on les renvoyait à l'hôpital de la ville voisine, qui s'empressait de les diriger sur l'hôpital
général de Paris, où ils étaient à la charge de
l'État[2].

---

[1] Freminville, *Dict. de la police*, 1778, p. 217.

[2] *Code des Seigneurs*, p. 359. — *Anc. lois franç.*, XXVI, 7. —
Lettre du contrôleur général Orry, du 1er décembre 1738. — Lettre
de La Michodière, du 19 avril 1774. Arch. de l'Aube, C. 1893. —
nv. Arch. Seine-Inf. C. 1001. — La déclaration de 1670 mit

Le soin des pauvres appartint longtemps aux églises et aux monastères. Certaines églises logeaient des pauvres que l'on immatriculait et à qui l'on confiait la garde et l'entretien de l'église. On les désignait du nom de *matricularii*, et ce nom fut, dit-on, l'origine de celui des marguilliers[1]. Aux fabriques étaient adjointes, en Normandie, des confréries appelées *charités*, dont les membres se soumettaient à des règlements particuliers, et s'obligeaient à rendre les derniers devoirs aux habitants de la paroisse. Lorsque les revenus des églises et des couvents ne pouvaient suffire à l'entretien des pauvres, le commun des paroisses dut y suppléer[2].

L'État fut obligé de faire, à une certaine époque, la police des mendiants, qui longtemps avait été exercée par le pouvoir seigneurial. La profession de mendiant était reconnue légalement, lorsqu'il était avéré qu'on n'en pouvait exercer d'autre ; quelques individus figurent avec ce titre sur les rôles de la taille ; et comme l'exemption de contribution qui leur était conférée retombait sur les autres membres de la communauté, il fallait que leur indigence fût bien démontrée, pour que cette inscription eût lieu. Aux époques de guerre et de disette, les mendiants affluaient dans les villes ; on les renvoyait dans leurs

l'hôpital des **enfants trouvés de Paris à la charge du Roi. Il en** renfermait 512 en 1670, et 4359 en 1752 (Freminville, *Pratique*, II, 282.)

[1] Ducange, *Glossarium*.

[2] L. Delisle, p. 153. — Maitre, *Les Confréries bretonnes. Revue des Sociétés savantes*, 6e série, III, 285.

villages, par force ou par subterfuge[1]. Différents
édits leur enjoignirent de « se retirer ès lieux de
leur naissance et domicile[2]. » Là, on était plus à
même qu'ailleurs de les faire travailler. « Les mendiants valides, disait une ordonnance de 1536, seront
contrainctz de labourer et besoigner pour gagner
leur vie, sinon, ils seront conduits à la ville prochaine
pour être fustigés. » Plus tard, cette loi ne parut
même pas assez sévère, et l'on condamna les mendiants aux galères en cas de récidive[3].

La plaie de la mendicité s'aggrava au commencement du XVIIIe siècle. Vauban affirmait que près de
la dixième partie du peuple mendiait effectivement[1].
En 1724, Louis XV créa, dans les villes importantes, des sortes de dépôt où les mendiants valides et
invalides furent enfermés. Les premiers étaient assujettis à un travail forcé. Mais les subsides fournis
par l'État aux provinces et aux villes ayant cessé au
bout de dix ans, il fallut revenir aux ressources de la
charité locale, souvent impuissante à conjurer le
mal[5].

[1] *Mémoires de Claude Haton*, p. 729.
[2] Edit de 1566, art. 75. — Edit de 1629, *Anc. lois françaises*,
XVI, 235.
[3] Ord. de 1661 et 1686. On proscrivit la mendicité jusqu'à la
veille de la révolution, sans obtenir de résultats complets. (*Inv.
Arch. Seine-Inférieure*, C. 1009, 1012, 1038.)
[4] *Dixme royale*, 1707, p. 4. — En 1692, l'intendant de Limoges
écrit qu'il y a dans sa généralité « plus de soixante-dix mille personnes qui se trouvent réduites à mendier leur pain. » (*Corr. des
contr. gén.*, I, n₀ 1038.)
[5] La déclaration de 1724, dit un mémoire de 1741, avait totalement banni la mendicité à Troyes, grâce à un secours annuel de
11 à 12,000 fr. De 1724 à 1733, les *renfermeries* de la ville reçu-

Un édit de 1566 avait imposé aux villes, aux bourgs et aux villages l'obligation de nourrir leurs pauvres. Si les ressources de la communauté étaient insuffisantes, on recourait pour y pourvoir à une taxe spéciale, que percevaient les maires, les échevins, les consuls ou les marguilliers des paroisses. Nul ne devait s'y soustraire [1]; les bénéficiers s'en affranchirent cependant plus d'une fois [2]. Le rôle des taxes fut dressé par le curé et le syndic; tous les possesseurs d'héritages y étaient inscrits, en proportion de leurs biens-fonds [3]. Plus tard, le Parlement décida que ce rôle serait fait par le juge, en présence du curé, du procureur fiscal, du syndic et de deux habitants qui seraient nommés par les autres à la sortie de la grand'messe. Ils formaient une sorte de bureau de charité, qui s'occupait de la perception de la taxe, présidait aux adjudications de la fourniture du pain, et dressait les rôles de tous ceux qui avaient besoin d'assistance à cause de leur âge, de leurs infirmités et du trop grand nombre de leurs enfants [4].

rent 1090 mendiants. Les secours de l'Etat cessèrent en 1734. (*Arch. de l'Aube*, 40 H. 171.)

[1] Ord. de février 1566. *Anc. lois françaises,* XIV, 209.

[2] Un curé du diocèse de Rouen écrit en 1775 : Je dirai à leur honte que les pauvres tirent plus de secours du moindre des protestants qu'ils n'en tirent d'une célèbre abbaye qui dépouille plus de 800 acres de terre de ma paroisse... (*Inv. Arch. Seine-Inférieure,* G. 844.)

[3] A. de Boislisle, *Correspondance des contrôleurs généraux,* I, n° 1018. Lettre de l'intendant de Limoges, 1691. — *Ord. syn. Grenoble,* 1690, tit. IV. — En 1706, la taxe fut fixée au sol pour livre des deux tiers des revenus des privilégiés, et à une proportion variable pour les taillables

[4] Arrêts du parlement de 1709 et de 1740. — Freminville, *Dict.*

Lors des terribles disettes de 1693 et de 1694[1],
les évêques et les intendants furent chargés de répartir et de lever des taxes pour y remédier. Bossuet
fit à cette occasion une tournée pastorale de trois
semaines dans son diocèse de Meaux. Il imposa
double contribution sur les habitants des villes qui,
étant taxés dans les campagnes à raison des biens
qu'ils y possédaient, refusaient de payer dans les
villes. Les curés ne s'épargnèrent pas. « Il y en a
plusieurs dans ce diocèse, dit Bossuet, qui n'ayant
que la portion congrue, la sacrifient pour leurs pauvres, et vivent presque de rien sur leurs petites épargnes, en vendant tout[2]. »

Malgré les ordonnances et les arrêts, qu'on renou-
velait dans les temps de crise et de disette, les
bureaux de charité ne s'établirent point d'une manière générale dans les villages, ou cessèrent d'exister après les circonstances critiques qui en avaient
amené la formation. La mendicité continua d'être
une profession entretenue par la charité individuelle.
A la fin du xviiie siècle, sous l'influence des idées
philanthropiques qui dominaient, l'administration
s'efforça d'introduire dans les paroisses une organisa-

de la police, 649, 652. — Delamare, Traité de la police. — Jousse,
p. 232. — Les villes venaient quelquefois au secours des villages.
En 1661, les habitants de Soissons font distribuer 33,280 pains
d'une livre et demie dans les environs. (Dormay, Histoire de Soissons, 1663, in-4°, p. 568.)

[1] Voir, entre autres, sur ces disettes, La famine de 1694 dans
la Basse-Auvergne, par Elie Jaloustre. 1878.

[2] Corresp. admin. sous Louis XIV, I, 909. — En Dauphiné, la
24e partie des dîmes est affectée aux pauvres. (Ord. syn. de Grenoble, 1690.)

tion plus régulière de la bienfaisance. Les secours y étaient très inégalement répartis, selon la générosité des gros-décimateurs, des seigneurs et des propriétaires aisés. A côté de localités où l'on ne mangeait que des galettes de blé noir, par suite de l'absence du seigneur ou de la dureté du gros-décimateur, il s'en trouvait d'autres, où grâce aux charités de la noblesse et des bourgeois vivant noblement, il n'y avait aucun nécessiteux[1]. Aussi les intendants recommandaient-ils aux curés de créer des bureaux de charité dans les villages[2]. Ils promettaient de les protéger, de leur donner les secours dont ils avaient besoin, de leur renvoyer directement des remèdes gratuits pour les pauvres malades, et d'accorder des modérations d'impôt aux indigents sur les rapports des bureaux[3].

Cet appel fut entendu dans quelques paroisses, où le curé établit un bureau, qui fut administré par les marguilliers et les principaux habitants. Une dame de charité s'occupait de la distribution des secours ; ce fut d'ordinaire la châtelaine. Les ressources étaient fournies par des quêtes hebdomadaires à l'église et par la levée d'un tronc spécial ; le compte des re-

---

[1] Réponses des curés à l'intendant de Caen sur l'opportunité de créer des établissements de charité, 1778. *Inv. des Archives du Calvados*, C. 615. — Réponses des curés du diocèse de Rouen à une circulaire de l'archevêque, en 1775. Ces réponses présentent la situation sous un jour plus fâcheux. (*Inv. Arch. Seine-Inférieure*, G. 841 à 846.)

[2] *Instruction sur les bureaux de charité. Œuvres de Turgot*, II, 6. — D'Hugues, *Administration de Turgot*, p. 230-236.

[3] 1783. *Inv. des Arch. de Lot-et-Garonne*, C. 822.

cettes et des dépenses était rendu publiquement[1].

Parfois, l'administration et la distribution des revenus des pauvres étaient confiés à un procureur de
charité, élu par l'assemblée des habitants pour deux
ou trois ans. Une trésorière s'occupait des meubles et
des ustensiles appartenant aux pauvres. Ailleurs, le
curé ou les marguilliers faisaient les fonctions de trésorier; ils ne rendaient pas toujours leurs comptes[2].
Dans les circonstances graves, la communauté faisait
faire des distributions aux pauvres sur ses revenus;
mais il arriva au moins une fois que les cultivateurs
qui formaient la majorité ne consentirent à voter des
fonds en faveur des indigents qu'à la condition d'en
recevoir autant pour eux-mêmes[3].

La plupart des hôpitaux fondés au moyen âge dans
les villages n'existaient plus, comme nous l'avons vu,
au xviiie siècle; quelquefois leurs biens avaient été
réunis aux établissements hospitaliers des villes voisines, où les communautés avaient acquis le droit,
assez souvent contesté par la suite, d'envoyer un certain nombre de malades; souvent ils avaient été con-
fondus avec ceux des fabriques. Les malades n'étaient
plus soulagés comme par le passé. Certains seigneurs,
animés d'un esprit généreux, appelèrent dans leurs
paroisses des religieuses, telles que les filles de la
Charité, pour soigner les malades et instruire les pe-

---

[1] Registre de la fabrique d'Auzon. Arch. de l'Aube, 41 G. — Voir
aussi : C. 1640.

[2] Jousse, p. 208, 212, 231.

[3] Lettre de Colmet d'Aage, du 11 janvier 1789. Arch. de l'Aube,
C. 2097.

tites filles. Mais c'était l'exception, et dans beaucoup de paroisses, les habitants mouraient sans secours médicaux et sans remèdes.

L'État dut intervenir. « Le roi Louis XV, disait une circulaire de 1728, touché de compassion pour les pauvres malades des campagnes qui périssent la plupart faute de soins, ordonne qu'il soit envoyé tous les ans aux intendants des provinces des remèdes de la composition de feu M. Helvétius, pour être distribués par les intendants à leurs subdélégués, et par ceux-ci aux sœurs grises, curés ou autres personnes intelligentes dans les villes, bourgs et villages... Il se conformait à cet égard, dit la circulaire, aux vues charitables du roi son bisaïeul. »

Ces distributions eurent lieu pendant longtemps avec régularité. Les remèdes étaient choisis de manière à suffire aux maladies les plus fréquentes ; ils étaient étiquetés et accompagnés de plusieurs mémoires instructifs pour guider les distributeurs et les malades eux-mêmes. Les doses étaient exactement marquées selon l'âge, les forces et le tempérament de ces derniers. En 1769, on en envoya 932,136, au lieu de 126,910 qui se distribuaient précédemment[1]. Louis XVI en tripla le nombre[2]. Elles devaient être remises gratuitement et uniquement aux pauvres habitants des campagnes, et l'intendant était tenu de faire connaître au ministre le nom et la demeure des

[1] Arrêt du conseil du 1er mars 1769. *Anc. lois*, XXII, 486.
[2] Au début du règne de Louis XVI, un arrêt du conseil prescrivit l'envoi de 2258 boîtes dans lesquelles les remèdes étaient renfermés. (Arrêts du conseil du 9 février 1776. *Anc. lois*, XXIII, 348.)

personnes chargées de leur distribution, ainsi que les résultats obtenus[1].

Les boîtes qui contenaient les remèdes n'étaient point toujours réparties avec équité. Quelques-unes étaient envoyées directement par l'intendant à des seigneurs influents ou à des chirurgiens protégés. Un subdélégué, chargé d'en distribuer une partie, se plaignait de ne pouvoir satisfaire à toutes les demandes et de voir diminuer chaque année le nombre des boîtes. Il envoyait les paquets qu'elles contenaient à des dames bienfaisantes, surtout à des curés, quelquefois à des sœurs de Charité qui les répartissaient dans les villages voisins de leur résidence[2].

L'administration ne se borna pas à envoyer des médicaments ; elle envoyait des médecins dans les cas pressants. Lors de la peste qui sévit en 1722 dans le Midi, elle dépensa, dans la seule intendance de Montpellier, plus d'un million en secours, en remèdes, en honoraires de médecins. Des cordons sanitaires gardés par des troupes furent établis ; des lazarets créés ; des parfums distribués. S'il se déclarait

---

[1] *Inv. des Arch. de Lot-et-Garonne*, C. 806 à 812. — *Inv. des Arch. d'Indre-et-Loire*, C. 354. — *Inv. Arch. Seine-Inférieure*, C. 88 à 92. — *Inv. Arch. Busses-Pyrénées*, C. 6107... *Calvados*, C. 243... *Côte-d'Or*, C. 364... *Lot*, C. 806 à 814. — *Inv. des Arch. de l'Hérault*, C. 531. Cet article contient la désignation des remèdes envoyés en 1770 ; en voici la liste : tartre émétique, kermès minéral, poudre purgative universelle, poudre fébrifuge purgative, poudre hydragogue purgative, poudre pour la dysenterie, poudre incisive fondante, poudre anodine, quinquina en poudre, thériaque, emplâtres de Nuremberg, quintessence d'absinthe, pierre bleue, boules médicamenteuses.

[2] Arch. de l'Aube, C. 297 et 1164.

des épidémies d'un caractère moins général, l'administration chargeait des médecins de se rendre dans les localités [1]. Elle payait leurs frais de transport, leurs vacations ; elle donnait des secours en argent et en nature. En 1779, dans l'intendance de Tours, les dépenses relatives aux maladies épidémiques s'élevèrent à 80,000 livres [2].

Il y avait d'autres circonstances dans lesquelles l'assistance administrative n'était pas réclamée en vain. En 1774, une louve enragée parcourut plusieurs villages de Champagne, et blessa vingt-deux personnes. Neuf en moururent. Un médecin de Troyes et un chirurgien des environs soignèrent pendant plus de trente jours ceux qui avaient été mordus. La population était affolée, et ne fut rassurée que lorsque les blessés guéris et quelques autres habitants furent allés en pèlerinage dans la forêt des Ardennes, à Saint-Hubert, où on leur inséra sous la peau du front un petit morceau de l'étole du saint. Les honoraires du médecin et du chirurgien, le prix des remèdes, les secours distribués aux familles des malades furent payés par l'État. Ils s'élevèrent à 2,366 livres [3].

Les chirurgiens des campagnes se distinguaient plus des médecins que des barbiers, à la corporation desquels ils avaient longtemps appartenu dans les villes. Leur condition était modeste ; leur demeure et

[1] *Inv. des Arch. de l'Hérault*, C. 597 ; *Côte-d'Or*, C. 369-370.

[2] *Inv. des Arch. d'Indre-et-Loire*, C. 401 et suiv. — Voir aussi : *Inv. Arch. Calvados*, C. 918 à 945.

[3] Le médecin reçu 12 liv. par jour, le chirurgien 5. (Arch. de l'Aube, C. 1167.)

leur mobilier ressemblaient à ceux d'un paysan aisé.
La loi exigea d'eux des garanties d'études et des certificats de capacité. On n'en disait pas moins dans
certaines provinces, en 1789 : « Il suffit de savoir
manier un rasoir pour s'ériger maître en chirurgie[1]. »

Les sages-femmes étaient encore plus incapables.
Une des singularités de cette époque, c'était leur nomination. « Une accoucheuse décède dans une paroisse, » dit un rapport officiel. « Il s'agit de remplir
sa place. Toutes les femmes s'assemblent chez le curé,
qui désigne l'une d'elles. Assez souvent même, cette
promotion singulière se fait en chaire. Celle qui a été
honorée de ce choix n'a peut-être jamais été témoin
d'un accouchement... » Cet usage subsistait, en 1788,
dans cent cinquante paroisses sur cent soixante-dix
dont se composait la subdélégation[2]. Il avait été mo-
tivé par le désir d'empêcher les enfants de mourir
sans baptême. « L'archi-prêtre, disait un statut synodal du XVIIe siècle, interrogera la sage-femme de la
paroisse pour connaître si elle sait baptiser, et s'il
trouve qu'elle ne le sait pas, il recommandera au curé
de la bien instruire ; il s'informera aussi si elle ne
fait rien de superstitieux, si elle est de bonnes mœurs,
adroite, secrète et fidèle[3]. » C'est pour ces raisons
que le curé sanctionnait sa nomination lui faisait prêter

[1] Cahier du clergé de Dax, art. 14. *Arch. parlementaires*,
III, 89.
[2] Rapport du bureau intermédiaire de Bar-sur-Aube. Arch. de
l'Aube, C. 352.
[3] *Constitutions et instructions de saint François de Sales, mises
en ordre par son successeur*, 1668, p. 118. — *Ord. syn. d'Autun*.
1706, p. 55. — *Ord. syn. Alet*, 1675, p. 51.

serment, et fixait le salaire qu'elle devait recevoir[1].

L'administration essaya de remédier aux accidents qui provenaient de l'ignorance des sages-femmes en créant des écoles d'accouchement dans les chefs-lieux d'élection[2]. Les cours duraient deux mois, et pendant ce temps les pensionnaires recevaient huit sous par jour. Elles étaient parfois désignées à la majorité des voix par les habitants des villages. Mais, malgré les certificats qu'on leur donnait et les exemptions de de corvée royale qu'on accordait à leurs maris, beaucoup de jeunes femmes refusaient de s'y rendre, parce qu'elles ne pouvaient, ni ne voulaient quitter leurs enfants et leur ménage[3].

[1] Voici le texte d'une réception d'une sage-femme par le curé : — Le 7 décembre 1722, après que Jeanne Menneret, femme de Jean Michaux, a prêté le serment ordinaire sur les saints évangiles, du consentement des femmes de cette paroisse, nous l'avons admise à la fonction de sage-femme pour cette paroisse et pour celle de Macey en cas de besoin; et a ladite Jeanne Menneret promis de s'acquitter fidèlement de cette charge. On est convenu que chaque femme lui donnerait 25 sols pour ses couches. Elle a déclaré ne savoir signer. Signé Bidelet, curé de Montgueux et de Macey. (Archives de l'Aube.) M. Menault a publié un certificat analogue, daté de 1652. (*Angerville-la-Gate*, p. 381.) — En Lorraine, au commencement du XVIIIe siècle, l'élection des sages-femmes faite par les femmes provoquait souvent des contestations et des procès. (Charton, *La Lorraine sous Léopold Ier*, *Ann. Soc. Émulation des Vosges*, XII, 507. — D. Mathieu, *L'Ancien Régime en Lorraine*, p. 266.) — L'élection des sages-femmes a lieu aussi en Bourgogne. (*Inv. Arch. Côte-d'Or*, C. 1447.)

[2] Un cours de ce genre fut établi à Rouen en 1778, et à Alençon. Il y en avait antérieurement à Moulins. (*Inv. Arch. Seine-Inférieure*, C. 95 à 99.) — Hippeau, *Le gouvernement de Normandie*, V, 402. — *Procès-verbal de l'Assemblée provinciale de la Haute-Guienne*, 1786. — Rossignol, *Petits États d'Albigeois*, p. 123. — Filon, *Hist. des États d'Artois*, p. 101. — Voir aussi *Inv. Arch. Calvados*, C. 984.

[3] Arch. de l'Aube, C. 352 et 1167. — Une sage-femme qui se pré-

L'État, qui s'efforçait ainsi de soulager les misères, n'hésitait pas à venir en aide à celles qui étaient amenées par des fléaux accidentels, tels que les inondations et les incendies. En 1766, il accorde une subvention de 100,000 liv. aux habitants de la généralité de Montauban qui ont souffert des débordements du Tarn[1]. Quoiqu'un certain nombre de communautés eussent fait l'acquisition de pompes, les incendies étaient fréquents dans les provinces où les maisons étaient construites en bois et couvertes en chaume. Les officiers de l'élection procédaient dans ce cas à des expertises et prononçaient des dégrèvements sur les contributions. Les intendants accordaient des secours et prescrivaient même des corvées pour la reconstruction de bâtiments détruits par le feu[2]. La charité privée, individuelle ou collective, venait en aide à l'insuffisance des ressources locales et des subventions administratives. Les évêques autorisaient les incendiés à faire quêter dans les églises[3]. A Langres, l'évêque fonda, en 1759, un bureau dit des incendiés pour les paroisses de la campagne[4]. L'évêque de Troyes en établit un semblable en 1769[5] ;

sente devant le subdélégué de Troyes, est ainsi recommandée en 1789 : « Elle va paroître devant vous avec un air emprunté ; elle a un certain génie ; elle sait lire... »

[1] *Inv. des Arch. du Tarn-et-Garonne*, C. 834.

[2] *Inv. des Arch. du Calvados*, C. 967 à 907... *de l'Aube*, C. 1203, 1624.

[3] *Inv. des Arch. de l'Aube*, G. 54 et 64. — *Inv. Arch. Seine-Inférieure*, G. 847 à 849.

[4] J. Valserre, *L'association dans les campagnes, Revue de France*, du 15 novembre 1877.

[5] Le bureau des incendiés de Troyes, qui fut rétabli après la Révolution, se composait à l'origine de trois prêtres et de deux

l'archevêque de Reims en 1779[1]. Ailleurs, des quêtes et des aumônes se faisaient dans le même but. Les dégâts étaient constatés par des procès-verbaux, que le juge local ou le syndic envoyait à l'autorité ecclésiastique.

On a appelé le xviiie siècle le siècle de la bienfaisance. A cette époque, une généreuse émulation anima les individus, les localités, le clergé et l'État pour soulager l'infortune et combattre la misère. Les municipalités et les seigneurs dotaient, dans certaines circonstances, les jeunes filles pauvres, fondaient des asiles, créaient des écoles. Les publicistes cherchaient les moyens de résoudre le problème du paupérisme. A la charité inspirée par l'amour de Dieu vint s'adjoindre la philantrophie, inspirée par l'amour de l'humanité. Elle fut le principal mobile de l'assistance donnée par l'État, qui, dès qu'il en eut le pouvoir, eut le devoir de suppléer à l'insuffisance de l'initiative privée. Cette assistance fut surtout nécessaire dans les campagnes, accablées par les impôts, souvent abandonnées par les seigneurs, et où les anciens établissements charitables avaient disparu avec l'état social qui les avait fait surgir.

conseillers en l'élection. Il recueillait les cotisations volontaires des paroisses, et en répartissait le produit entre les incendiés de ces paroisses. A son installation, en avril 1769, il avait 2205 liv. provenant de quêtes antérieures. En 1790, il avait 32,500 liv. en caisse. En 1786, il avait distribué 21,915 liv. Chaque année, il publiait le compte de ses recettes et de ses dépenses. (Arch. de l'Aube, reg. G. 253 et liasse G. 251.)

[1] Portagnier, *Hist. du Châtelet, Trav. de l'Ac. de Reims*, t. LIV, p. 415. — Loriquet, *Ibid.*, t. LV, 199.

CHAPITRE III

L'AGRICULTURE

L'agriculture, qui est l'unique richesse des habitants de l'immense majorité des villages, fut souvent encouragée par l'État, soit dans un but fiscal, soit dans une intention de bienfaisance. Elle fut également protégée par la justice et par la communauté, dans l'application des mesures relatives à la police rurale.

Il y a plusieurs manières de protéger l'agriculture; il en est de plus funestes qu'utiles et qui tournent contre le but qu'on se propose. Tel est par exemple le système des prohibitions absolues ; tel est celui de la réglementation à outrance. Il n'en est pas de même des lois qui assurent la liberté et la sécurité du cultivateur.

Dès le xive siècle, les rois de France étaient entrés dans cette voie. Philippe le Bel interdit de prendre « beste de charrue et de deschevaucher marchant. » Charles V défendit de mettre les laboureurs en prison pour dettes, et en même temps de saisir les chevaux, les bœufs et les autres bêtes employées à la traction des charrues. Ce privilège fut étendu à tout leur bétail et même aux instruments aratoires, que l'on ne put ni engager, ni saisir, même pour le payement des impositions royales[1]. Il consacrait un grand principe, inspiré des lois romaines, et qui fut inséré dans la plupart des coutumes, sans être toutefois universellement observé. Mais il était plus facile sous l'ancienne monarchie de formuler des lois que de les appliquer. Il fallut renouveler à diverses reprises des ordonnances identiques pour faire respecter la personne et les biens des cultivateurs, en défendant d'user de la contrainte par corps à leur égard, et de saisir leurs bestiaux et leurs meubles[2].

Lorsque la monarchie fut devenue puissante, elle reconnut combien il était utile pour elle d'améliorer l'état des campagnes, dont elle tirait ses principales ressources. On sait que Sully disait : « Labourage et

[1] Ord. de 1367 et de 1483.
[2] Notamment les ord. d'octobre 1571, de mars 1595, de 1603, de 1667, de 1671, du 6 nov. 1683, de 1690, du 20 octobre 1701. Voir *Mém. de Foucault.* Introduction, p. LXXII à LXXIV.

pâturage sont les deux mamelles qui nourrissent la
France. » Il chercha à les rendre plus fécondes en
réduisant le taux des rentes, en tarifant les salaires,
en facilitant aux communautés la rentrée en possession de leurs biens. On peut douter de l'efficacité de
ces moyens ; mais en même temps Sully assurait la
liberté du commerce des grains ; il améliorait les
voies de communication ; il en ouvrait de nouvelles,
et tandis qu'il favorisait la culture des mûriers, il
poursuivait avec autant de fermeté que d'intelligence
le dessèchement des marais[1].

Les traces de Sully furent suivies par Colbert. Il
est reconnu aujourd'hui que Colbert ne chercha pas
à sacrifier l'agriculture à l'industrie, et qu'il en poursuivit simultanément les progrès. On a vu la part qu'il
avait prise à la restitution des biens communaux,
ainsi qu'à l'acquittement des dettes des communautés.
Comme Sully, il réduit le taux des prêts, il encourage
la culture des mûriers. On le voit favoriser la multiplication des bestiaux et l'amélioration des races, en
faisant venir des béliers d'Angleterre et d'Espagne.
« Il faut toujours travailler, écrit-il à l'intendant de
Riom, à l'augmentation des bestiaux et au soulagement des peuples. » Aussi diminue-t-il les tailles,
réduit-il les droits de sortie sur les boissons, et sus-
pend-il, selon la quantité de la récolte, l'exportation
des grains[2].

Ces mesures, dont quelques-unes étaient inspirées
par des principes économiques erronés, ne remédiè-

---

[1] Doniol, *Histoire des classes rurales en France*, 1867, p. 364.
[2] Clément, *Histoire de Colbert*, II, 59.

rent pas aux maux qu'ils étaient destinés à conjurer. Il aurait fallu, pour y parvenir, modifier profondément le régime des impôts et celui de la propriété. En vain, dans les époques de disette, on édictait des règlements, on fixait des tarifs, on soumettait à certaines formalités le commerce des grains ; ces expédients, dont les moyens n'étaient pas toujours justifiés par le but, ne produisaient aucun effet durable. Louis XIV pour contraindre les propriétaires à rendre productives leurs terres incultes et à ne pas les abandonner afin de ne pas payer l'impôt, permit, dans le cas où ils ne les cultiveraient pas eux-mêmes, « à toutes personnes de les ensemencer et d'en recueillir les fruits[1]. » Cette prescription, qui portait atteinte au principe même de la propriété, était moins juste que l'édit qui affranchissait de la taille pendant quatre ans ceux qui mettraient en culture des domaines abandonnés[2]. Des résultats également efficaces furent obtenus, en fournissant des semences aux cultivateurs, qui en rendaient l'équivalent après la récolte. Il faut aussi louer l'ordre qui fut donné à toutes les communautés d'élire des messiers pour la garde de leurs récoltes, et l'interdiction absolue de chasser sur les terres ensemencées[3].

Depuis le règne de Louis XIV, les intendants ne cessèrent de s'occuper des intérêts de l'agriculture. Dès 1670, ils recueillaient des éléments de statistique

---

[1] Arrêt du conseil du 13 oct. 1693. *Anc. lois françaises*, XX, 200.

[2] Edit de 1713. *Anc. lois*, XX, 583.

[3] Déclaration du 11 mai 1710. *Anc. lois*, XX, 550.

qui leur faisaient connaître, avec les ressources de
la communauté, la nature des terres qui en composaient le territoire[1]. Ils adressaient des question-
naires aux curés et aux notables sur les limites, les
cultures, le territoire, la population, les fiefs, l'industrie, les dîmes, le nombre des hameaux et des feux
du village[2]. Mais ce fut surtout dans la seconde
partie du XVIIIe siècle, que l'opinion publique, émue
par les doctrines de Quesnay, de Vincent de Gournay
et des autres économistes, se préoccupa davantage
des intérêts agricoles et porta l'administration à les
encourager directement et indirectement. Des journaux spéciaux se fondèrent ; des ouvrages, soit natio-
naux, soit traduits de l'anglais, furent publiés ; on
créa des prix et des fêtes pour l'agriculture ; des
écoles vétérinaires furent instituées à Lyon et à Al-
fort[3]. Des grands seigneurs, comme le marquis de
Turbilly, dans l'Anjou[4], joignaient la pratique à la
théorie. En Bretagne, une société d'agriculture se
forma par les soins des états, avec des commissions
spéciales dans chaque diocèse[5]. Le gouvernement
autorisa l'ouverture de sociétés analogues à Paris, à

---

[1] *Annuaire de l'Yonne*, 1853, p. 301. Colbert demande en 1679
à l'intendant de Toulouse une statistique générale de toutes les
communautés. (*Correspondance administrative sous Louis XIV*,
IV, p. 129.)

[2] *Inv. des Arch. du Rhône*, C. 1, 2.

[3] Mauguin, *Etudes historiques sur l'administration de l'agriculture en France*, I, 288 et suiv. — *Encyclopédie*, éd. 1777, I,
677 et suiv.

[4] Guillory, *Le marquis de Turbilly*, 1862.

[5] Le Châtellier, *Des administrations collectives*. ch. III. *Travaux
de l'Académie des sciences morales*, LXXXIX, 288.

Tours, à Montauban et dans plusieurs autres villes
importantes[1]. Le roi voulait favoriser ainsi les efforts
de plusieurs de ses sujets, qui se portaient avec autant de zèle que d'intelligence à l'amélioration de
l'agriculture ; il voulait également encourager, par
leur exemple, les cultivateurs à défricher les terres
incultes, à acquérir de nouveaux genres de culture,
à perfectionner les différentes méthodes en usage[2].
L'État secondait le mouvement généreux de l'opinion
publique. Non content de distribuer à ses frais, dans
les provinces, des livres, des traités, des instructions
relatifs à l'agriculture[3], il faisait donner par ses intendants des secours aux propriétaires de récoltes endommagées par les orages ou la grêle ; il permettait l'exportation des grains ; il favorisait les pépinières de
mûriers et d'arbres de toute essence[4] ; il encourageait
les cultures nouvelles, comme celle de la pomme de
terre en 1781 ; il accordait des encouragements et
des exemptions à ceux qui défrichaient des landes et
des terres incultes[5]. Le défrichement, déjà demandé

[1] Plusieurs de ces sociétés avaient cessé d'exister avant 1789.
Telles étaient celles d'Aix, de Clermont-Ferrand, de Bourges, de
Rennes, de Blois, de Montauban, de La Rochelle, de Roanne, etc.
Celles de Moulins, d'Alençon, de Tours, du Mans, d'Angers, d'Orléans, de Soissons, de Laon étaient restées en activité. Presque
toutes avaient été fondées de 1761 à 1763. (Archives nationales, H.
1517.

[2] Lettres-patentes du 1er mars 1761. *Anc. lois françaises*, XXII,
307.

[3] Legrand d'Aussy, *Hist. de la vie privée des Français*, I, 14 et
suiv.

[4] *Dél. de la soc. Royale d'agriculture de Rouen*, 1767, II, 218.

[5] Décl. de 1761, 1764 et 13 août 1766. *Inv. des Arch. d'Indre-
et-Loire*, C. 85 et suiv. — Edit de 1773. *Rec. des Edits et ord. de
Lorraine*, XIII, 66.

par Louis XIV, fut poursuivi par Louis XV avec une
véritable persistance, qui amena des résultats sérieux[1]. Par l'intermédiaire des subdélégués, des ques-
tionnaires furent envoyés à toutes les communautés,
pour leur demander la quantité des terres incultes ;
le nom de leurs propriétaires ; la nature de ces terres;
leur qualité ; leur situation ; les moyens de les mettre
en culture ; le nombre des bestiaux qu'elles pouvaient
nourrir. On demandait aussi la quantité des marais
et des terres inondées, les causes des inondations et
les moyens de les prévenir. Les syndics devaient
réunir quatre des principaux habitants pour rédiger
les réponses à faire à ces questions[2].

Les travaux des économistes firent recourir plus
que jamais aux statistiques. Outre celles qu'elle réclamait pour les vingtièmes et pour le tarif de la
taille, l'administration, surtout aux époques où le blé
était cher, cherchait à se renseigner sur les ressources
agricoles de chaque communauté. Les syndics devaient remplir un tableau imprimé, dans lequel étaient
indiqués, pour chaque communauté, la quantité de
bestiaux, la superficie du territoire, l'importance des
récoltes, la nature des diverses cultures[3]. A une autre
époque, on demandait, outre l'évaluation de la récolte, outre l'état des pertes causées par la grêle et
les incendies, des notions sur la mesure du lieu, sur

---

[1] De 1766 à 1777, 14,889 arpents furent défrichés dans la généralité de Montauban. (*Inv. Arch Lot*, C. 276.)

[2] Arch. de l'Aube, C. 1468 et 1993.

[3] *Résultats des éclaircissements relatifs à l'appréciation des
récoltes de l'année* 1773 *et aux subsistances du peuple,* 1773.

le rapport annuel du journal, sur l'industrie locale et sur les droits et redevances dont les habitants étaient tenus à l'égard du seigneur[1]. Les syndics étaient aussi obligés de donner des renseignements précis sur le nombre, l'âge, la taille, l'exportation, les débouchés des chevaux dans chaque communauté; ils devaient indiquer combien d'entre eux étaient propres aux remontes des troupes du roi, combien étaient propres « au tirage[2]. »

L'amélioration de la race chevaline avait préoccupé le gouvernement depuis longtemps. Quoi qu'il en soit question sous Henri IV, c'est à Louis XIV qu'on doit l'établissement et le fonctionnement régulier des haras. En 1665, il fit acheter des étalons en Frise, en Hollande, en Danemark et en Barbarie, et en confia la garde, dans les provinces où l'on élevait des juments, à des particuliers auxquels il attribua certains privilèges[3]. Plus tard, il y eut des garde-étalons dans toutes les provinces[4]; ils étaient soumis à la direction de commissaires et d'inspecteurs chargés de réformer les chevaux mal conformés, vicieux ou caducs. Des états de tous les chevaux et de toutes les juments de la circonscription étaient dressés, et

---

[1] Tableau imprimé, 1788. Arch. de l'Aube. C. 318.

[2] Questionnaire imprimé, 1778. Arch. de l'Aube, C. 313. — Voir aussi pour les statistiques : *Inv. Arch. Calvados*, C. 273-300 .. *Lot*, C. 273, 278 à 288.

[3] Arrêt du conseil du 17 octobre 1665. *Anc. lois françaises*, XVIII, 63.

[4] En 1787, en Champagne, il y avait quatre cents garde-étalons, « auxquels étaient annexées 12,000 juments.» (*Procès-verbal de l'assemblée provinciale*, p. 148.)

un extrait de ce rôle, contenant le nom du garde-
étalon, devait être publié dans toutes les paroisses, à
la diligence des consuls, des syndics ou des collecteurs. Les juments étaient passées en revue par les
inspecteurs [1].

Quelques communautés étaient chargées du soin,
de la nourriture et du remplacement des étalons, en
vertu de règlements particuliers [2]. Des seigneurs en
sollicitaient. Voltaire, devenu propriétaire de Ferney,
écrivait à l'intendant des écuries du roi pour qu'il le
mît à même de peupler de chevaux le pays de Gex.
« Mon seul objet, disait-il, est de seconder vos vues
pour le bien de l'État ; je n'ai nul besoin du titre
glorieux de garde-étalon du roi, pour avoir quelques
franchises qu'on dit attachées à ce noble caractère [3]. »
Ces franchises, dont on se plaignait en 1789, consistaient surtout dans l'exemption des tailles et de la
milice [4].

On s'occupait moins de l'amélioration des races
bovine et ovine, parce qu'il n'y avait pas, comme
pour les chevaux destinés en partie à la remonte des
armées, un intérêt public aussi direct. Cependant, à
l'instigation de Trudaine, Daubenton s'occupa d'améliorer les races ovines [5] ; des mérinos espagnols furent
importés et donnés par les soins des intendants [6].

---

[1] Décl. de 1717, tit. V. Freminville, *Traité.* p. 143.
[2] *Inv. des Arch. de l'Aveyron,* C. 735.
[3] *Lettres inédites,* Didier, 1857, I, 284.
[4] *Les cahiers de Normandie,* II, 275.
[5] Mauguin, I, 319.
[6] *Inv. des Arch. de la Drôme,* C. 6.

Des États prescrivirent l'élevage des bestiaux et promirent des primes à ceux qui s'y livreraient avec succès [1]; plus généralement des mémoires furent distribués par les soins de l'administration, pour indiquer les moyens les plus propres à perfectionner les races existantes. Des assemblées provinciales s'en préoccupèrent; celle de Champagne était d'avis de provoquer des souscriptions pour l'acquisition de taureaux suisses et auvergnats [2]. En 1786, l'intendant de Paris donnait des vaches en secours aux paysans. Moyennant le paiement annuel d'une somme minime, le cultivateur devenait propriétaire des veaux; quant aux génisses, il devait les remettre au syndic, après les avoir fait couvrir par le taureau [3].

Ce fut aussi pour protéger les bestiaux contre les dangers auxquels ils étaient exposés, que les rois instituèrent des grands louvetiers [4] et prescrivirent à certaines époques des battues contre les loups. En 1601, Henri IV ordonna aux seigneurs de réunir leurs paysans de trois mois en trois mois, pour chasser avec chiens, arquebuses et autres armes, les loups, les renards, les blaireaux et les loutres. Le procureur fiscal requérait les habitants de se trouver

---

[1] Rossignol, *Petits États d'Albigeois*, p. 126. — Les États d'Artois encouragent l'élevage des chevaux. (Filon, p. 101.)

[2] Hippeau, *Le gouvernement de Normandie*, V. 396. — *Procès-verbal de l'assemblée provinciale de Champagne*, p. 155-156.

[3] Arch. de l'Aube, C. 2083, 2098, 2175. Ordonnance imprimée du 26 août 1786.

[4] Cette charge fut créée par François Ier vers 1520. (*État de la France*, 1749, II, 286.) Déjà, sous Charles VI, des commissions étaient données à certaines personnes pour prendre des loups. (*Anc. lois*, VI, 761.)

au lieu indiqué, avec leurs fusils et leurs munitions,
à peine de dix sous d'amende. Le seigneur ou son
délégué commandait la chasse; il plaçait les tireurs
et les batteurs, qui s'avançaient au signal donné dans
les bois, en poussant des huées ou en frappant sur
des tambours. Sous Louis XIV, c'étaient les officiers,
les lieutenants ou les sergents de louveterie, qui convoquaient les habitants, faisaient dresser procès-
verbal de la mort de la bête fauve, et requéraient
contre les absents, qui pouvaient être frappés d'une
amende de dix livres. On défendit aux louvetiers, qui
parfois abusaient de leurs droits, de faire quitter
leur travail aux laboureurs pour les employer aux
battues, et de lever plus de deux sols par paroisse
pour les frais des chasses[1]. Les communautés ne
pouvaient décider celles-ci de leur propre autorité,
et si aucun louvetier ne répondait à leur appel, elles
étaient réduites à creuser de grandes fosses garnies
de pièges pour détruire les loups[2]. Dans quelques
provinces du centre, leurs têtes furent mises à prix
par les intendants, et ce système, qui est encore
suivi de nos jours, produisit des résultats efficaces[3].

---

[1] Arrêts du conseil des 3 juin 1671, 16 janvier 1677 et 14 janvier 1698.

[2] Freminville, *Pratique*, IV. 790 à 807.

[3] D'Hugues, *Administration de Turgot*, p. 158. Les primes
données par Turgot sont, sauf pour les louveteaux, les mêmes que
celles qui ont été fixées par une instruction ministérielle de 1818.
— Voir dans la continuation de l'*Histoire du Languedoc*, par
Roschach (XIII, 1192) le récit des battues qui furent faites en 1765
dans le Gevaudan, où les ravages des loups firent croire à l'existence
d'une bête monstrueuse.

La sollicitude de l'administration éclatait surtout dans les épizooties. Elle ne reculait devant aucune dépense pour les combattre. Des arrêts du Parlement et du conseil prescrivaient aux juges, et à leur défaut aux syndics, de signaler les bêtes atteintes de maladies contagieuses. Le subdélégué en était immédiatement averti ; les précautions les plus minutieuses étaient prises pour l'isolement des bestiaux atteints et pour empêcher qu'ils ne fussent vendus aux bouchers[1]. Lors de l'épidémie de 1745, il fut interdit de laisser entrer les bestiaux d'une province dans l'autre ; des procédés furent employés pour la désinfection des étables ; les animaux morts furent enfouis par des ouvriers payés aux frais de l'État. Tandis que des indemnités étaient remises aux propriétaires de ces animaux, des vétérinaires étaient chargés par l'administration d'empêcher les progrès du mal et d'y remédier[2]. Il en fut de même dans l'épizootie de 1774. Des élèves de l'école royale vétérinaire étaient envoyés dans les communautés par les subdélégués; sur leur réquisition, les apothicaires fournissaient les drogues nécessaires. Des cavaliers de maréchaussée vérifiaient si toutes les prescriptions de l'administration étaient exécutées[3]. Dans le Languedoc, on évaluait à trois

[1] Freminville, *Traité*, p. 115 et suiv. — Voir l'énumération des mesures prises au XVIIIe siècle contre les épizooties dans un rapport de M. Boulley publié dans le *Journal officiel* du 13 décembre 1878. — *Inv. Arch. Calvados*, C. 1023 à 1040.

[2] *Inv. des Arch. de la Gironde*, C. 1525 à 1537... *du Lot*, C. 355 à 360.

[3] Arch. de l'Aube, C. 352 et 1497. — Arrêts du conseil du 18 déc. 1774, 30 janv. et 1er nov. 1775. *Anc. lois françaises*, XXIII, 107, 156 et 247.

millions les dépenses que l'on avait faites pour combattre la maladie qui frappa les bêtes à cornes de
1774 à 1776[1].

C'était l'époque du trop court ministère de Turgot,
qui s'efforça, par la suppression des corvées et par la
libre circulation des grains, de donner à l'agriculture
les bras et les marchés qui lui manquaient. La réali-
sation de ces réformes fut ajournée. Malheureusement
on n'avait pas hésité à conserver longtemps des prescriptions qui nuisaient aux intérêts qu'on voulait
sauvegarder. Telle était l'interdiction, prescrite en
1731, de faire aucune nouvelle plantation de vignes
et de rétablir sans autorisation celles qui auraient
été deux ans sans culture. On croyait ainsi conserver
et accroître la culture et la récolte des blés. Cet arrêt
du conseil amena surtout des réclamations et des difficultés sans nombre. Vers 1750, le ministre engageait
même l'intendant de Touraine à ne pas insister sur
son exécution[2]. Dans le Haynaut, l'intendant limitait
le nombre des moutons ou des brebis que pouvaient
posséder les cultivateurs[3]. D'autres règlements ou
d'autres arrêts interdisaient de cultiver les jachères et
de moissonner à la faux[4]. « La faux, disait-on, agite

---

[1] *Inv. des Arch. de l'Hérault*, C. 602 à 617. — Roschach, XIII,
1233 et suiv.

[2] *Inv. des Arch. d'Indre-et-Loire*, C. 85 et suiv. — Le marquis
d'Argenson disait à l'occasion de l'interdiction de planter des
vignes : « Laissez libre, tout ira bien. » (*Mémoires*, éd. Jannet,
V. 136.)

[3] Caffiaux, *Essai sur le régime économique du Haynaut*,
p. 370.

[4] Cahier du tiers-état de Nemours, *Archives parlementaires*, IV,
205.

l'épi avec violence, et en fait jaillir les grains qui sont
en pleine maturité [1]. »

C'était surtout aux époques de disette que l'administration s'imaginait pouvoir y remédier à coups de
règlements restrictifs. Tarifs, défense de conserver
plus d'une certaine quantité de blé, ordre d'amener
les céréales et les fourrages au plus prochain marché,
visites domiciliaires, recensements, amendes, confis-
cations, telles étaient les mesures auxquelles on recourait [2] et qui furent imitées sous la Terreur, à
l'époque du maximum. Les sages améliorations pré-
conisées par les économistes étaient mises en oubli ;
la liberté du commerce des grains était proscrite, et
l'État, se substituant à l'initiative individuelle, endos-
sait la responsabilité de la crise qu'il voulait par tous
les moyens conjurer.

Les juges locaux et les officiers municipaux étaient
tenus, sous peine de fortes amendes, de concourir à
l'exécution des mesures qu'édictait l'administration,
soit dans l'intérêt de l'agriculture, soit dans celui
des approvisionnements. Ils participaient également
à la police rurale, d'ordinaire réglementée par les
juridictions supérieures. Les maîtrises des eaux et
forêts veillaient à la conservation des bois et répri-
maient les délits qui s'y commettaient. Les bailliages

---

[1] Arrêt du 2 juillet 1786. *Anc. lois*, XXVIII, p. 211. — Un arrêt
du Parlement de 1779 interdit l'assolement triennal à Essoyes. (*Ibid.*
XXVI, 207).

[2] Voir entre autres arrêts du parlement concernant les fourrages,
celui du 19 juillet 1785. — Voir aussi Delamare, *Traité de la Police*, tome II, liv. V., tit. XIV.

et même les parlements publiaient des règlements de
police pour les campagnes. Le bailli de Troyes, en
1693, ordonne, non seulement de réparer les routes,
mais de faire écheniller les arbres dans les vergers,
au mois de mars et d'avril de chaque année [1]. Il défend l'entrée des vignes après la vendange, et celle
des champs emblavés après le 25 mars. Il prescrit
enfin aux habitants des villages et des bourgs de se
réunir avant la Saint-Remi pour nommer des messiers,
chargés de garder les emblaves et, immédiatement
après la Notre-Dame de mars, pour élire des preyers
et des vigniers, préposés à la garde des prés et des
vignes [2].

Les messiers, qu'on appelait aussi messeliers ou
blaviers, souvent désignés par les juges seigneuriaux,
furent, à partir de 1709, élus par les habitants [3].
C'était une ancienne coutume qu'on trouve dans certaines chartes du xiiie siècle [4]. Selon l'usage des lieux,
leurs fonctions étaient annales ou triennales ; quelquefois même, elles cessaient après la récolte. Ainsi
que les gardes des bois, le messier prêtait serment

---

[1] La Cour souveraine de Nancy ordonne trois échenillages par
an. Ils doivent être faits au jour fixé par le maire ou juge en assemblée paroissiale ; les nids doivent être coupés et mis en tas
pour être brûlés en présence des habitants et officiers. (Arrêt du
19 mars 1774. *Édits de Lorraine*, XIII, 193.)

[2] *Annuaire de l'Aube*, 1848, p. 54.

[3] Art. 14 de la déclaration de 1709. Freminville, p. 210. — Décl.
du 11 mai 1710. *Anc. lois françaises*, XX, 550.

[4] Les bourjois (de Veronnes) feront garder leurs bois, leurs bledz,
leurs preys, leurs vignes, leurs jardins et leurs autres biens aux
champs, ainsi comme ilz ont usé tousjours. (Garnier, *Chartes de
communes en Bourgogne*, II, 420.)

entre les mains du juge local ; responsable des dégâts, il pouvait saisir, mais sans les maltraiter, les bestiaux en contravention et les garder jusqu'au paiement de l'amende. Cette amende appartenait au seigneur [1]. Outre les cotisations payées par les habitants, le messier jouissait de l'exemption de la corvée royale pendant l'année de sa charge, et parfois de quelques autres indemnités.

Les habitants, qui intervenaient dans la police rurale par l'élection des messiers, y intervenaient aussi, dans certaines provinces, en provoquant la nomination de prudhommes pour reconnaître les anticipations et y remédier. En 1783, sur les remontrances des habitants, le juge remplace ceux qui négligeaient de remplir leurs fonctions en leur âme et conscience. Deux prudhommes procèdent ensuite, avec le procureur fiscal, à la visite. Ils dressent, à l'occasion des roies retournées, qui empiètent sur les champs des voisins, des procès-verbaux qu'ils rapportent au juge [2]. En 1789, le tiers-état du Bassigny demande que ces prudhommes soient élus annuellement par les communautés.

Les habitants sont presque toujours consultés sur les questions qui les touchent. En 1746, l'intendant de Bourgogne prescrit que le curage des fossés sera fait à leurs frais. Un commissaire enquêteur convoque une assemblée communale, et fait dresser dans cette assemblée, par le syndic, la liste des rive-

[1] Renauldon, I, 500. — Delamare, *Traité de la Police*, IV, 662.
[2] Arch. de l'Aube, sect. jud. 1431.

rains [1]. La proclamation du ban de vendange n'a lieu
que sur le rapport de vignerons et de prudhommes ;
après l'avoir entendu, les habitants réunis dans la
cour du château arrêtent, à la majorité des suffrages,
le règlement qui doit être fait à ce sujet, et que le
juge local rédige [2].

Les questions de police rurale engendraient parfois des procès. Un habitant menait sur les pâturages
publics un troupeau de trois cents dindons. Le seigneur et son juge s'y opposent. L'habitant s'obstine ;
il prétend qu'il peut conduire sur ces terres dépouil-
lées de leurs récoltes des dindons aussi bien que des
vaches et des moutons. Le juge local le condamne ;
appel est interjeté de son jugement, d'abord au juge
haut-justicier, enfin au Parlement de Paris ; et sur
cette grave question intervient, le 20 juin 1785, un
arrêt qui limite le nombre des oies et des dindes à
l'appréciation des juges des lieux, et la quantité de
terres où ils pourront pâturer à la désignation des
syndics des paroisses [3].

Parfois des questions de ce genre étaient soumises
à l'intendant. Il était appelé par des requêtes à examiner quels dangers présentait la fréquentation d'un
abreuvoir par des oies et quels dommages pouvaient
causer aux vignes voisines des noyers sur lesquels se
réfugiaient des hannetons [4]. Ces appels au Parlement,

---

[1] Arch. de l'Aube, C. 1786.
[2] Freminville, *Pratique*, II, 540 et suiv.
[3] Arch. de l'Aube, E. 214. — *Anc. lois françaises*, XXVIII, 63.
[4] D'Arbois de Jubainville, l'*Administration des intendants*,
p. 153.

ces requêtes à l'intendant pour des affaires d'un intérêt si minime, démontrent la faiblesse de la justice seigneuriale, dont les décisions étaient rarement sans appel ; elles démontrent aussi que le paysan n'hésite pas à s'adresser à la justice supérieure ou à l'administration, qui pendant la seconde partie du xviiie siècle s'était occupée d'une manière persistante de ses intérêts, et plus d'une fois les avait efficacement protégés.

CHAPITRE IV

CONDITION MATÉRIELLE ET MORALE

DES HABITANTS DES VILLAGES.

Résumé de l'administration de la communauté. — Influence de
cette administration. — Rôle de l'Église, de l'aristocratie et de
la monarchie. — Condition matérielle des habitants des campagnes aux XIII° et XIV° siècles. — États des serfs. — Remède
aux maux des guerres civiles et étrangeres. — Luxe sous
Henri II. — Aisance et richesse. — Progrès au XVIII° siècle. —
Alimentation. — Plaintes motivées par le mode de répartition
des impôts. — Plaintes des cahiers aux États-Généraux. — Dépérissement des campagnes à la fin du règne de Louis XIV. —
Prospérité à la veille de 1789. — Morcellement des terres. —
Augmentation du travail. — Gaîté française. — Danses. — Fêtes
villageoises. — Mœurs et caractère des paysans. — Leur éducation civique par l'indépendance communale. — L'administration
monarchique y contribue. — Ce qu'est devenue plus tard l'indépendance communale. — Distinction salutaire entre le domaine municipal et le domaine politique. — La liberté sous
l'ancienne monarchie.

Nous avons vu la communauté rurale sortir de
l'organisation sociale du moyen âge, se faire reconnaître successivement du seigneur, de l'Église, de
l'État, se fortifier et grandir sous l'administration
monarchique, s'administrer elle-même dans ses as-

semblées générales composées de tous les hommes
valides du village, et déléguer seulement à la veille
de la révolution une partie de ses pouvoirs délibé-
ratifs et exécutifs à des conseils municipaux. Après
avoir étudié les fonctions et les charges du syndic,
nous avons vu les habitants tantôt libres, plus souvent
assujettis à une tutelle supérieure, nommer leurs
agents, administrer leurs biens et leurs usages, percevoir leurs revenus, présenter leurs comptes,
réparer leurs églises et leurs ponts, payer leurs dettes,
voter des dépenses, contracter des emprunts et lever
des impositions.

Nous les avons suivis dans l'église, où tout en
reconnaissant la suprématie du curé, ils nomment les
marguilliers, administrent les revenus de la fabrique,
votent les dépenses du culte. Le prêtre n'a pas seulement pour eux un caractère religieux ; il leur lit les
actes de l'autorité, il tient les registres des naissances
et des décès. La paroisse est pour les habitants une
seconde forme de la communauté.

A côté de l'église, toujours ouverte, souvent rem-
plie, nous avons montré le château perdant avec ses
tours et ses fossés sa prépondérance et son utilité ;
le seigneur cessant de protéger, et devenant parfois
indifférent à ceux qu'il appelle ses paysans, dont il
tire son revenu et qui lui rendent des honneurs ; le
juge seigneurial, avec ses qualités et ses défauts,
remplaçant le seigneur, et perdant, à mesure que
l'État grandit, une partie de son influence et de ses
prérogatives.

L'État, dont nous avions entrevu le rôle protecteur, nous est apparu plus spécialement avec ses impôts, dont la perception a été longtemps la seule préoccupation de ses agents. Sous leurs ordres, les habitants de la communauté nomment les collecteurs chargés de répartir et de lever les tailles; ils sont conduits par leurs syndics aux corvées royales et aux tirages de la milice. L'État se sert de l'organisation de la communauté rurale, pour en tirer plus aisément les revenus qu'elle peut lui donner.

Nous avons vu enfin l'État, après les seigneurs, le clergé et les habitants, venir concourir aux institutions qui ont pour but le bien public. Nous avons admiré les sacrifices que les populations ont faits pour se procurer des écoles; signalé les hôpitaux, les établissements de charité, les secours et les subventions; montré les encouragements et la protection donnés à l'agriculture, qui es tla principale et souvent l'unique richesse des membres des communautés rurales.

Il nous reste à étudier rapidement quel a été le résultat de ces diverses influences sur la condition matérielle et morale des habitants des communautés. La mission la plus haute de l'administration est de contribuer au bien-être des populations, en laissant se développer librement dans de larges et fermes limites leurs meilleures facultés; pour y parvenir, il faut que ses actes et ses principes s'accordent, non seulement avec l'état social établi par la force des choses, mais avec les principes de l'économie politique et de la justice.

C'est déjà un grand mérite pour l'administration que de ne pas nuire au développement progressif de l'aisance et de la moralité. C'est un honneur que de les favoriser. L'ancien régime a-t-il eu ce mérite et cet honneur ?

Ce que nous appelons l'ancien régime est sorti de la société féodale ; sous l'impulsion de la monarchie, il a servi de transition entre cette société et la société moderne, entre l'aristocratie et la démocratie. Peut-on affirmer qu'il a servi les intérêts généraux, qu'il a augmenté la prospérité, qu'il a élevé les idées ? Peut-on dire qu'à travers des crises lamentables, il n'ait pas vu s'accomplir un progrès lent, mais incessant, vers des destinées meilleures ?

Les trois grands pouvoirs qui dominèrent la France jusqu'à la fin du xviiie siècle ont eu chacun leur heure d'initiative et de prépondérance, tout en concourant simultanément au même but. Du ve au xe siècle, le rôle civilisateur appartient à l'Église [1] ; du xe au xiie, à l'aristocratie ; du xiie au xviiie siècle, à la monarchie. C'est elle, on peut le dire, qui a conduit la grande majorité des Français du servage à la liberté ; le premier usage qu'elle fait de sa force est d'affranchir les serfs du domaine royal ; l'un de ses derniers actes est d'abolir, en 1780, les vestiges de la servitude du moyen âge, qui subsistaient encore dans

---

[1] M. Tailliar a cité de nombreux villages, qui doivent leur origine et leur développement au clergé régulier et séculier. (*Notice sur l'origine et la formation des villages du nord de la France*, p. 111-169.)

des provinces réunies seulement à la France depuis
Louis XIV.

Au moment où la monarchie prit la France des
mains de la féodalité, elle la trouva grande et prospère. On croit que la population de la France était
aussi considérable au xiv⁰ siècle qu'elle l'est de nos
jours. En parcourant les censiers de cette époque,
on est frappé du grand nombre d'enfants que chaque
famille renferme. Les églises bâties au moyen
âge sont par leurs dimensions en rapport avec la
population moderne de l'immense majorité des localités. On signale partout des villages ou des hameaux disparus depuis le xiii⁰ siècle ; on en signale
aussi qui se sont fondés alors sur des terrains défrichés [1].

Au xiii⁰ et au xiv⁰ siècle, des libertés nouvelles
furent accordées aux populations rurales ; elles contribuèrent à accroître leur bien-être. L'aisance, il
est vrai, n'était pas incompatible avec le servage ; on
cite des « hommes de corps » dont le mobilier agricole et les bestiaux feraient l'envie d'un fermier de
nos jours [2]. Dans des maisons construites grossière-

---

[1] L. Delisle, p. 174. — Dureau de la Malle, *Mémoires de l'Académie des Inscriptions*, t. XIV, p. 36. — *Mém. de l'Académie des
sciences morales*, 2⁰ série. I, p. CLXIV. —A. de Boislisle, *Annuaire-
Bulletin de la société de l'Histoire de France*, 1875. p. 239. — C'est
aussi de l'époque féodale que datent les *villes neuves*, dont le nom
s'est conservé sur tant de points du territoire Voir à ce sujet deux
articles de M. Menault (*les Villes neuves, leur origine*, Revue moderne, 1868) appréciés et rectifiés dans la *Bibliothèque de l'École
des Chartes* (année 1869, p. 225), par M. Courajod, auteur d'une
thèse sur la même question.

[2] Arch. de l'Aube, G. 2869.

ment, souvent couvertes de chaume ou de planchettes de bois, vivent des habitants, habillés de solides étoffes, au milieu de meubles qui diffèrent peu de ceux des paysans modernes. L'argenterie y est même plus commune ; dans la vaisselle du peuple des campagnes, on parle à chaque instant de hanaps, de gobelets, de cuillers d'argent [1].

La transition du régime féodal au régime monarchique s'opéra par une des crises les plus effroyables qu'ait traversées la France. La guerre de cent ans, comme plus tard les guerres de religion, comme la Fronde, pesa surtout sur les campagnes. La misère, l'abandon des travaux agricoles, la disette, amenèrent des maux dont nous ne trouvons pas l'équivalent dans les époques contemporaines ; mais toujours les populations s'en relevèrent par le travail avec une vitalité merveilleuse.

L'énergie des habitants y fut pour beaucoup ; la sage administration de quelques rois y contribua. Charles VII et Louis XII firent oublier les maux de la guerre de cent ans ; Henri IV ceux des guerres de religion ; Louis XIV ceux de la Fronde.

Malgré ces crises, les campagnes ont ressenti comme les villes l'influence de la progression constante de la richesse. Elle se traduit, à toutes les époques, par l'augmentation de la valeur des choses, par la rareté des bras, par le désir de s'élever au-dessus de sa position. En 1388, des chanoines de

---

[1] Siméon Luce, *Histoire de Bertrand Du Guesclin*, I, 60.

Normandie se plaignaient de ne pouvoir trouver pour cultiver la terre « d'homme qui ne voulût plus gaignier que six serviteurs ne faisaient au commencement du siècle[1]. » Sous Henri II, l'aisance et la richesse étaient universelles[2]. « L'orgueil en tous estatz croissait de plus en plus…, dit un contemporain. Les bourgeois des villes se sont volu habiller à la façon des gentilshommes, les gentilshommes aussi somptueusement que les princes, les gens des villages à la manière des bourgeois des villes[3]. » Le luxe est si grand qu'une loi somptuaire défend « à tous les paysans, gens de labeur et valets, s'ils ne sont aux princes, de porter pourpoints de soye, ne chausses bandées ne bouffées de soye[4]. » A l'époque des guerres de religion, on se plaint des draps de couleur et des habits somptueux que portent les gens de

---

[1] Léopold Delisle, *Étude sur la condition de la classe agricole…..* *en Normandie*, p. 26.

[2] La description de la maison et du mobilier d'un humble paysan breton, d'après Noël du Fail, indiquent à coup sûr l'aisance. (*Baliverneries*, 1548, ch. IV.) Les *Propos rustiques* et les *Baliverneries* de Noël Du Fail renferment, dit avec raison M. de La Borderie, « une peinture rurale de la condition rustique aussi éloignée des idéales bergeries de l'*Astrée* que des sombres couleurs de La Bruyère. » (*Bibliothèque de l'école des Chartes*, 1875, p. 286.) — D'après M. Joseph Flach, suppléant du cours de législation comparée au collège de France, la condition du paysan est en France au seizième siècle plus belle que partout ailleurs. Il a obtenu une liberté relative plus grande alors qu'en Angleterre et en Allemagne son oppression est complète. (*Moniteur* du 13 mai 1880.)

[3] Haton, p. 17, 93.— « L'artisan imite et se compare au marchant, dit le cahier d'Ervy en 1576, le marchant tranche du gentilhomme, et le gentilhomme désire être prince. » (Arch. municipales de Troyes, BB. 15, 3.)

[4] Ord. de juillet 1549. *Anc. lois françaises*, XIII, 103.

village ; on veut qu'ils « se gouvernent selon leur
état de laboureur et de vignerons [1]. » « Au commencement de ceste guerre, lit-on ailleurs, les gens des
villages estoient si riches et plainz de tous biens, si
bien meublez en leurs maisons, si plains de volailles
et bestial, que c'estoit une noblesse. » On loue leurs
belles tables, leurs coffres « biens forbis et relui-
sans [2]. » La richesse engendre l'ambition. « Le laboureur veut faire de son fils un monsieur, » écrit Bernard Palissy [3]. « Il ne faut douter que la France était
pleine comme un œuf, » dit Brantôme, qui prétend
que les premières guerres de religion avaient semblé
enrichir la France [4]. Si, en se prolongeant, les guerres
civiles nuisent à l'agriculture, à tel point que l'on
redoute « la cessation du labour, presque générale
dans tout le royaume [5], » quelques années plus tard,
sous le même règne de Henri IV, on se plaindra de la
rareté et quelquefois de l'insolence des ouvriers
agricoles [6]. Mais en même temps, les paysans se féli-
citeront de « l'amiable repos » que, grâce au roi, il
leur est donné de goûter « dans leurs cabanes rurales [7]. » En Touraine, la moisson est suivie de fêtes,
et les noces des « bonnes gens » se font avec un

[1] Cahiers des villages du bailliage de Troyes. 1576. Arch. de
Troyes, BB. 16.

[2] Haton, p. 279.

[3] Ch. de Ribbe, la Famille et la Société en France, p. 447.

[4] Œuvres. Mons. l'admiral de Chastillon, éd. 1779, IX, 249.

[5] Préambule d'une déclaration de 1595. Anc. lois françaises,
XV, 99.

[6] Olivier de Serres, Théâtre d'agriculture, p. 39.

[7] Ennuis des paysans champestres adressés à la Royne régente,
1614, p. 1.

appareil qu'on a plaisir à voir. C'est le témoignage
de l'abbé de Marolles. « Outre les beaux habits de
l'espousée, dit-il, qui n'estoient pas moins que d'une
robe rouge, et d'une coeffure en broderie de faux-
clinquant et de perles de verre, les parents estoient
vêtus de leurs robes bleues bien plissées, qu'ils
tiroient de leurs coffres parfumés de lavandes, de
roses sèches et de romarin... Les livrées des espou-
sailles n'estoient point oubliées, que chacune portoit
à sa ceinture ou sur le haut de manche. Il y avait un
concert de musettes, de flûtes et de hautbois, et
après un banquet somptueux, la danse rustique
durait jusques au soir. On ne se plaignait point des
impositions excessives, chacun payoit sa taxe avec
gayeté ; et je n'ay point mémoire d'avoir ouy dire
qu'alors un passage de gens de guerre eût pillé une
paroisse... [1]. »

Cette prospérité ne persista pas dans le xviie siècle.
Plus d'une fois le paysan subit les maux qu'avaient
éprouvés ses pères, et que résume si bien La Fontaine dans ces quatre mots :

> ... les soldats, les impôts,
> Les créanciers et la corvée[2].

Au commencement du règne personnel de Louis XIV
cependant, les tailles furent sensiblement diminuées,
les églises et les maisons ruinées se relevèrent, les
écoles se fondèrent. On pourrait encore citer des

---

[1] *Les Mémoires de Michel de Marolles*, 1656, p. 12-13.
[2] *La Mort et Bûcheron*, liv. I, fable XVI.

exemples de richesse[1]. La belle petite fermière du
Bodégat, dont parle madame de Sévigné, avec sa robe
de drap de Hollande découpé sur du tabis et ses
manches tailladées[2], offre un agréable spécimen de
l'aisance campagnarde. Il y a des cultivateurs qui
s'enrichissent. La Bruyère parle d'un individu devenu
seigneur de la paroisse, où ses aïeux payaient la
taille[3]. Un personnage d'une comédie de Dancourt
dit en 1702 : « Je ne sommes pas les premiers paysans
qui auriont fait fortune[4]. »

Sous le règne de Louis XV, la prospérité a reparu
après les maux de la guerre de la succession d'Espagne[5]. » Les villages sont peuplés de paysans forts
et joufflus, vêtus de bons habits et de linge propre.
On ne peut imaginer quel air d'abondance et de con-
tentement est répandu dans tout le royaume. » C'est

---

[1] Mademoiselle de Montpensier, parlant, en 1658, de ses paysans
du pays de Dombes, dit « qu'ils sont bien vêtus On n'y voit point
de misérables ; aussi n'ont-ils pas payé de tailles jusqu'à cette
heure, et peut-être leur serait-il meilleur qu'ils en payassent ; car
ils sont fainéants... Ils mangent quatre fois le jour de la viande. »
(*Mémoires de mademoiselle de Montpensier,* éd. Cheruel, III,
339.) L'absence de tailles peut expliquer cette prospérité exceptionnelle.

[2] Lettre du 15 juin 1680.

[3] *Œuvres de La Bruyère,* I, 251.

[4] *Le galant Jardinier. Théâtre de Dancourt.* — Dès qu'un paysan est devenu riche, dit l'*Anti-Financier* en 1763, il vient demeurer en ville... (p. 71).

[5] En 1728, un auteur sans doute optimiste disait : « On ne saurait croire combien les paysans sont heureux, maintenant que
leurs gentilshommes et leurs seigneurs ne leur enlèvent plus le
chapon, ni la poule, le veau, ni le mouton, l'œuf, ni le fruit, et
qu'un chacun mange en repos sans crainte d'être maltraité de personne, ni chagriné de pas un de ses voisins. (*Les délices de la
France,* Leide, 1728, I, 167.)

une Anglaise, lady Montague, qui écrit ainsi en 1739.
Horace Walpole écrit en 1765, après avoir traversé
l'Artois : « Je trouve ce pays-ci prodigieusement
enrichi depuis quatre ans, que je ne l'avais vu... Les
moindres villages ont un air de prospérité, et les
sabots ont disparu [1]. » L'aisance se répand dans les
campagnes; l'accroissement même de la prospérité
est attesté par l'augmentation des charges qu'elles
subissent; car il y a des limites au delà desquelles
on ne peut rien demander à l'impôt. On va jusqu'à
se plaindre de l'instruction gratuite, qui rend le paysan
« orgueilleux, insolent, paresseux et plaideur [2]. »
L'alimentation est meilleure. Si dans certaines provinces, elle est encore médiocre et peu abondante,
dans d'autres, elle est plus que suffisante. Un intendant du Roussillon écrit en 1781 : « Un habitant de
la campagne qui n'a que ses journées pour vivre et
faire vivre sa famille, fait six à sept repas quand il
travaille, et quatre quand il reste chez lui ; à tous ses
repas de la viande et du vin. Que de paysans dans
le royaume qui ne vivent pas ainsi aux plus grandes
réjouissances de l'année [3] ! » En 1781, l'habitant du
Roussillon était l'exception ; il le serait encore aujour-
d'hui.

Il est très difficile de juger du degré d'aisance
d'un peuple, même par les renseignements officiels.

[1] *Lettres*, édit. Didier, 1873, p. 17.
[2] *Essai sur la Voierie*, réfuté par le marquis de Mirabeau, *L'Ami des Hommes*, V. 164. Voir plus haut, p. 281.
[3] *Compte de l'administration de M. Raymond de Saint-Sauveur*, p. 46.

Les peuples heureux n'ont pas d'histoire, et l'on n'a souvent parlé des habitants des villages que pour raconter leurs malheurs [1]. Sans doute, il y a eu de grandes misères, il y a eu dans certaines localités un état persistant de gêne et de malaise; la situation matérielle des paysans était inférieure à celle qu'ils ont de nos jours. On est frappé, en lisant les statistiques demandées par les élus de Bourgogne à certaines communautés, de voir que tous les habitants sont qualifiés de pauvres et de très pauvres ; on ne trouve que dans quelques bourgs un certain nombre de gens aisés que l'on qualifie de « commodes [2]. » Mais si l'on réfléchit que ces statistiques étaient demandées pour faire la répartition des impôts entre les villages, on comprendra que les habitants, pour en être déchargés, aient exagéré l'état de gêne, peut-être réelle, où ils se trouvaient. La taille, qui se cotait d'après l'apparence de la fortune des contribuables, avait souvent rendu le paysan sournois et plus disposé encore à se plaindre qu'il ne l'était naturellement. On connaît l'anecdote de Jean-Jacques Rousseau, entrant chez un paysan, qui lui déclare d'abord qu'il n'a rien à lui donner à manger et qui lui apporte des vivres, lorsqu'il est sûr de n'avoir pas affaire à un commis des contributions [3]. On porte des haillons, on ne répare pas sa maison, pour ne pas être augmenté aux tailles. Un artisan du

---

[1] E. Bonnemère, *Hist. des Paysans*, 1856.

[2] *Documents statistiques... recueillis par l'intendant de Bourgogne en* 1670. *Annuaire de l'Yonne*, 1853, p. 301 et suiv.

[3] *Les Confessions*, part. I, liv. IV.

Roussillon « achète un vieux lièvre 3 liv., 2 per-
dreaux 4 liv., et vient ensuite demander la modération de ses taxes d'imposition à l'intendant, qui a
trouvé ce gibier trop cher pour lui [1]. » Comme la
répartition des tailles se fait arbitrairement entre les
provinces, un intendant a également intérêt, pour
faire décharger ses administrés, à exagérer leur misère. Il faut aussi se défier des plaintes contenues
dans les cahiers des États-Généraux. Les paysans, à
qui l'on a demandé de rédiger leurs doléances, leurs
réclamations et leurs remontrances, ne s'en sont pas
fait faute ; ils ont cherché tous leurs griefs, ils ont
étalé tous leurs maux, ils ont mis en relief toutes
leurs misères. L'impression qui en reste est attris-
tante ; mais il faut remarquer qu'il n'en pouvait être
autrement, du moment qu'on leur demandait de se
plaindre.

On doit reconnaître cependant que de 1690 à 1750
l'état des campagnes paraît avoir été inférieur à ce
qu'il fut dans la période suivante. Les rapports des
intendants, surtout dans la grande enquête de 1698 [2],
les écrits de Boisguilbert et de Vauban, les *Mémoires*
de René d'Argenson [3], les ouvrages du marquis de
Mirabeau réunissent sur le dépérissement des campagnes des témoignages trop concordants pour être
contestés. Cependant, sous l'influence d'une produc-
tion considérable des mines d'argent du Mexique, le

---

[1] Raymond de Saint-Sauveur, p. 46.

[2] Rapports résumés dans l'*État de la France*, du comte de Bou-
lainvilliers, édit. 1727, t. I et II.

[3] *Mémoires*, éd. Jannet, V, 218 et suiv.

prix de toutes les denrées avait singulièrement augmenté de 1689 à 1760[1]. Cette progression continua
jusqu'à 1789 ; la valeur des propriétés doubla dans
cette période. La misère, il est vrai, est encore excessive, surtout dans les années de disette[2]. Les publicistes se plaignent de l'abandon des campagnes, du
manque de bras, des émigrations dans les villes[3]. Ces
plaintes étaient-elles toujours justes ? Un habitant du
Limousin proteste avec énergie : « Il y a dans nos
campagnes, dit-il, tout autant de laboureurs qu'il en
faut, et beaucoup plus d'ouvriers dans nos manufactures qu'on n'en a besoin[4]. » Ce qui est certain, c'est
que chacun cherche à s'élever. « Le fils du paysan devient procurenr, et celui du laquais employé[5]. »
Etait-ce un indice de misère générale ? Quoique l'a-
griculture, en France, fût très inférieure à ce qu'elle
était en Angleterre, il ne faudrait pas conclure, d'a-
près les récits de voyage d'Arthur Young[6], qu'elle
était en décadence à la veille de 1789. Les efforts
qu'on avait faits en sa faveur depuis 1760 n'étaient
pas restés stériles. « Depuis vingt-cinq ans, dit le
cahier de Nemours en 1789, la culture, la popula-

---

[1] *Revue des sociétés savantes*, article de M. Levasseur, 1870,
t. II, p. 464.
[2] H. Taine, *Les origines de la France contemporaine*, I, 429-
455.
[3] Abbé Coyer, *Développement et défense du système de la Noblesse commerçante*, p. 13. — Cahier de Bazas.
[4] Lettre de M. C. de L. *Journal encyclopédique* du 13 mai 1767.
[5] *L'Ami des Hommes*, I, 260.
[6] *Voyages en France pendant les années* 1787, 1788, 1789, tr.
par Lesage, t. I.

tion, les richesses de la France ont fait comme ses
lumières des progrès très sensibles [1]. »

Il s'était aussi produit un grand fait depuis la fin
du moyen âge ; c'est que la majorité des paysans
étaient devenus propriétaires. Il y avait sans doute
des propriétaires au xv⁰ siècle ; mais il y en avait
moins. Au xvııı⁰, les petites propriétés étaient aussi
nombreuses que de nos jours [2]. « Les journaliers, dit
l'abbé de Saint-Pierre [3], ont presque tous un jardin
ou quelque morceau de vigne ou de terre. » Les inconvénients de la petite culture sont signalés, et l'on
espère que le gouvernement interviendra pour y remédier [4]. Avec le partage égal, qui existait pour les
roturiers dans un grand nombre de coutumes, les
héritages s'étaient morcelés à l'infini, et l'on voit
dans les inventaires de successions de paysans des
nomenclatures sans fin de pièces d'une contenance
des plus restreintes. Les maisons étaient à peu près
analogues à celles des paysans de nos jours [5]. Il en
était de même de leur mobilier. Vers 1770, dans les
environs de Bar-sur-Aube, les lits sont d'ordinaire
garnis de rideaux de serge verte, quelquefois bordés

---

[1] *Arch. Parlementaires*, IV, 207. Ce cahier, qui ne dissimule
point les vices de l'ancien régime, est l'œuvre remarquable de
Dupont de Nemours.
[2] L. de Lavergne. *Economie rurale de la France*, p. 25. — A. de
Tocqueville, *Ancien Régime*, p. 60-62.
[3] *Œuvres*, éd. de Rotterdam, X. 251.
[4] *Physiocratie*, recueil par Du Pont (de Nemours), 1768, p. 143.
[5] Viollet Le Duc, *Dict. raisonné de l'architecture française*, VI,
289. — M. Viollet Le Duc a donné plusieurs dessins d'habitations
rurales à diverses époques. (*Ibid.*, p. 291-296.)

d'un petit galon de soie[1]. On trouve des dressoirs, des buffets, des armoires en chêne. Un vigneron possède trois gobelets et une tasse d'argent. Presque tous ont des bestiaux. En 1789, si le paysan se plaint beaucoup des impôts, de la milice, des droits seigneuriaux, il ne gémit pas sur sa misère comme ses prédécesseurs l'ont fait dans les cahiers de 1756 et de 1614.

Avec le sentiment de la propriété, qui de jour en jour devenait le partage du plus grand nombre, l'habitant des campagnes avait contracté le sentiment de nouveaux devoirs. Il travaillait plus que le serf ou le colon du moyen âge parce qu'il travaillait pour lui et pour sa famille. L'Église l'avait compris, en tendant à diminuer de plus en plus le nombre des jours fériés. Au xiie siècle, il y en avait plus de soixante, outre les dimanches. Au xive, quelques-unes cessèrent d'être obligatoires pour l'agriculture. Elles furent réduites dans une proportion considérable sous Louis XIV et sous Louis XV[2]. L'agriculture et l'industrie en avaient demandé la réduction avec instance.

Le marquis de Mirabeau fait remarquer qu'on était devenu moins gai qu'autrefois, peut-être par la raison qui fit perdre au savetier ses chansons et son somme[3]. En effet, rien n'est plus insouciant que ce-

---

[1] Arch. de l'Aube, sect. jud. En 1723, on trouve dans une maison de Rouvres un tour de lit avec bonnes grâces en serge gris-de-maure.

[2] l alore, *les Fêtes chômées dans le diocèse de Troyes*, 1869.

[3] *L'Ami des Hommes*, II, 392.

lui qui n'a pas de responsabilité et qui ne peut acquérir. Le paysan travaillait plus qu'autrefois ; il avait
cependant un fonds d'inaltérable gaieté, qui tenait à
son caractère. « Le Français se livre à la joie dans le
sein de la misère, » écrit un publiciste [1]. Un autre
nous montre des troupes de paysans et de paysannes
se visitant les jours de dimanche et de fêtes, allant
de compagnie à la foire et au marché, et « s'assem-
blant le soir pour se réjouir, pour danser, et pour
manger le fruit et la châtaigne [2]. » « En Angleterre,
disait l'abbé Leblanc, les villages sont plus riants et
mieux bâtis qu'en France ; le paysan plus riche, les
femmes plus élégantes..., mais le paysan n'est pas
aussi gai qu'en France... Le berger en conduisant
ses troupeaux, le laboureur courbé sur sa charrue,
l'ouvrier même, au milieu des travaux les plus péni-
bles, parmi nous tout le monde chante [3]. » Il aurait
pu dire que partout on dansait. La musique et la
danse consolent de beaucoup d'autres jouissances,
écrit un intendant [4]. « En Auvergne, dit Fléchier, dès
que le printemps est arrivé... l'on ne voit pas une rue
ni une place publique qui ne soit pleine de danseurs [5]. »

---

[1] *L'Anti-Financier*, 1763. p. 57.

[2] *Les Délices de la France*, 1728, I, 166.

[3] *Lettres de M. l'abbé Leblanc*, 5e édition, 1758, t. II, p. 91.

[4] Raymond de Saint-Sauveur, p. 47. — En 1782, à Agde, toute la
population danse le soir au bord de la mer. Il y avait plus de cent
coutre lanses dans l'espace d'une demi-lieue, écrit un témoin ocu-
laire. (A. de Gallier, *la Vie de province au dix-huitième siècle*,
p. 17.)

[5] *Mémoires sur les Grands-Jours d'Auvergne*, éd. 1856, p. 243.

« Dans le Nivernais, raconte Monteil, soit dans la cuisine, soit dans les prairies, on danse, au son de la musette, les vives bourrées, les vives sauteuses [1]. » L'abbé de Marolles, comme nous l'avons vu, parle avec attendrissement des danses rustiques du temps de Henri IV [2]. Il n'y a feste de village, écrit Estienne Pasquier, où l'on n'accompagne la fête du saint parochial de danses et de banquets. » A Lagny, le jour de la Pentecôte, on célébrait les jeux floraux. Avant de se rendre à l'église, le peuple allait cueillir des rameaux dans les bois et se livrait dans la journée à une infinité d'exercices plaisants [3]. Sous Louis XIV, on danse « aux chansons ou au son des violons et des hautbois, » sur les places publiques le dimanche [4]. Les noces furent toujours le prétexte de danses : « Il n'est maintenant de manouvrier, disait Thoinot Arbeau au XVIᵉ siècle, qui ne veuille avoir à ses noces les hautbois et les sacqueboutes [5]. » C'est ainsi qu'on appelait les trombonnes. Le père Mersenne disait au XVIIᵉ siècle : « On se sert maintenant de violons aux noces et fêtes de village [6]. »

---

[1] *Histoire des Français des divers Etats*, 4ᵉ édit., IV, 294. Voir dans le même ouvrage le chapitre intitulé : *Les huit carillonneurs de fêtes*, IV, 440-468.

[2] *Les Mémoires de Michel de Marolles*, 1656, p. 11-13.

[3] *Recherches de la France*, éd. Paris, 1611. p. 830.

[4] *Statuts synodaux d'Alet*, 1675, p. 104.

[5] *Orchésographie*. Thoinot Arbeau était le pseudonyme de Jehan Taboureau.

[6] En Normandie, on porte le pain bénit de maison en maison avec des violons, et les maîtres des confréries sont escortés par des violons à l'église. (*Inv. Arch. Seine-Inférieure*, G. 723, 732, 1396, etc.) — Voir aussi *les Délices de la France*, I, 166.

Les fêtes de village avaient un entrain, un éclat, un caractère qu'elles n'ont plus de nos jours. Elles variaient selon les provinces, et les prétextes n'y manquaient pas. On célébrait le dimanche des brandons, on allumait les feux de la Saint-Jean ; on se livrait à des jeux de tous genres ; on recherchait certains spectacles, tels que les combats de coqs [1]. Au commencement du xvie siècle, dans le Vivarais, on met aux enchères les rôles de roi, de reine et des principaux dignitaires de la cour de France, pour les faire représenter sur une scène rustique par les membres d'une confrérie locale [2]. Dans le Quercy, les *reinages* se rencontrent jusqu'au xviiie siècle. Les villages nomment des rois et des reines, dont les fonctions sont onéreuses. A Saint-Fleuret, à la suite des messes solennelles, le roi et la reine donnent à boire et à manger à tous les habitants du pays ; les tambours, les violons, les musettes, les décharges de mousqueterie ne cessent de se faire entendre pendant toute la fête, qui se termine par des feux de joie [3]. Dans un village picard, chaque année à la Saint-Nicolas, on adjugeait au plus offrant le titre de Prince de la jeunesse. Ce prince a le droit de faire le premier la révérence au seigneur, d'ouvrir la danse, de commander le feu des salves les jours de baptême [4].

---

[1] Portagnier, *Travaux de l'Académie de Reims*, t. LIV, p 419 et suiv.

[2] Rôle du reinage de la confrérie de Saint-Jacques des villageois de Vals, près le Puy, en 1506. *Revue des Soc. savantes*, VIe série, t. I, p. 557 à 560.

[3] Bion de Marlavagne. *Hist. de la cathédrale de Rodez*, p. 275.

[4] Matton, *Note sur la prévôté de Ribemont. Bull. de la Soc. académique de Laon*, t. XVII.

De nombreux arrêts, des ordonnances synodales, essayaient, sans y réussir, de modérer l'ardeur de la danse, surtout le dimanche [1]. Les seigneurs, à qui la police et la désignation des fêtes paroissiales appartenaient [2], offraient quelquefois des fêtes à leurs paysans. En 1787, l'évêque de Laon fait servir dans son jardin une table des mieux garnies, et l'on donne à leur profit une représentation des noces de Gamache [3]. A cette époque, on multiplie les fêtes de campagne, en cherchant à leur assigner un but utile ; on en célèbre en l'honneur de l'agriculture, sous le nom de fêtes céréales [4] ; on encourage la vertu, en couronnant des rosières [5] ; on fait la fête des bonnes gens en Normandie ; on dote des jeunes filles pauvres, et leur mariage est béni au milieu de réjouissances publiques.

Les mœurs s'étaient-elles améliorées dans les campagnes depuis le XVIe siècle ? Sous la surveillance du clergé, ne s'étaient-elles pas épurées et ne formaient-

[1] Les Grands-Jours de Clermont de 1605 interdirent les fêtes baladoires.

[2] C'est ce qu'on appelait le droit de lever les quilles. (Loyseau, *des Seigneuries* ch. XI, 12.) L'abbé de Sainte Geneviève avait à Vémars le droit de déclarer le jeu ouvert. (G. Fagniez, *Mem. Soc. Hist. Paris*, II, 276.) — Le chapitre de Troyes permet aux habitants d'Echevilly « de faire la feste publique, lever grand bransle à la manière accoutumée avec les instruments musiquaux, pour commencer la veille Saint André... le jour de la dicte feste et les jours accoustumés. (*Inv. Arch. Aube*, G, 1295.)

[3] *Correspondance inédite de la comtesse de Sabran*, p. 295.

[4] Notamment dans la généralité d'Auch. *Etrennes d'Apollon*, 1779, p. 45.

[5] On faisait remonter à saint Médard l'institution de la rosière de Salenci. L'intendant de Soissons avait fondé une rente perpétuelle en faveur des rosières de ce village. (*La fête de la Rose*, 1768.)

elles pas avec les mœurs des villes un. contraste
réel ? Les romanciers de la fin du xviiiᵉ siècle l'affir-
ment ; Florian et Berquin le disent. La sensibilité de
l'époque oppose, comme une antithèse, les vertus
des champs aux vices des cités. Il faut faire la part
de l'engouement, de l'imagination, du lieu commun.
Mais si les bergères étaient rarement des Estelles,
l'immense majorité des paysans avaient des mœurs
régulières ; ils recevaient l'instruction religieuse ; ils
avaient la foi; le sentiment du respect et l'amour du
travail.

C'est aux époques de crise que l'on peut juger des
hommes. L'ancienne monarchie avait préparé une
race de paysans forte et vaillante. Ils avaient été élevés par elle, ces paysans de la Vendée, qui se batti-
rent comme des héros ; elles avaient grandi sous son
égide, ces populations des campagnes parmi lesquelles
se recrutèrent les intrépides soldats de l'armée du
Rhin et de l'armée d'Italie, qui ont fait la terreur et
l'admiration de l'Europe. Le sentiment de la patrie
ne s'était-il pas développé en eux ? Ne s'étaient-ils
pas préparés à devenir des citoyens, en administrant
leurs affaires locales ? Depuis le moyen âge, ils discu-
taient leurs propres intérêts, et le porche de l'église
était pour eux une sorte de forum où tous pouvaient
donner leur avis et voter. Malgré la protection dont
ils étaient parfois accablés, ils connaissaient leurs
besoins communs ; ils savaient s'imposer des sacrifices : pour l'école, où ils envoyaient leurs enfants,
pour l'église, où ils se rassemblaient, pour l'horloge

et la cloche, qui sonnait pour eux les heures du travail et du repos. Ils nommaient leurs agents, et d'ordinaire ils choisissaient les plus capables. Ces assemblées fréquentes, où ils étaient convoqués, n'étaient-elles pas la préparation la plus complète et la meilleure à l'exercice des droits politiques qui devaient leur être donnés plus tard ?

L'indépendance communale, issue du moyen âge, a-t-elle été diminuée ou augmentée dans les campagnes par l'administration de la monarchie ? Ce que l'on peut au moins affirmer, c'est que la monarchie l'a maintenue ; elle l'a en même temps relevée, parce qu'elle l'a soustraite au pouvoir exclusif du juge seigneurial pour la rattacher plus directement à l'Etat, en qui s'incarnait la grande idée de patrie.

L'administration, depuis Louis XIV, a eu sans doute ses faiblesses et ses abus ; mais à la considérer dans son ensemble, il y en a eu peu d'aussi éclairée et d'aussi généreuse. Les intendants étaient formés aux affaires dans le conseil du roi, où ils exerçaient les fonctions de maîtres des requêtes ; on comptait parmi eux des hommes du plus haut mérite, qui furent appelés à différents ministères, et dont le plus éminent fut Turgot. Dans bien des cas, leurs sentiments d'humanité furent égaux à leur vigilance. Leur correspondance, qui embrasse une infinité de sujets, fait souvent honneur à leur sagesse, à leur esprit de justice, à leur amour du progrès ; en Champagne particulièrement, ils apparaissent la plupart du temps comme les soutiens des faibles et les défenseurs des intérêts généraux. Si leur tutelle fut trop minutieuse, si leur administration pénétra dans un trop grand nombre de détails, si elle eut trop souvent les vices de l'arbitraire, leur intervention fut plus d'une fois efficace pour garantir les intérêts des communautés rurales, et même pour faire prévaloir quelques-uns de leurs droits.

Les progrès matériels des campagnes ne furent point en rapport, il est vrai, avec les intentions justes et la direction sage de la grande majorité des intendants. Les principaux obstacles qu'ils rencontrèrent provenaient du régime économique et du système financier, dans lesquels persévéra trop longtemps la monarchie. Les villes avaient des privilèges ; les campagnes n'en avaient pas. La plupart des impôts frappaient sur elles ; la propriété du paysan en supportait presque tout le poids ; grevée en outre de droits onéreux ou spéciaux, elle n'était pas libre comme elle le devint en 1789. Sous ce rapport, la Révolution, en modifiant profondément les conditions de la propriété et en affranchissant le travail, a préparé la prospérité et l'aisance, qui, grâce à des découvertes industrielles sans précédents, tendent de nos jours à se répandre de plus en plus dans les campagnes. Mais si d'incontestables progrès ont été obtenus sous le rapport matériel, la liberté communale s'est-elle développée dans les agglomérations rurales ? La tutelle administrative a-t-elle sensiblement diminué ? et si les paysans ont acquis des droits politiques qu'ils n'exercent qu'à des intervalles éloignés et sans connaître d'ordinaire les hommes qu'ils appellent à les représenter, ont-ils conservé le droit de délibérer directement sur leurs affaires communes et d'élire leurs principaux agents ?

Si l'on envisage notre histoire jusqu'aux époques contemporaines, on reconnaîtra qu'il peut exister une sorte de liberté communale sous un gouvernement central de forme despotique ; de même qu'il existe des communes en tutelle et dont tous les agents sont nommés par l'administration supérieure, sous un gouvernement représentatif.

Il y a de grands avantages à ce que la liberté communale soit entièrement indépendante de la liberté politique. Si le pouvoir central sort du rôle de surveillance supérieure qui lui appartient, pour s'occuper d'un trop grand nombre de détails et nommer les agents de la commune, les citoyens n'ont souvent d'autre ressource pour se défaire d'un agent dont ils croient devoir se plaindre, que de voter contre le gouvernement qui le nomme. Les questions municipales se lient aux questions politiques, et pour amener une réforme locale, plus d'une fois l'électeur a contribué, sans le vouloir, à une révolution générale.

L'ancien régime a connu cette distinction salutaire entre le domaine municipal et le domaine politique. Ce fut une de ses forces. Ce fut son honneur de respecter, malgré les progrès et les abus de la centralisation, quelques-uns des caractères essentiels de la liberté communale. Le nom de *francs* donné par Louis le Hutin à ses sujets n'était pas un vain mot. L'ancienne France ne fut pas complètement asservie, comme tant d'auteurs l'ont écrit, sous le despotisme. Louis XIV ne déclarait-il pas lui-même que la « liberté avait toujours été l'apanage de son royaume, » et qu'il désirait « entretenir l'égalité entre ses sujets[1] ! » Les actes n'étaient pas toujours conformes aux paroles. Mais si la monarchie du xviiiᵉ siècle n'a pas connu les libertés politiques que possédait l'Angleterre, si elle ne s'est point élevée à cette forme supérieure de gouvernement qu'on appelle la monarchie parlementaire, elle avait cependant des limites qu'elle franchissait rarement. Dans les sphères supérieures, le pouvoir royal trouvait devant lui l'inamovibilité des parlements, l'honneur de la noblesse, l'indépendance du clergé, la force de l'opinion publique ; dans les régions les plus humbles, il laissait aux habitants des campagnes l'exercice de leurs libertés communales ; libertés restreintes, il est vrai, mais libertés pratiques, qui se seraient développées avec sûreté, si les doctrines des hommes sages de l'Assemblée constituante eussent prévalu ; mais, consolant spectacle, à tout prendre, pour ceux qui croient, comme nous, qu'un peuple chrétien ne peut vivre et grandir pendant des siècles sans aucune liberté, et qui se félicitent de voir que tel n'a pas été le sort de la France !

[1] Préambule d'une déclaration de 1683 pour l'affranchissement des cagots. V. de Rochas, *les Parias de France.*

FIN

PIÈCES JUSTIFICATIVES

I

ASSEMBLÉES D'HABITANTS POUR LA RÉPARATION DES ÉGLISES

(Archives de l'Aube, G. 671. *Parchemin.)*

Blanche, fille de Roy de France et de Navarre, duchesse d'Orléans, contesse de Valois et de Beaumont, au prévost de Sezenne ou à son lieutenant salut. — Révérent pere en Dieu nostre cher et especial amy l'evesque de Troyes nous a donné à entendre en complaignant que ja soit ce que il et ses prédécesseurs aient accoustumé de faire pourveoir par leurs genz et officiaulx en la reparation et soustenement des églises parrochiales dudit diocese et ses aournements, calices et autres choses ordenez eu icelles parroches pour le divin service, et de faire à ce contraindre les parrochiens et habitants desdites parroches, toutes et quantes foiz que le cas y est escheu, nient-moins que vous avez mis et tenez en procês devant vous les habitans et parrochiens de plusieurs parroches dudit dyocese estans en notre prevosté de Sezenne, pour raison de ce que par vertu du mandement de l'official de Troyes ils se sont assemblez et ont ordonné et assiz sur eulz mesme certaine taille ou tailles pour les reparacions et soustenemens de leurs églises, et desdiz aournemens et calices et de ce les a approuchez, afin d'amende contre raison ou grief prejudice et empeschement de la juridiction dudit evesque, si comme il dit requérant

sur ce à estre pourveu de remede. Pourquoy nous à sa sup-
plicacion vous mandons que se, appelé notre procureur,
vous appert estre ainsi, vous cessez à plain de la dite pour-
sieute ou poursieutes, en tenant de ce paisibles lesdiz habi-
tanz et parrochiens desdites parroches, se vous n'avez
aucune cause de raisonnement au contraire pourquoy ce ne
doit estre fait. Laquelle vous nous rescriprez senz delay ou
auz gens de notre conseil avec la vérité du fait.... Donné
à Asnières soubz nostre scel secret, le iiij° jours de mars
l'an de grace mil ccc soixante-dix et huit.

II

CONTESTATION SUR L'ÉLECTION D'UN SYNDIC

(*Archives de l'Aube*, C. 2096.)

A Monseigneur de Sauvigny, conseiller d'Etat, intendant
de la généralité de Paris.

Monseigneur,

La plus saine et majeure partie des habitans de la paroisse de Macon, élection et près la ville de Nogent-sur-
Seine, prend la liberté de représenter très humblement à
Monseigneur, que le 18 décembre présent mois, Edme Vernier, sindic de la communauté, sans avoir fait publier
l'ordonnance de Votre Grandeur huit jours avant de nommer un nouveau sindic, a fait convoquer au son de la
cloche en la manière accoutumée, issue de la messe paroïs-
siale, dite, chantée et célébrée en l'église Notre-Dame dud.
Macon, une assemblée pour faire lad. élection, dans laquelle
Antoine Merlin, vigneron, a été élu à ladite charge de
sindic à la pluralité de 18 voix contre 12, qui ont demandé
à continuer led. Vernier qui exerce déjà depuis trois ans ;
que sur les débats qui se sont élevés entr'eux sur le nombre
des voix accordées aud. Merlin, Vernier a rejetté celles des
nommés Hubert et Joseph Vidat, garçons majeurs, Nicolas
Moreau, garçon, âgé de 40 ans, demeurant avec la v° Moreau,
sa mère, Pierre Suinot, garçon, âgé de 40 ans, Joseph Gar-
çonnat, garçon, emancipé d'âge, tous domiciliés et imposés
au rolle des tailles dud. Macon, et soutient qu'ils ne pou-
voient donner leur suffrage en faveur dud. Merlin, à quoy
les exposants croyent devoir observer à Monseigneur qu'en
supposant, comme le prétend Vernier, que les suffrages de

ces garçons ne puissent être admis en faveur dud. Merlin,
il lui en resteroit encore 13, et que luy même Vernier n'en
ayant que 12 du nombre desquels sont Hubert Vernier,
garçon, âgé de 40 ans, demeurant avec sa mère, Edme
Suinot, garçon de 24 ans, non émancipé, domiciliés tous
deux et imposés au rolle des tailles, il n'en aura que dix,
que s'il est juste d'un côté de diminuer à Merlin les suffrages des garçons sus-nommés, de l'autre il est indispensable de ne les pas compter à Vernier, ce qui alors carac-
térisera l'élection dud. Merlin à la place de sindic ; mais
pour éviter les conflits qu'ils pourroient s'élever entre lesd.
Edme Vernier et Antoine Merlin, les exposants croient devoir recourir à l'autorité de Monseigneur, et le supplier
très respectueusement de vouloir bien homologuer l'élection
qui a été faite le 18 de ce mois dud. Antoine Merlin pour
sindic de la communauté de Macon, du consentement des
supliants, ordonner que l'acte de délibération dudit jour
produite par led. Vernier à M. de Valville, subdélégué de
Votre Grandeur, à Nogent, luy sera remise avec l'homologation de Monseigneur, pour la précieuse conservation
duquel et de son illustre famille les supliants ne cesseront
de former les vœux les plus sincères.

(Suivent 28 signatures.)

III

ASSEMBLÉE POUR ENTENDRE UN COMPTE DE SYNDIC

(Archives de l'Aube, C. 326.)

L'an mil sept cinquante un, ce jourd'huy, vingt-quatre
juin, issues des vespres chantée en l'église d'Arrentière, à
l'assemblée general des habitants d'Arrentiere, convoquée
au son de la cloche à la manière accoutumée, tenue au lieu
ordinaire pardevant nous, Antoine Masson, encien praticien exercans par l'absence de M. le juge en garde dud.
lieu assistez de notre greffier ordinaire.

Comparant Edme Diderot, sindicque en exercice (13 noms)
et plusieurs autres habitans représentant la plus grande et
seigne partie de la communauté dud. lieu.

Led. Diderot nous a dit que le subject de la presente
assemblée est pour communiquer auz habitans le compte
de Nicolas Bureau le jeune, vigneron, dem[t] en ce lieu, ci-
devant sindicque, avec les pièces justificatifs d'iceluy pour
le contreduire, cy bon leur semble, et nommère quatre des

princypaux habitans noms parans dud. Bureau rendent,
pour paroître à l'autelle et par devant M. Masson, subdélégué de Monseigneur l'intendent de l'élection de Bar-sur-
Aube, pour estre présent à l'arresté qui en sera faitte par
M. Masson en exécution de son ordonnance du 28 janvier
dernier, à l'effet de quoy les habitants ontes d'une commune et unanime voix nommé les personnes de Prudent
Jobard, Nicolas Lesœurs, Antoine Lorin et Pierre Vidal
l'ainel, tous vignerons dem. en ce lieu pour estre présents a l'aresté dud. compte dimanche prochain, 27 du présent mois, s'il plait à mond. sieur Masson de les arrestere
lesd. jours, ainsy qu'il nous a esté dit par led. Bureaux, à
l'ouire et contredire aux article dud. compte, auquel lesd.
habitans ont donné plain pouvoire. Dont nous avons donné
acte, et onts les habitans sachant signé, signé avec nous et
notre greffier, et les autres habitans présents ontes déclaré
ne çsavoir signer, de ce interpellé.

                              (Suivent 13 signatures.)

                              IV

              UN COMPTE DE SYNDIC EN 1782

   L'analyse d'un compte présenté en 1782 par un syndic
d'une communauté dépendant de la généralité de Paris,
peut nous faire comprendre de quelles garanties était alors
entouré le maniement des intérêts communaux, et avec
quel soin minutieux ces comptes étaient contrôlés. Il débute
ainsi :
   « Compte que rend par devant vous Monseigneur Bertier,
intendant de la généralité de Paris, Claude Simon, vigneron
et dixmeur, demeurant à Mâcon, élection de Nogent-sur-
Seine, au nom et comme sindic de la communauté des
habitants dudit Mâcon, de la gestion et administration qu'il
a eue des revenus communaux dudit Mâcon pendant deux
années, un mois et quinze jours d'exercice commencés le
1er janvier 1780 et finis le 15 février 1782, à Hilaire-François
Terré, demeurant audit Mâcon, sindic actuellement en
charge, en présence de... (suivent les noms de dix laboureurs et de vingt-trois vignerons ou manouvriers).

                         RECETTES

CHAPITRE PREMIER. *A cause des reliquats de compte.*

   Ce chapitre contient 1162 l. 16 s. 8 d. reçus de l'ancien

syndic Edme Vernier, et 40 l. 8 s. 10 d. qu'un ancien
syndic a remis « à titre d'intérêts d'une somme de 449 l.
7 s. 3 d. dont il est redevable pour reste du reliquat de son
compte arrêté le 7 août 1775, auxquels intérêts il a été condamné par sentence du bailliage de Nogent du 29 décembre
1777. »

Ces recettes sont ainsi approuvées en marge par le subdélégué :

Vu l'ancien compte et les pièces énoncées. Bonne recette.

CHAPITRE DEUXIÈME. *A cause de la reprise de l'ancien
compte.*

Recette de la dernière année loyer des prés de la communauté échue à la Saint-Martin 1779, et portée en reprise
dans le compte d'Edme Vernier. . . . . . .   363 l.

Annotation. *Vu le chapitre de reprise de l'ancien compte et
l'appostille en marge d'icelluy. Bonne recette.*

CHAPITRE TROISIÈME. *A cause des revenus communaux.*

Recette de la première année de loyer de 40 arpents
3 quartiers de terre et pré appartenant à la communauté, loués, suivant bail et adjudication, pour neuf
ans . . . .   571 l.
Même recette pour la seconde année . . . .   571 l.
Autre pour le loyer de 40 arpents de pré appartenant à
la communauté, loués pour une année. . . . .   450 l.
Autre pour le loyer des mêmes 40 arpents loués à un bou-
cher de Nogent . . . .   410 l.
Le total est de 2002 l.

Annotations. A chaque article : *Vu l'adjudication énoncée
au texte. Bonne recette.*

DÉPENSES,

CHAPITRE PREMIER. *A cause des charges ordinaires.*

.... Aux capucins de Nogent pour deux années d'honoraires d'une première messe, échues le 8 septembre 1781,
suivant quatre quittances ... cy rapportées, et ce en conséquence de la délibération des habitants, homologuée de
Mgr l'intendant. . . . .   300 l.
.... A Jean-Baptiste Bordier, maître d'école, pour deux
années de ses gages, suivant sa quittance du 2 janvier dernier. . . . .   172 l.
.... Au sr Fromont, préposé des 20es de la ville de No-

gent, pour deux années des vingtièmes des biens de la communauté suivant les quittances. . . . . . 198 l.

.... A M. de Valville, pour deux années des 20ᵉˢ d'offices et droits de ladite communauté, suivant quittances. . . . . 17 l. 12 s.

.... Pour frais de levées des soldats provinciaux pendant deux années, suivant les ordonnances .... quittancées. . . . . 69 l.

Annotations. Après chaque article : *Vu l'ancien compte et les quittances énoncées en l'article, ou les ordonnances quittancées. Alloué.*

Au sʳ Samson pour les rôles de dénombrement des habitants des années 1780, 1781 et 1782. . . . . . 12 l.

Annotation.... *Alloué à la charge par le syndic actuel de ne pas porter ledit article en dépense pour la présente année.*

A différents ouvriers pour la visite des fours et cheminées de laditte paroisse, pendant les années 1780, 1781, 1782, suivant les quittances. . . . . 24 l.

Annotation. *Vu l'ancien compte, réduit le présent compte à 12 l.. à raison de quatre livres par chaque année, sous les réserves portées par l'article précédent.* Apostille de l'intendant. *Bon pour 12 livres de pain et rétabli les 12 l. rayées par ordonnances du 9 mars 1783.*

.... Au sʳ Lemerle, marchand, pour emplette de présents faits à des personnes de considération, suivant ses quittances des 1er janvier 1780, 1ᵉʳ et 20 janvier 1781, et 1ₑʳ janvier 1782, cy. . . . . 164.17.6.

Annotation. *Vu l'apostille porté en marge de l'article 5 de l'ancien compte.* RAYÉ.

....: Pour les actes de nomination de sindic et de collecteurs pendant deux ans, et dépôt d'iceux au greffe, cy. . . . . 1 l. 10 s.

Annotation. *Vu l'ancien compte. Alloué.*

.... Aux cavaliers de la maréchaussée pour l'apport des ordonnances, pour le tirage de la milice et la revue des miliciens pendant les deux années, cy. . . 4 l. 16 s.

Annotation. *Du consentement des habitants et selon l'usage alloué sans tirer à conséquence.*

.... Payé à Nogent lors du tirage de la milice pour chapeau et tirage des miliciens. . . . . 6 l. 12 s.

Même annotation.

.... Pour les peines et soins du rendant pour les affaires ordinaires de la communauté pendant lesd. deux années . . . . 20 l.

Annotation. *Alloué sous le bon plaisir de Mgr l'intendaut qui voudra bien fixer immuablement cet objet pour l'avenir.* ALLOUÉ.

.... Pour avoir fait dresser le présent compte, mis les pièces par ordre et fourni trois expéditions d'iceluy, cy. . . . . :2 l.

Annotation. *Vu l'ancien compte et attendu que les frais d'un compte quelconque doivent toujours être supportés par l'oyant, alloué sans tirer à conséquence pour l'avenir[1].*

Total du premier chapitre : 4002. 7. 6, réduit à 825 l. 10 s.

CHAPITRE DEUXIÈME. *A cause des réparations et entretiens à la charge de la communauté.*

A Edme Dargenlieu, adjudicataire des réparations du presbytère de Mâcon, en conséquence de l'ordonnance de Mgr l'intendant du 13 octobre 1781. . . . 316 l. 15.

Dans ce chiffre figure un commandement de 2 l. 15 s. que l'intendant alloue sans *tirer à conséquence.*

Au s^r Girard, sellier, pour une chape de cloche par lui fournie, suivant sa quittance du 22 may 1780... 6. l. 7 s.

Annotation. *Vu la quittance allouée du consentement des habitants qui ont déclaré avoir connaissance de lad. dépense.*

Total du deuxième chapitre de dépenses... 323 l. 2 s.

CHAPITRE TROISIÈME. *A cause des dépenses extraordinaires.*

1 .... Au s^r Michel, cabaretier, pour dépenses faites avec les habitants lors de l'audition du compte d'Edme Vernier. . . . . 12 l.

Annotation. *Vu l'apostille en marge de l'art. 1er du chap. 3 de l'ancien compte, rayé, sauf à Mgr l'intendant de statuer autrement.* RAYÉ.

2 .... Aux nommés Boyard, Jacopin et autres, pour dépenses faites et journées employées à la garde lors de l'incendie arrivé en la paroisse le 29 août 1780, suivant trois quittances. . . . . 69 l.

Annotation. *Vu la déclaration des habitants qui ont dit avoir une parfaite connaissance des dépenses portées cy en droit et de leur utilité, alloué* SANS TIRER A CONSÉQUENCE

3 .... A Me Bonnerot, avocat à Sens, pour honoraires,

---

[1] L'intendant conteste ainsi une des sources du revenu des subdélégués.

pièces d'écritures, consultations mémoires et lettres dans l'affaire de la communauté contre le s^r curé. . . 380 l.

Annotation. *Attendu que la quittance ci-contre n'est point appuyée des procédures et écritures dont la somme y contenue forme le prix, renvoyons le rendant à se pourvoir à cet égard par devant Mgr l'intendant sur la représentation qu'il luy fera des pièces établissant lesd. frais.* Rayé jusqu'à la représentation des pièces qui établissent lesdits frais

La suite du compte comprend une dépense de 1538 l. 13 s. pour « voyages, dépences et débourcés faits par le rendant à l'occasion du procès entre la communauté et le curé, en conséquence des actes d'assemblée des 7 novembre 1779 et 3 décembre 1780, suivant... les quittances à l'appui, sçavoir :

Aux s^{rs} Hardy, Thomazon et Larcher, avocats à Sens, pour honoraires et dépenses. . . . . 36 l.

Annotation. *Rayé, attendu que les dépenses objectives de l'art. cy contre ont été faites... avant la sentence du baillage de Nogent qui ordonne la mise en cause de la communauté et aussy avant l'homologation faite par Mgr l'intendant de l'acte d'assemblée qui les a autorisés à intervenir dans l'instance,....*

Au s^r Reustin, aubergiste à Sens, pour dépenses pendant différents voyages faits par le rendant avec plusieurs habitants. . . . . 218 l. 16 s.

Au s^r Guerin, cabaretier à Fleurigny, pour mêmes causes. . . . . 29 l. 8 s.

A Jacques Duchat, cabaretier à Villiers-Bonneux, pour mêmes causes. . . . . 14 l. 8. s.

A Jacques Bourgoin, cab. à Vallières, et au s^r Laurent, cabaretier à Trainel, pour mêmes causes. . . 8 l. 13 s.

Le subdélégué réduit tous les voyages à Sens au chiffre de douze, dont chacun aurait exigé trois jours ; ce qui réduit la dépense à 108 l., à raison de 3 l. pour chacun des 36 jours.

Au s^r Royer, aubergiste à Bray. . . . . . . 9 l.

Aux s^{rs} Davoise, aubergiste à Paris, et Henry, aubergiste à Versailles, pour mêmes causes. . . . . . 325 l.

Le subdélégué réduit à 30 les journées employées au voyage à Paris et à Versailles, ce qui, à raison de 4 l. 10 s. par jour, réduit à 135 l. la dépense de ce voyage.

Il réduit à 30 l. 13 s. une dépense de 46 l. 9 s. pour places dans le coche et la voiture publique.

Puis vient :

Au sr Chambery, pâtissier à Nogent, pour un pâté, suivant ses quittances du 1er janvier 1780. . . . 15 l. 10 s.

Annotation : RAYÉ.

A Hilaire-François Terré pour huit voyages par lui faits pour la communauté, savoir quatre à Paris et quatre à Sens. . . . . 184 l.

Annotation : *Rayé attendu que led. Terré n'a point été autorisé par Mgr l'intendant à faire lesd. voyages.*

... aux srs Helie, notaire à Nogent, et Deschamps clerc pour l'acte d'assemblée des habitants du 3 novembre 1780, contrôles et expéditions d'iceluy et placets. . 20 l. 9 s.

Annotation... *Alloué, sous le bon plaisir de Mgr l'intendant et sans tirer à conséquence pour l'avenir.* ALLOUÉ.

Aux srs Dardan, clerc de Me Piales, et Braille, clerc de M. Le Poitevin, avocats à Paris, pour consultations... 90 l.

Annotations : .... *Rayé jusqu'à la représentation des pièces.*

Suivent d'autres dépenses relatives au procès pour la plupart rayées ou réduites. Le subdélégué admet celles de douze journées de chevaux, à 30 sols l'une, pour aller à Sens ; mais il raye une dépense de 24 l. au secrétaire de M. Séguier, avocat général, chargé de porter la parole dans l'affaire, comme étant antérieure à la mise en cause de la communauté. Cette dépense, ainsi que plusieurs autres, fut rétablie par une ordonnance du 12 mai 1783.

« Le rendant observe que sa charge de syndic a commencé le premier janvier 1780 et n'a fini que le 15 février 1782, qu'à l'occasion du procès d'entre la communauté et le sr curé, il a employé au moins deux cents journées qui à raison de 30 sols par jour font la somme de 300 l.

Annotation : *En considération des peines extraordinaires prises par le rendant pour la suite de l'affaire de la communauté contre le sr curé, alloué sous le bon plaisir de Mgr l'intendant, le présent article pour 120 livres à titre d'indemnité de perte detemps.* »

Après la récapitulation générale du compte suivent l'acte d'audition du subdélégué et l'ordonnance de l'intendant, que nous reproduisons textuellement:

« Vû et entendu par nous subdélégué de l'intendance de Paris au Département de Nogent-sur-Seine sous les yeux du sindic actuellement en exercice et des habitants de la paroisse de Mâcon dénommés en l'Intitulé du présent compte aux appostilles en marge des art. d'iceluy.

La Recette en trois chapitres s'est trouvée monter à la

somme de trois mille cinq cent soixante huit livres cinq sols six déniers.

La Dépense aussy en trois chapitres monte au contraire toute réduction faite, d'après lesd. appostilles, à celle de dix-sept cent onze livres dix-sept sols, non compris les honnoraires payés à Me, Bonnerot, Piales et Lepoitevin, avocats et qui seront alloüés par Mgr l'intendant si le cas y échoit au rendant sur la représentation des pièces et consultations, lesd. honnorairesmntants suivant les quittances produites à la sommdequatre cent soixante-dix livres ; ainsy la recette excède la dépense de la somme de dix-huit cent cinquante-six livres huit sols six déniers, de laquelle Claude Simon rendant demeure et se trouve reliquataire, sauf comme dit est la distraction sur led. Reliquat des honoraires susdits d'après la vérification à faire par Mgr l'intendant, sous la réserve faite par le rendant : 1o de recouvrer ce qui peut luy rester dû sur les objets portés en recette au présent compte et qu'il n'a pas touché, et 2o de se pourvoir contre et ainsy qu'il appartiendra et notamment contre les haditants dud. Mâcon qui l'ont autorisé à faire les diverses dépences non alloüées des autres parts pour raison des objets y spécifiés, les deffences desd. habitants tant comparants qu'absents réservées au contraire.

Et ont été les pièces justificatives de la recette remises par le rendant aud. Hilaire-François Terré comme sindic en exercice ; à l'égard de celles établissant la dépense, elles sont demeurées en nos mains pour être icelles envoyées à Mgr l'Intendant avec les expéditions du présent compte.

Fait à Nogent-sur-Seine, ce vingt-deux avril mil sept cent quatre-vingt-deux, et ont partie desd. habitants signé avec nous et notre Greffier, les autres ont refusé de le faire quoique de ce interpellés. Signé : Simon Terré, Jean Guerin, Leroux, Ed. Suinot, Edme Suinot, D. Vernier, Pierre Beau, G. Laurent Faytre, Missonnet et Leloir.

Délivré par moy Greffier de la subdélégation sous-signé :

LELOIR.

Vû le présent compte ensemble les pièces justificatives et les apostilles mises en marge par notre subdélégué en présence des habitans qui ont signés le dit compte, et sans avoir égard aux représentations à nous faites par le comptable sur les dites apostilles.

Nous Intendant et commissaire départi en la Généralité

de Paris avons arreté la Recette à la somme de trois mil cinq cent soixante-huit livres, cinq sols, six deniers, et la Depense à celle de dix-sept cent onze livres, dix-sept sols, *partant le comptable se trouve reliquataire envers la communauté de Macon de la somme de dix-huit cent cinquante-six livres, huit sols, six deniers*, laquelle somme il sera tenu de remettre dans un mois pour tout délais du jour de la notification de la présente ordonnance ès mains du sindic Receveur chargé du recouvrement des deniers communaux de la d^e Paroisse, à peine d'y être contraint par touttes voyes même par corps comme retentionnaire de deniers publics. Enjoignons audit sindic de poursuivre le recouvrement de lad^e somme à peine d'en répondre en son propre et privé nom, sur laquelle cependant il sera déduit celle de quatre cent soixante-dix livres pour les articles concernants les honoraires payés aux avocats pour leurs écritures et consultations, lorsque ces pièces d'écritures et consultations nous auront été représentées ou à notre subdélégué dans ledit délai d'un mois. Fait et arrêté à Paris le trente-un aout mil sept cent quatre vingt-deux.

Annotation : *Au moyen du rétablissement de plusieurs articles de la dépense portée en ce compte par une nouvelle ordonnance de M. l'Intendant, le comptable a été définitivement déclaré reliquataire de 1023 l. 8 s. 6 d. par lad^e ordon^e du 9 may 1783 au lieu de celle de 1856 l. 8 s. 6 d. portés en l'ordonnance cy contre.*

(*Archives de l'Aube*, C. 2096.)

V

VENTE DE BIENS COMMUNAUX PAR LES HABITANTS
D'UN VILLAGE.

(*Archives de l'Aube*, 7. E. 1.)

Donné par nous Jacquin Dauvet, juge convenu par les habitants de Ste-Maure, Charley et Marney, vu le deport de Jehan Abit lyeutenant pour noble homme maistre Nicolas Rousseau, sieur dudit Ste-Maure, és plés par nous tenus audict lieu, le lundy vingt deuxième jour du mois d'avril l'an mil cinq cent quatre vingt seize, par Edme Filipon et Jehan Abit demand^{rs} en personne, et par Brélet contre tous les manans et habitans de Ste-Maure, Charley et Marney, deffendeurs, assavoir. . . . . `.

tous lesquelz ci dessus nommés en personne, a reste de
(6 noms) qui ont faict deffaut pour ce adjornez par Guillaume Contact sergent en la mayrie de Sainte-Maure, ainsy
que par son raport par escrit il nous est aparu ; tous les
habitans cy dessus en personne on dictz que à eulx compète et appartient une piesse de prez usage ainsy qu'elle se
comporte assise au finage de Culoison au lieud. Marney,
laquelle est comme vacant et d'aulcun proffit audit habitans, consentent qu'elle soit vendue et délivrée pour retirer et racheter le greffe des tailles dudit lieu par lesditz
habitans, et sera vendue ladite piesse par ceux qui adviseront cy après, à tel prix qu'il leur sera d'avis en leur conscience, pour appliquer au proffit desdits habitans, mesme
pour randre les deniers audit Aby et a Felipon, que il sont
nanty pour iceux pour racheter iceluy greffe pour iceux
abitans. Sur quoy et après avoir ois lesd. abitans, avons
ordonné qu'ils esliront le nombre de quatre hommes pour
faire la vendue dud. prez. Incessamment lesquels abitans
comparans ont eslu Claudin Caillebot, François Prin l'esnez,
Fiacre Auger Edme Filipon, marigler de la fabrique de
l'église de Sainte-Maure, pour faire ladite vendue à tel prix
qu'il en pouront avoir, sçavoir la pièce ainsy quelle se comporte sans y faire mesurage à prendre . . . .
pour faire rembourssement audits Abit et Felipon des deniers qu'il ont nanty et payé pour ladicte greffe, quil leur
est advisé, non comprins toutes foys les aultres frais qu'ils
ont faictz en solicitant à icelle, et si ont lesd. abitants comparans ont dit qu'ils ont passé ou passent procuration par
le présent acte aud. dessus nommez comme ce ils y estoient
présants. Donner comme dessus.

J. Coquasse, greffier.

La même liasse contient l'acte de vente fait au nom des
habitants par leurs délégués et une assignation à la requête
de Edme Philipon envoyée par le sergent, à tous les habitants pour approuver la vente. Tous les habitants y sont
dénommés. — Mai 1596.

VI

ÉLECTION ET REDDITION DE COMPTES DE MARGUILLIERS

(*Archives de l'Aube, sect. judiciaire*, 1436.)

Le vingt neuviesme septembre 1624, jour du st dimanche, issue des vespres dittes et célébrées en l'église de

St Mards en Othe, comparurent devant nous messire Charles Titreville, curé dudit lieu, comme commis de Monsr le grand archidiacre de Troyes, Jehan Verrier dit Nya et Jehan Perron, sy-devant marguilliers de l'église dudit St Mards, lesquels nous ont dict avoir faict advertir cejourd'huy, tant à la première que grande messe, les habitans de s'arester au lieu et heure présents, pour voir recepvoir le compte qu'ils désirent rendre des deniers par eulx reçus et employez durant qu'ils ont été en laditte charge de marguilliers, qui a été depuis le 24e jour d'apvril 1622 jusqu'au 23 may 1624, et sur leurditct avertissement comparurent les dessoubs nommez sçavoir Jacques de Piedfer escuyer, seigneur de Pantheaux et de St Mards en Othe, Guy Champy, procureur fiscal en ladite terre de St Mards, Jehan Flamand, Edme Oden dit Mineur, Leonard Vincent, Nicolas Laurand, Jehan Modier, Jehan Drouay, Denis Guyard, Fiacre Laurand, Nicolas Moisset, Isac Moisset, Jehan Thieblin le jeune, Jehan Mineur, Paquette Rousseau, Jehan Billon, Nicolas Friand, Edmond Rabuad, Jehan Foret, Sebastien Lepage, Jacques de Narcey et plusieurs autres ; les absents duement avertis ; devant tous lesquels fut ledit compte exhibé et présenté par lesdits Verrier et Perron, contenant par ordre les receptes et mises affermées par eux véritables ; de sorte que voulant par nous procéder à l'audition dudit compte, lesdits habitans présents requièrent que ledit compte fut mis ès mains de quatre d'entre eux, qu'ils nommeront pour le voir et examiner dans la sepmaine pour en faire leur rapport à l'octave en le mesme lieu et heure, et qu'à l'avenir telle forme fut gardée. Ce qu'avons ordonné ; et au mesme temps firent élection de Oudard Popelin, Pierre Basin, Ayol Govin et Edme Moisset, lesquels furent chargés dudit compte et pièces justificatives pour en revenir comme desus et pour cet effet firent le serment acoustumé en tel cas ;

Et à l'octave, qui estoit le dimanche 6e octobre, s'estant lesdits Verrier et Perron rendans, trouvés au lieu et heure ordonnée, comme aussy grand partye des habitans susnommés et plusieurs autres, le reste dument appelé, ledit compte représenté par les susdits examinateurs nommés, qui n'ayant trouvé que quelques difficultés et à l'heure mesme levées, ledict compte fut aresté et approuvé par lesditz habitans, et recongnus lesdits rendans avoir bien et duement et fidellement employé les deniers de ladite fabrique ; ce qui fut confirmé par l'exibition que firent lesdits rendans de deux sacs où il y avait or et argent et plusieurs sortes de monnoyes ayant cours en ce royaume, dans l'un desquels estoit la somme de quarante cinq livres unze sols six deniers qui estoit le profit des chandelles qu'ils avaient mis à part ; dans l'autre sac y avait trente deux livres ; déclarant de plus lesdits Verrier et Perron rendants qu'il estoit duc la somme de vingt livres appartenant à laditte esglise, lesquelles vingt livres ils promettaient faire payer, mesme s'oblygeaint l'un pour l'autre et un seul pour le tout, sans division ni discution quelconque, de les payer dans le jour de Noel prochain et les mettre ès mains des marguilliers qui seront pour lors ; et pour les deniers comptants sçavoir quarante cinq livres unze sols six deniers d'une part et trente deux d'autre, ils furent mis ès mains de Denis Guyard et Michel de Lespine à present marguillers lesquels s'en sont chargez.

Et à l'instant mesme, tous lesditz habitans présents ont demandé et requis et entre eulx accordés et aresté que ledit argent sera employé en l'achapt d'une chappe de damas pour servir aux processions et pour porter l'encens aux festes solennelles ; ce qu'avons sur leur requeste ordonné et chargé de le faire lesdits Guyard et Lespine de présent marguilliers à la charge d'y apporter le meilleur mesnage qui se pourra faire, et pour la vallidité de tous ce que dessus avons les an et jour susdits après lesdictz habitans signé, et encore ordonné que le présent compte ainsi aresté sera mis ès mains desditz marguilliers de présent pour les garder au coffre de laditte esglise pour y avoir recours sy le cas y échet. Michel de Lespinne, l'un des marguilliers de présent qui est chargé des sommes susdites a déclaré ne savoir escrire ny signer, et aussy Pierre Basin, l'un des examinateurs dudit compte.

(Ont signé) Denis Guyard, Jehan Verrier, Popelin, E. Moisset, Jehan Perron, A. Gauvain.

Titreville.

VII

ENQUÊTE CONCERNANT LA RÉPARATION DES ROUTES SOUS HENRI IV.

(Archives de l'Aube, C. 1106.)

L'an mil six cens et ung, le vendredi IVe jour de juillet, à l'heure de dix heures du matin, par devant nous Loys de

Villeprouvée, président en l'eslection de Troyes, comparut Mᵉ Lupien Morange pʳ au bailliage et siège presidial de Troyes et procureur de noble seigneur Jacques, baron de Villemor, conseiller Mᵉ d'hostel ordinaire du roy, qui nous auroit dict que led. sieur baron auroit prit requeste à Monseigneur de Rosny le xxvᵉ juing aud. an mil six cens ung tendant à ce qui lui pleust ordonner que les villaiges et parroisses des environs dud. Villemor iroient travailleier en courvées tant à conduire matières de pierre que porter terre pour racoustrer la chaussée tirant dud. Villemor à S. Mardz, Aix, Joigny et aultres lieux, laquelle requeste nous auroit esté renvoyée pour informer par le contenu en icelle donner advis quelles paroisses des environs dud. Villemor ont interestz à la reparation de lad. chaussée et qui pourront plus commodement subvenir aux courvées ; nous requerant que suyvant lad. requête, que nous auroit mis en main, nous transporter audit Villemor pour l'exécution d'icelle ; ce que luy aurions accordé et pour cest effect ordonner qu'il feroit comparoir à ce jourd'hui deux heures apres midy, Mᵉ Jehan Poterat, voyeur du Roy aud. Troyes pour ensemblement prendre assignation pour se transporter aud. lieu de Villemor pour l'exécution de lad. requeste.

Et à lad. heure de deux heures apres midy seroit comparu led. Morange qui auroit faict comparoir led. Poterat, voyeur, avec lequel Poterat aurions prins assignation au lundy neufiesme dud. moys de juillet, pour par ensemble nous trouver audict Villemor pour veoir et visiter la chaussée et informer suyvant ce qu'il est mandé en lad. requeste.

Et ledict jour de lundy, ixᵉ dud. mois de juillet, nous serions en la compagnie dud. Poterat, voyeur, transporté aud. lieu de Villemor, où estant environ les dix ou onze heures du matin, aurions faict comparoir pardevant nous, Mᵉ Paul Jansson, lieutenant general au bailliage dud. Villemor, Mᵉ Campan, procureur fiscal, Mᵉ Claude Tubœuf, commis du controlleur au grenier à sel dud. Villemor, Edme Angignard, sergent royal aud. grenier, Edmon Collet, sergent aud. bailliage et aultres avec lesquelz nous serions, et ledict voyeur, transportez sur lad. chaussée, que nous aurions visitée de bout à aultre, et veu alors que besoing de la réparer, pour n'y avoir moyen de passer par lad. chaussée, à pied sans se mouiller les souliers, et quant aux chevaux et charrettes n'y avoir moyen de passer par lad. chaussée, ains leur convient passer au travers la riviere de

Vannes et pour trouver un guay sans faire ung circuit par le travers de l'eau en longueur de prez de cent toises, et faisant lad. visitation, passerent deux charrettes de bled allant aud. Villemor, et vismes par endroictz le moyeu des roues et les lymons des charrettes estre couvertz d'eau, comme aussy passa ung homme de cheval par lad. rivière, et par endroictz led. cheval estoit en l'eau jusques à la selle, et y a apparance que en hiver et pendant les grandes eaux, on ne peult seurement passer par lad. riviere sans se mettre en hasard de perdre hommes et chevaux.

Et pour cognoistre s'il y auroit moyen de passer plus commodement ailleurs, aurions avec lesd. Poterat et aultres cy dessus nommez, visité les environs du lieu, et trouvé n'y avoir aultre moyen pour passer sans danger, que de reparer la chaussée, laquelle en notre présence, dud. Poterat, voyeur, et aultres, aurions faict mesurer par led. Edmon Collé, qui se serait trouvée contenir de longueur cent cinquante toises, et pour la deuement reparer convient faire et construire troys pontz de bois ou de pierre, et oultre faire la chaussée de troys toises de largeur et eslevé de quatre ou cinq piedz de haulteur, plus en un endroict et moins en un aultre, et pour cest effect et pour la rendre de lad. haulteur est besoing y mener pierre, maillon et terres à suffisance pour mectre lad. chaussée de la haulteur que dessus; et oultre pour soustenir les terres maillon de lad. chaussee avoir nombre de pieuz de chesnes et ramées enlassez entre lesd. pieux.

Aurions aussi vu et visité la porte et pont levis de la ville et bourg de Villemor du costé de la chaussée et trouvé qu'il la convient refaire et racoustrer, et coustera au moings six vingtz escus; aurions pareillement veu et visité le grand chemin tirant d'Orleans à Troyes, lequel chemin est besoing de faire par dedans la ville et faulxbourgs dud. Villemor, tirant à Troyes, sçavoir depuis l'une des portes dud. Villemor nommée la porte de Sens jusques au bout du faulxbourg tirant aud. Troyes, de longueur d'environ troys cens toises, et de largeur de deux toises et demye, et n'avons pu estimer ce que le tout pourra couster à paier.

Et environ ung quart de lieue plus avant et tirant aud. Troyes y a sur le grand chemin ung fond, où il est besoing pour la commodité des chevaux et harnois passans, y faire un pont de pierre, afin de rendre ce lieu sur et facille à passer, lequel pont pourra couster, tant de pierre que façons d'ouvriers, la somme de LXVJ l. XI s. ou environ.

Pour faire lesquelles reparations, signamment pour reparer et haulser lad. chaussée, est besoing, et en sommes
d'advis, soubz le bon plaisir touttefoys de mond. seigneur
de Rosny, que les lieux et villaiges estant a deux lieues
dud. Villemor soient contrainctz d'y envoyer travailler en
courvées, sçavoir ceux qui ont charrettes et chevaux y aller
ou envoyer avec leurs charrettes, chevaux, et pour ceux
qui n'ont charrettes et chevaux y aillent travailler de leurs
personnes.

A cette minute est annexée une liste des villages voisins
de Villemor ; 19 sont situés à 1 ou 2 lieues.

VIII

ORDONNANCE DES ASSISES DU BAILLIAGE DE TROYES
SUR LA RÉPARATION DES CHEMINS.

(*Placard imprimé.*)

De par le Roy, Monsieur le Lieutenant Général au
bailliage et siège présidial de Troyes, du jeudi sixième
juin 1715.

Sur la Requête du Procureur du Roi judiciairement
faite aux Assises par M⁰ Gabriël De la Chasse le jeune,
avocat de Sa Majesté, qui a representé que plusieurs personnes se plaignent que les chemins des environs de cette
ville et de toute l'étenduë du bailliage sont en très mauvais
état, que les ornières sont si profondes, que cela les rend
très difficiles à charoyer, ce qui porte un notable préjudice
au commerce et à l'avantage que le public devroit à present tirer de l'abondance de toutes sortes de danrées,
que par l'article 115 des réglemens generaux de la police
du bailliage de l'année 1693, il auroit été pourvû aux répa-
tions desdits grands chemins, mais que depuis plusieurs
années les tems ont été si malheureux, qu'on a négligé
l'execution de ladite ordonnance, en telle sorte que les
chemins sont à present impraticables dans plusieurs
endroits ; que d'ailleurs cette négligence de rétablir lesdits
chemins, auroit donné occasion à quelques seigneurs des
paroisses et autres, d'obliger leurs habitans à des corvées,
quoiqu'ils n'en eussent aucun droit, ce qui pourroit à
l'avenir porter un notable préjudice ausdits habitans par
la possession que lesdits seigneurs et autres pourroient
alléguer, et par là assujettir lesdits habitans au droit de
corvées, et réqueroit que nôtre ordonnance soit exécutée

selon sa forme et teneur ; et faisant droit sur leurs conclusions, qu'il soit fait défenses à tous seigneurs et à tous
autres qui n'ont pas droit de corvées, d'en user à l'avenir,
surquoi faisant droit, Nous avons ordonné que l'article 115.
de nos règlemens generaux de police sera executé selon
sa forme et teneur ; et en consequence, ordonnons aux
communautez de ce bailliage de remplir les mauvais chemins, de pierres, moeslons et gréves, d'abatre et combler
les ornières des grands chemins châcun dans l'étenduë de
leur territoire ; qu'à cét éfet huit jours au plus tard aprés
la signification des presentes au domicile du procureur
fiscal ou sindic desdits lieux, le sindic, sera tenu de faire
assembler tous les habitants au jour, lieu et heure qui lui
seront prescrites et indiquées par le juge et procureur
fiscal de châque communauté, et annoncé le dimanche ou
fête précédente à l'issuë de la grande messe, auquel jour,
lieu et heure prescrite, les laboureurs seront tenus de se
trouver avec leurs chevaux et charrettes, et les manouvriers
avec leurs outils propres à remuer et charger des terres,
pour ensuite suivant le partage qui én sera fait, et les
lieux indiquez par le juge des lieux, ou en cas d'absence
par le procureur fiscal, y réparer les chemins et remplir
les trous et mauvais pas de pierres, moeslons et gréves
autant que faire se pourra et combler les ornières, à peine
de dix livres d'amende contre les sindics, et de trois livres
contre châque particulier contrevenant et défaillant : enjoint aux juges et procureux fiscaux de tenir la main à
l'execution de la presente ordonnance, à peine d'en répondre en leurs propres et privez noms ; et faisant droit
sur les conclusions du procureur du Roi, faisons défenses
à tous seigneurs et autres d'user à l'avenir d'aucun droit
de corvées s'ils n'en ont le droit par titre. Et sera nôtre
presente ordonnance executée nonobstant oppositions ou
appellations quelconques, et sans préjudice d'icelles, et à
cét éfet imprimée, publiée et affichée partout où besoin
sera, et envoyée dans les bailliages, chatellenies et justices
du ressort pour y être pareillement lûë, publiée et affichée, et executée selon sa forme et teneur. Faites et données és assises dudit bailliage y tenuës par Monsieur Guillaume de Chavaudon, écuyer, seigneur dudit lieu, Bercenay,
Sainte-Maure, Charley et autres lieux, lieutenant général
audit bailliage et siége présidial de Troyes, et lieutenant
de Roi en la même ville, le jeudi matin six juin mil sept
cens quinze lesdites assises commencées pour présentation
le lundi d'aprés l'Ascension de nôtre Seigneur, trois juin

audit an et autres jours suivans pour plaidoiries. Signé,
Guillaume de Chavaudon.

Ledhuys, greffier.

IX

Acte d'assemblée pour la nomination d'un maître
d'école

(Archives de l'Aube, registre C. 2217, folio 53.)

L'an 1712, le treizième jour du mois de janvier, par
devant nous, Jean-Louis Ladmiral, juge des terres de
Clervaux et de Champigneulle en dépendant, estant en la
place public dudit Champigneulle à rendre acte de justice,
présence de Charles Beauvais, greffier ordinaire, issue de
la messe paroissialle du dit lieu, sont comparus les habitants dudit lieu assistés de Me Jacques Musnier, syndic
perpetuel dud. lieu, au son de la cloche en la manière
accoutumée, sçavoir Me Leonard Fremy, Me Jacques Mony,
Nicolas Perret, Joachin Charles, Bernard Pimbaux, Jacques
Chrestien, Edme et Jean les Braux, Edme Maistrot, Edme
Silvestre, Nicolas et Pierre les Riel, faisant et représentant la plus grande et seine partye des dits habitants ;
qui nous ont dist qu'il est nécessaire se pourveoir dans ce
lieu d'un maistre d'écolle pour chanter à l'église, assister
le sieur curé au service divin et à l'administration des
saints sacremens, pour l'instruction de la jeunesse, pour
sonner l'angelus le soir, le matin et à midy et à tous les
orages qui se feront pendant l'année, puiser l'eau pour
faire bénir tous les dimanches, balyer l'église tous les
samedys, faire la prière tous les soirs depuis la Toussaint
jusqu'à Pasques. Quoy faisant s'est présenté en personne
Jacques Lombard, recteur d'écolle demeurant à Lafferté
sur Aube et de présent en ce lieu, qui a dit qu'il s'oblige
de faire la fonction de maistre d'école pendant trois années
consécutives dans cette paroisse, à commencer au premier
janvier de l'année présente mil sept cent douze, aux conditions cy devant dites, après qu'il a été accordé entre tous
lesdits habitans et ledit Lombard qu'il luy sera payé par
chacun an, sçavoir pour les laboureurs dix sols chacun et
un boisseau de grain, moitié froment et orge, et par les
manouvriers ou vignerons aussy chacun dix sols et un demy
boisseau de grain aussy moitié froment et orge ou la somme
de cinq sols au choix d'iceux manouvriers ; outre ce, luy
sera payé pour chaque messe haute qu'il aydera à champ-

ter, soit pour les mariages ou pour les morts, la somme de cinq sols, et pour les vespres et vigilles pareille somme de cinq sols ; et pour chaque enterrement, tant de gros corps que de petits, luy sera aussy payé cinq sols ; lequel Lombard aura aussy à recevoir de la paste au four bannal de ce lieu pour l'eau bénite qu'il fera porter tous les dimanches en chaque maison de la paroisse, ne sera tenu à aucuns frais ny tailles, fors la principalle à laquelle il ne sera coté que cinq sols tant qu'il ne fera valoir que ce qu'il possède en ce dit lieu provenant du costé de sa femme ; et pour chaque escolier qui iront par devers luy, luy sera payé, sçavoir pour ceux qui apprendront à lire trois sols par mois et ceux qui écrivent cinq sols ; moyennant ce, fera son possible pour les instruire, tant en la lecture, escritures que catéchisme ; luy sera encore payé pour la prière qu'il s'oblige de faire pendant le temps ci-devant dit par chacun habitant un bouchon de chanvre vieil non battu. De tout ce que dessus, nous en avons fais acte et en consequence nous avons lesdits habitants et ledit Lombard condamné chacun en droit soy à satisfaire aux clauses et conditions cy dessus specifiées de leur consentement. Le tout fait et arresté de l'agrément de Me Estienne Maleard, prestre curé dudit Champigneulle qui s'est soussigné avec les habitans présens sachant signer.

Signé en fin : Muellard, curé de Champigneulle, J. Charles, J. Mosny, Musnyer, sindic, Lombard, Jean Monstrol, Ladmiral.

Contrôlé à Lafferté par Roolle le 19 janvier 1712.

Registré es rôles de Messieurs de l'Election du 30 aoust 1725.

Les archives de l'Aube contiennent un nombre assez considérable de traités passés entre les habitants et leurs maîtres d'école. A mesure que l'on approche de 1789, les fonctions pédagogiques de ces derniers semblent prendre plus d'importance. Le juge seigneurial ou le syndic ne préside pas toujours aux transactions. Nous avons reproduit dans notre étude sur l'*Instruction primaire dans les campagnes avant* 1789 un traité passé entre un maître d'école et les habitants d'une localité qui n'était pas une paroisse et qui n'est aujourd'hui qu'un hameau. Ce traité fait en 1782 devant notaires et en présence de témoins étrangers à la localité, sans aucune intervention de l'autorité judiciaire ou municipale, n'en fut pas moins ratifié par l'intendant.

FIN.

TABLE ALPHABÉTIQUE

DES MATIÈRES

26

TABLE ANALYTIQUE DES MATIÈRES

LIVRE II. — LA PAROISSE.

LIVRE III. — LE SEIGNEUR.

LIVRE IV. — L'ÉTAT.

LIVRE V. — LE BIEN PUBLIC.

SAINT-QUENTIN. — IMPRIMERIE J. MOUREAU.